高等学校应急管理专业系列教材

应急管理概论

主编　刘德海

中国教育出版传媒集团
高等教育出版社 · 北京

内容简介

本书分三篇，共十章。上篇介绍应急管理的基本体系，包括应急管理的发展历史、基本理论和分析方法。中篇介绍应急管理的基本流程，包括突发事件的预防与应急预案、应急信息管理与预警、应急决策与救援、恢复与重建。下篇介绍应急管理的交叉学科领域，包括应急管理的体制与法制、应急管理的科技创新、应急管理文化与培训。通过本书的学习，学生可以掌握应急管理学科的基本研究范式和学科体系、各类突发事件的基本演化机理和应急管理基本流程，以及相关的交叉学科领域等各类应急通用知识。

本书既可作为应急管理、应急技术与管理专业本科生、研究生系统学习的教材，又可以作为各类应急管理培训的参考用书，以及从事应急管理相关行业的工作者了解、熟悉和掌握应急管理知识和技能的参考用书。

图书在版编目（C I P）数据

应急管理概论 / 刘德海主编. -- 北京 : 高等教育出版社，2024.11

ISBN 978-7-04-061827-3

Ⅰ. ①应… Ⅱ. ①刘… Ⅲ. ①突发事件－公共管理－教材 Ⅳ. ①D035

中国国家版本馆CIP数据核字(2024)第043772号

Yingji Guanli Gailun

策划编辑	王　威	责任编辑	王　威	封面设计	张　楠	版式设计	杨　树
责任绘图	易斯翔	责任校对	刁丽丽	责任印制	刁　毅		

出版发行	高等教育出版社	网　　址	http://www.hep.edu.cn
社　　址	北京市西城区德外大街4号		http://www.hep.com.cn
邮政编码	100120	网上订购	http://www.hepmall.com.cn
印　　刷	涿州市京南印刷厂		http://www.hepmall.com
开　　本	787mm×1092mm　1/16		http://www.hepmall.cn
印　　张	13		
字　　数	290千字	版　　次	2024年11月第1版
购书热线	010-58581118	印　　次	2024年11月第1次印刷
咨询电话	400-810-0598	定　　价	38.00元

物 料 号　61827-00

前言

十年树木，百年树人，应急管理作为新设立专业，迫切需要一套根植于中国优秀传统文化和国情特点、融合新时代数字技术和应急管理新理念、讲好中国应急管理故事的应急管理系列教材。

党的二十大提出，坚持安全第一、预防为主，建立大安全大应急框架，完善公共安全体系，推动公共安全治理模式向事前预防转型。推进安全生产风险专项整治，加强重点行业、重点领域安全监管。提高防灾减灾救灾和重大突发公共事件处置保障能力，加强国家区域应急力量建设。强化食品药品安全监管，健全生物安全监管预警防控体系。加强个人信息保护。

本书为了强化理论最新研究成果和管理实践最新应用，激发学生的兴趣，鼓励学生根据应急场景进行沉浸式讨论，促进技能导向学习设计了以下栏目。

学习目标：概要介绍每章需要了解、熟悉和掌握不同层次的知识—技能—能力要求。首先，从了解基本的应急管理知识入手，进而熟悉和提高对风险的认知技能，能够分析突发事件发生、次生的演变规律和各种管理模式的优缺点，最后掌握应对处置突发事件的能力。

导读：选取了与每章主题相契合的应急管理案例和辅助资料，讲好中国的应急管理故事。这些案例和资料都是在真实情况的基础上，根据教学需求改编和整理的。同学们可以讨论、思考案例的内容，并结合后续各章的理论知识加以运用分析。

思考与练习：为了巩固各个章节的学习内容，每一章都设置了几道思考题。这些思考题可以让同学们思考本章所学的应急知识体系，熟悉和掌握基本的应急技能。

中国优选法统筹法与经济数学研究会高等教育管理分会组织编写了应急管理系列教材。首批教材包括《应急管理概论》《应急交通管理》《应急信息管理》《应急物流管理》和《应急警务管理》。

高等教育出版社的编辑们在这套教材的策划和编辑出版过程中给我们编写团队很多启发和建议，我们感谢他们对应急管理教育的热忱和远见、热爱和支持。感谢我的博士研究生赵宁、王天华、李天娇、武山松、金豫、宋民雪、郝道青，他们在紧张的学习之余广泛地收集了大量的资料和素材。

由于应急管理涉及学科众多，内容庞杂，很多领域和技术发展迅速，加之编者水平有限，书中难免有疏漏不当之处，希望读者们不吝赐教。

刘德海

2024年5月

目录

上篇　应急管理的基本体系

中篇　应急管理的基本流程

下篇　应急管理的交叉学科领域

上篇

应急管理的基本体系

第一章 应急管理的发展历史

学习目标

通过本章的学习，应能够了解我国应急管理的传统哲学思想和实践，以及新中国成立后应急管理理论的五个发展阶段。

导读

中华优秀传统文化的时代价值

党的二十大报告提出，“中华优秀传统文化源远流长、博大精深，是中华文明的智慧结晶，其中蕴含的天下为公、民为邦本、为政以德、革故鼎新、任人唯贤、天人合一、自强不息、厚德载物、讲信修睦、亲仁善邻等，是中国人民在长期生产生活中积累的宇宙观、天下观、社会观、道德观的重要体现”，中华文化积淀着中华民族最深沉的精神追求，是中华民族生生不息、发展壮大的丰厚滋养和突出优势，是我们最深厚的文化软实力。

文化是一个民族的灵魂。五千年中华文化体现的中华民族的精神追求，已经成为中华民族区别于其他民族的精神标识，其中的核心观念构成了中国人的精神世界。中华文化的精神品格与价值追求，支撑了几千年来中华民族的生生不息和薪火相传。放到世界文明史中来看，中华民族创造的源远流长的中华文化具有独特的文化传统，独特的价值体系，独特的民族色彩，独特的历史进程。中华文明的文化内涵又包含了超越时空、跨越国度的价值，对人类文明进步和人类共同价值作出了重大贡献。

中华文化是中国特色社会主义的沃土，中华文化是中国特色社会主义的历史渊源。中华文化一贯倡导爱国主义的精神和群体高于个人的价值观，倡导人民以国家和民族的利益目标为目标，正因如此，中华民族才能团结一体，实现民族复兴的宏伟大业。中华文化的优良道德传统是社会主义核心价值观的源泉和根系。中国在历史上号称礼仪之邦，高度成熟的道德文化是中华文化的突出特征和重要组成部分，致力稳定和谐的社会关系是中华文化的重要特点。中华民族历久发展至今，其中一个原因就是不断总结吸取历史的经验教训，作为治国理政的借鉴。今天我们面临的治国理政的实际情况要比历史上任何时代都更复杂，但中华文化积累的丰富经验和提出的许多思想理念，在许多基本方面对今天仍有重要的启示。

当代人类生活面临五大冲突亟需解决，即人与自然、人与社会、人与他人、人与自我（心灵）、文明与文明的矛盾冲突。中华文化的“天人合一”，关注人与自然的和谐，有利于化解人与自然的矛盾；“群己合一”之道有利于解决个人与社会的矛盾；“忠恕之道”秉承“己所不欲，勿施于人”的精神，有利于处理人与人的矛盾冲突；“和而不同”的态度有利于处理不同文明之间的关系。中华文化中有许多思想理念对解决当代人类面临的冲突提供了有益的启示。因此，推动中华文化的传承发展，一个重要的目的是围绕当今世界发展面临的重大问题，着力提出能够体现中国立场、中国智慧、中国价值的理念、主张、方案，让中华文明与世界文明一起为人类提供所需要的精神指引。

中国哲学家冯友兰曾经说：在世界上，中国是文明古国之一。其他古国，现在大部分都衰微了，中国还继续存在，不但继续存在，而且还进入了社会主义社会。中国是古而又新的国家。

第一节 我国应急管理的传统思想与实践

我国自古以来就是一个自然灾害频发的国家。中华五千年的文明史实际上就是一部与自然灾害做斗争的历史。从有文字记载以来，中国历史上各种灾害事件史不绝书，对于灾害的治理也成为历朝历代最主要的任务之一。

中国自古以来气候多变、灾害多发，对以农为本的传统国度造成巨大的影响。中国传统社会为了应对频发的灾害，政府和民间都创建了丰富多样的救灾体系，这一体系是保证我国古代社会长期延续的重要原因之一。《春秋左氏传》记载“救灾恤邻，道也。行道，有福”，可以判断最晚到春秋时代，救灾恤邻作为一个最基本的准则上升到一种道德规范的层次。《老子》提出“天之道，损有余而补不足”。到了汉朝，对急公好义、乐善好施的表彰已经上升到国家层面。进入明清时期，从个体化的救助逐渐发展到社区化救济。大禹治水过程中塑造出以疏代堵、公而忘私、民族至上、民为邦本等集体主义精神，体现了中华优秀传统文化中蕴含了丰富的应急管理智慧，尤其道家、儒家、法家、兵家关于“无为而治”“为政以德”“谋定后动”“治乱安危”等深刻的哲学思想，更是蕴藏着解决当代各种危机的重要启示。

首先，老子作为道家思想的代表人物，其风险管理思想比较系统，提出了“为之于未有，治之于未乱”的风险预防思想，“知足不辱，知止不殆”“祸莫大于轻敌，轻敌几丧吾宝”“慎终如始，则无败事”的全过程风险管理思想，“慈故能勇”“上善若水”的应急思想，“道法自然”“无为而无不为”的风险治理智慧思想，为把握突发事件和危机的演化规律提供了丰富的思想源泉。

其次，儒家哲学思想主要体现在“以人为本”的人文精神，“以和为贵”的中庸思想，“人性可塑”的人性假设基础。忧患意识、“为政以德”是儒家施政思想的核心要义。儒家哲学思想具有经世致用的特性，构成了中国传统文化的基本范式。

再次，韩非子作为法家的代表人物，其应急管理思想具有鲜明的时代特征并形成了较为完整的思想体系。其所提出的“利害相反”的损益控制，“治吏不治民”的人事控制与局势控制，“参疑内争”的权力控制等应急控制思想，“循天顺人”“不得越官而有功”的权责分明与赏罚必信等应急用人思想，“治强生于法”“死生随法度”“刑过不避大臣”等应急法治思想，为应急管理法制体系建设提供了丰富的思想源泉。

最后，孙子撰著的《孙子兵法》在中国乃至世界军事史、军事学术史和哲学思想史上都占有极为重要的地位。他提出的“多算胜”“有备无患”“以谋克敌，以智取胜”的应急预案思想，“知己知彼”“知胜有五”“选锋则胜”的应急指挥思想，“上下同欲”“兵贵神速”“应形于无穷”的应急响应等思想，为完善现代政府应急管理预案和机制提供了丰富的本土思想资源。

没有哪一次巨大的历史灾难不是以历史的进步为补偿的。以史鉴今，系统地总结我国传统应急管理哲学思想和实践经验，坚持以社会主义核心价值观为引领进行扬弃，兼容并蓄世界各民族的优秀文化，推动建设我国新时期应急管理体制、机制和法制，我们任重道远。

第二节 新中国成立后我国应急管理的理论与实践

新中国成立以来，我国应急管理水平显著提升，从理念到技术都实现了质的飞跃，应急管理体制在不同时期有不同的表现形式。从传统的灾种分割“运动式”治理向现代化灾害综合管理的“运作方式”转变，从“一案三制”全灾种、全过程的综合应急管理体系到以总体国家安全观为指导的应急管理体系的“制度规范”转变。这些转变有利于改变长期以来按灾种管理而形成的部门分割、政令不一、标准有别、资源分散、信息不通的防灾减灾救灾旧格局，基本形成了立足经济社会发展现实、不断创新优化的体制机制，维护保障社会稳定，完善各级政府服务，加强执政能力现代化。目前，虽然学者们对我国应急管理体制发展阶段的划分存在差异，但始终围绕着非典疫情、“一案三制”建设、应急管理部成立等多个关键节点展开。根据应急管理重要事件与制度变革节点，可以将我国的应急管理体制发展划分为以下5个阶段。

一、新中国成立至改革开放前

这一阶段从新中国成立到改革开放前，特点是单灾种“运动式”治理。这一时期中国发生的突发事件主要包括水旱、地震等自然灾害，工矿企业生产安全事故，以及血吸虫病等传染病疫情。这些突发事件给当时并不完备的应急管理体系带来了巨大的挑战。救灾减灾问题事关政权稳定，救援工作具有较强的政治性，地方政府承担着灾情上报和救灾款发放等方面的执行责任，而中央政府是履行救灾职能的唯一责任主体，掌握绝对的资源配置权并承担着救灾、减灾管理工作中的各项职能和责任。同时，这一时期的救灾工作本着群众路线的工作思路，延续着战争时期的革命传统，采取“运动式”治理方式应对各类突发事件。按照分类管理的大原则，中央政府针对这些突发事件的特性组建相应的职能机构，对应急工作进行统一协调应对。由于政府基本包揽了所有应急管理任务，社会力量参与较有限。

该阶段自然灾害、生产安全、公共卫生等突发事件主要依靠农业部、水利部、中央军委气象局、劳动保护司、公共卫生局等职能部门或临时性应急指挥机构按照“一类事情一个部门统筹”的原则进行管理。改革开放前部分中央级跨部门临时协调机构如表1-1所示。与当时高度集中的计划经济体制相适应，这种部门化的分类应急管理机构模式以单灾种管理为基本特征。在纵向上，各职能部门管理比较完备，上下指挥联络和协调运转通畅，单部门的专业化程度较高，独立执行任务的能力较强，但容易导致权责界限不清、出现职责交叉等问题；在横向上，应急管理相关职责分属多个职能部门，部门各司其职，但相互沟通协作较少。此外，政府包揽一切、生产自救、节约度荒，政治上拒绝国际援助也是当时的鲜明特征。综合来看，虽然部分临时协调机构的建设在一定程度上提升了政府对突发洪水、地震的管理水平，但此时应急管理仍处于单一灾种应对、救援物资少、效率较低的时期。

表1-1 改革开放前部分突发事件应对临时协调机构

名称	类型	成立	备注
中央防疫委员会	临时协调机构	1949年10月	周恩来担任委员会主任，1952年改称爱国卫生运动委员会
中央救灾委员会	临时协调机构	1950年2月	董必武担任委员会主任，是全国救灾工作的最高指挥机关，1958年取消
中央防汛总指挥部	临时协调机构	1950年6月	董必武担任委员会主任，后改为中央防汛抗旱总指挥部
中央地震工作小组	临时协调机构	1969年7月	1971年撤销中央地震工作办公室，成立国家地震局，一直延续到1988年

资料来源：根据吴波鸿，张振宇，倪慧荟.中国应急管理体系70年建设及展望[J]. 科技导报，2019，37（16）：12−20整理。

二、改革开放至非典疫情前

这一时期从改革开放到非典疫情，特点是单灾种管理跨部门协调。随着经济生产快速发展，自然灾害、生产安全事故、社会治安综合治理等传统安全事件形势日趋复杂多样，经济安全、生态环境安全、资源安全、恐怖主义、重大传染病等非传统安全问题更为突出。由于各类事件涉及部门众多，国家采用了多头管理并重新设置或恢复非常设议事协调机构，这些机构承担了应对特别重大突发公共事件的跨部门应急组织协调和临时应急处理职责。1993年8月，“应急管理”首次出现在官方文件中，“分类分级”的应急管理模式初现，各种灾害分类管理部门数量增加，虽然存在机构膨胀、效率较低的现象，但政府重视程度较高，应急管理体制逐渐向跨部门协调转变，如表1-2所示。

表1-2　2003—2007年中国应急管理大事记

时间	主要工作	大事记
2003年	应急管理工作启动	国务院办公厅成立应急预案工作小组，重点推动应急预案编制和应急管理的体制、机制和法制建设工作
2004年	应急预案编制工作	3月，确定把围绕“一案三制”的应急管理体系建设作为当年政府工作的重要内容；9月，党的十六届四中全会提出要建立健全社会预警体系，形成应急机制
2005年	应急管理体制建设，稳步推进“一案三制”	4月，国务院下发《国家突发公共事件总体应急预案》；7月，国务院召开全国应急管理工作会议，要求各级政府成立应急管理机构；12月，国务院应急管理机构，即国务院应急管理办公室正式成立
2006年	应急管理机制建设	3月，首次将应急管理列入国家国民经济和社会发展规划；10月，明确指出抓紧建立健全社会预警体系，形成应急机制
2007年	应急管理法制建设	党的十七大指出：坚持安全发展，强化安全生产管理和监督，有效遏制重特大安全事故。完善突发事件应急管理机制

资料来源：根据吴波鸿，张振宇，倪慧荟. 中国应急管理体系70年建设及展望[J]. 科技导报，2019，37（16）：12-20整理。

在20世纪八九十年代，随着突发事件形势日趋复杂多样，我国各级各类应急管理议事协调机构总数大幅增加，覆盖领域不断扩大。据统计，截至2003年年底，与应急管理相关的国务院议事协调机构共有16个，其中包括7个指挥部、5个领导小组和4个委员会，与此同时还建立了9个联席会议制度，并逐渐形成依托议事协调机构的分散响应式应急管理模式。总体来看，议事协调机构在一定程度上弥补了部门分治的缺陷，但协调机构仍是针对某一领域的突发事件成立的，机构设立较为分散，而且一旦突发事件处理完毕，协调机构不再发挥作用。

三、非典疫情至“一案三制”体系建设

这一时期从2003年非典疫情到2007年汶川地震之前，特点是多灾种应急管理建设。频发的各类突发事件要求应急管理向综合化、协同化发展，改变国家治理中分权化、部门化、碎片化现象。2003年取得抗击非典疫情胜利后，我国全面推进以“一案三制”为核心的应急管理体系建设。“一案三制”中的“一案”指的是制定修订应急预案；“三制”就是建立健全应急管理的体制、机制和法制。“一案三制”对中国应急管理体系的发展和完善产生了深远的影响，中国逐步构建具有中国特色的应急管理体系。自提出以来，我国的应急管理工作一直都是以“一案三制”为核心展开的。

在2003年以前，应急管理体制呈现出碎片化、应急职能分割的现象，资源和权力分散于不同部门，部门、地区之间缺少联动性。2003年暴发的非典疫情，使人们意识到了突发事件应急管理的重要性，它成为我国应急管理理论和实践发展和转型的重要转

折点。在应对非典疫情时，我国采用的是一种分类管理、条块管辖的管理体制，抗击非典暴露了我国在应急管理工作尤其是突发公共卫生事件的应急管理工作存在薄弱环节。2003年以后，无论在中央还是地方都开始构建应急管理机构，着重加强政府应急管理办事机构的协调职能，完善其纽带作用。2006年国务院成立了应急管理办公室，各省、自治区、直辖市也相继成立了应急管理领导机构和办事机构。截至2007年年底，所有省级政府和市级政府、92%的县级政府成立或明确了应急管理领导机构；所有的省级政府和96%的市级政府、81%的县级政府成立或明确了应急管理办事机构。2003年至2007年的应急管理大事记，如表1-2所示。

这个时期的显著成就是建立了成体系的“一案三制”，将其嵌入原有的部门机构，作为不同层级和职能部门行动的指导和标准。有学者评价，在此阶段中国基本完成了中国现代应急管理体系框架构建，应对突发事件的能力和效率有了质的飞跃。“一案三制”体系的基本建立，为部门机构提供了行动指标，同时建立和完善了应对各类灾害的机制体制，为协调管理奠定了基础。该阶段中国的应急管理由单一灾种应对基本转向了多灾种应急管理，现代应急管理的理念也被广泛接纳，是中国应急管理改革进程中的里程碑。

四、“一案三制”至应急管理部成立前

这一时期从2008年的汶川地震到2018年应急管理部成立之前，特点是多灾种应对与部门联动。2008年，政府工作报告中郑重宣布“全国应急管理体系基本建立”，但在2008年南方罕见冰冻雨雪灾害、汶川地震等突发事件中还是暴露了应急管理体系在灾害预警和匹配物资等方面的不足。近年来各类突发事件的复杂性、关联性明显增强，次生、衍生事件增多，以网络为平台的公共舆论和媒体对突发事件关注度越来越高，对应急管理体制机制建设提出了新要求。

2008年，国务院机构改革增加了社会管理服务职能140余项，目的在于切实维护群众切身利益；同时在“三定”方案中也明显增加了应急管理方面的规定。2010年，中国救灾应急装备领域的首个国家级科技平台成立。2011年，“ICL地震预警技术系统”的首次成功预警，标志着中国成为世界上第三个能够提供地震预警的国家。2012年，《国家地震应急预案》中规定：国务院抗震救灾指挥部负责统一领导、指挥和协调地震应急与救灾工作。2013年3月10日，《国务院机构改革和职能转变方案》发布，开启新一轮“大部制”改革。这次“大部制”改革，国务院组成部门不但减少至25个，还在政府部门中增设了应急办，将其作为应急体系中的重要部门。所以这次“大部制”改革一方面旨在厘清不同部门之间权责，避免职能交叉、多头管理；另一方面，希望通过设置应急协调部门，打破部门、中央和地方的隔断，建立、完善应急管理体制，增强应对突发事件的能力。2013年11月，党的十八届三中全会提出“健全公共安全体系”，标志着中国应急管理进入公共安全体系建设的新阶段。

2017年10月，党的十九大提出，树立安全发展理念，弘扬生命至上、安全第一的

思想，健全公共安全体系，完善安全生产责任制。党的十九大之后，我国形成了以总体国家安全观为导向、国安委和应急部为指导、党政同责、相关部门及职责统一的整体性治理，实现了应急管理统一指挥、权责一致的制度框架，应急管理向着更加专业化、常态化、全过程转变。

该阶段的应急管理工作在制度上向应急联动转变，并且规定国务院抗震救灾指挥部负责牵头进行统一的管理，从国家政府层面提高应急保障能力和救援力量，将原本分散的职能部门进行整合，优化信息传达、物资调配、救援力量等各个方面。全国上下逐渐形成政府统一指挥、各部门协调配合、全社会共同参与的应急管理工作新格局，形成“统一领导、综合协调、分类管理、分级负责、属地管理为主”的应急管理体制。

五、应急管理部成立以来

这一时期从2018年国家应急管理部成立开始，特点是多灾种整合式管理。2018年3月，国家应急管理部在国务院机构改革中成立。中国应急管理体系的综合化阶段可以细分为两个阶段：一是以“一案三制”为核心的应急管理体系；二是以应急管理部为牵头组织的应急管理体系。这两个阶段都属于综合应急管理的范畴，都是在综合性和专业性之间进行取舍和权衡。应急管理部的成立将分散的机构及职能整合起来，将常态管理与非常态管理结合，统筹国家应急力量建设和应急物资储备，对应急骨干力量进行集中管理和领导，更有利于发挥党中央统筹指导和地方政府主体协调相结合的作用。在国家出现突发事件时，对人力、物力、财力进行集中统一调度，有效提高专业救援能力，实现应急救援力量的快速分配以及信息的有效整合，形成整合式管理格局。至此，初步形成“统一指挥、专常兼备、反应灵敏、上下联动、平战结合”的新时期中国特色应急管理体制。

在应急管理部组建之前，我国虽然通过设立议事协调机构、部际联席会议、政府应急管理办事机构等各种方式，努力解决跨部门协调障碍，但是应急管理相关职责分散在数十个不同的政府职能部门，相互之间的沟通协调成本非常高，碎片化问题非常突出。同时，应急管理办公室的规格和职能问题已经成为我国应急管理组织结构中最突出的问题。从体制角度来讲，我国的确需要建立一个更具有权威的组织机构将应急管理宏观决策工作统筹起来。应急管理部的组建既是中央总结我国多年开展应急管理经验的实践转化，也是借鉴外国应急管理体系建设经验的重要举措，对保障人民的生命财产安全、维护社会的长治久安、推进国家治理体系和治理能力现代化，起到重要作用。这标志着中国从灾种分割管理走向灾害综合治理，有利于从根本上改变长期以来按灾种分割管理而形成的部门分割、政令不一、标准有别、资源分散、信息不通的防灾减灾救灾旧格局。

提升协调性是应急管理部必须直面的首要挑战。新组建的应急管理部要真正落实“四个部门”的职责定位，发挥好一般性灾害代表中央统一响应支援、特别重大灾害作为指挥部协助中央组织应急处置工作的综合协调职能，还存在不少亟待研究解决的问题。

党的二十大报告提出，一是“建立大安全大应急框架”。着力完善体系。发挥综合优势和相关部门的专业优势，加强统分结合、防救协同、上下联动，衔接好各环节的责任链条，推动形成齐抓共管、协同高效的应急管理工作格局。二是“推动公共安全治理模式向事前预防转型”。着力预防为主。在工作重心上更加注重防的工作，突出抓安全风险的源头防控、常态管控、监测预警、工程治理，主动塑造有利于发展的安全环境。三是“推进安全生产风险专项整治，加强重点行业、重点领域安全监管”。着力专项整治。对矿山安全、消防安全、危化品安全突出问题集中开展针对性整治。四是“提高防灾减灾救灾和重大突发公共事件处置保障能力”。着力提升能力。持续实施自然灾害防治重点工程，构建以国家综合性消防救援队伍为主力、以专业救援队伍为协同、以军队应急力量为突击、以社会力量为辅助的中国特色应急救援力量体系。

思考与练习

1. 中国传统道家、儒家、法家和兵家哲学思想中，蕴含了哪些应急管理智慧？

2. 在构建现代应急管理体系时，如何对中国传统应急管理思想进行扬弃？

3. 新中国成立初期采取了“运动式”灾害治理思路，其背景和优缺点是什么？

4. 我国应急管理的未来发展趋势是什么？

5. 我国与西方发达国家的应急管理体系存在哪些根本性差异？

第二章 应急管理的基本理论

学习目标

通过本章学习，应能够了解应急管理学科的产生背景；理解应急管理、常态化管理、风险管理、突发事件等概念的基本内涵；掌握科学研究的基本范式，应急管理的基本学科体系构成。

导读

公共管理研究方法的定性与定量之争

工欲善其事，必先利其器。没有好的工具，就难以完成高质量的工作，在当今的科学时代尤其如此。公共管理学科发展的质量，与研究方法的规范化紧密相关。在我国，公共行政/公共管理研究自20世纪80年代重建以来，到21世纪初的时候，已经取得了很大的发展。但是在这个阶段，我国公共管理研究所采用的方法较为简单，被称为“尚属于手工作坊式的初级阶段”。随着公共管理一级学科的正式设立，公共管理学术共同体逐渐形成。学术交流活动推广了公共管理的研究方法，促进了公共管理研究的规范发展。然而在整体上，公共管理学科的研究方法仍然缺乏规范性。相当多的研究并没有遵循实证研究、诠释研究和批判研究各自的研究方法，因而在研究质量上存在严重的问题，未能促进知识的增长。许多似乎是实证研究取向的研究其实并没有运用现代社会科学研究方法。许多研究根本没有一个明确的研究问题，没有文献评估，没有深入地研究因果机制，没有构建出具有说服力的理论，更没有进行理论检验，或者理论观点没有经验事实支持，使得我国公共管理研究“陷入了一种缺乏反思的自说自话的境地”。

定性研究和定量研究各有所长，也各有所短。定性研究论文，内容往往很丰富，这是优点但同时也可能成为缺点，最容易遭到的批评就是“非科学的”和缺乏信度。定量研究的长处显而易见，精确、普遍和可重复。但定量研究的缺点是存在“垃圾进，垃圾出”的可能风险而且容易显得肤浅，以及干瘪无味，往往把丰富的现实进行了过分的简化。

在研究方法规范性方面，学界越来越接受这样的观点，那就是研究方法服从于研究的需要。方法不是越新越好，更不是越复杂越好。对于有些研究情景和研究问题而言，最合适的方式或许是定量研究，与此同时另一些研究情境和研究问题则只适合采用定性研究的方式进行探讨。至于在实际研究中该运用哪种方式，这不仅取决于研究者的个人兴趣，还取决于他所要解决的问题以及面临着什么性质的研究对象。所以，没有最好的方法，只有最合适的方法。

资料来源：选摘自何兰萍，张俊艳. 公共管理研究方法[M]. 北京：中国人民大学出版社，2023.

第一节
应急管理概述

一、应急管理的概念

应急管理对应的英文是emergency management，解释为：应急管理是对资源和职责的组织管理，以应对突发事件的所有方面，包括准备、响应和恢复，目的是减轻所有灾害的不利影响。对于突发事件的预防与应对，世界各国的相关提法并不一致，如美国为emergency management（应急管理）、英国为contingency management（紧急事态管理）、日本为disaster management（防灾管理）、德国为krisenmanagement（危机管理）等，但其总体目标、体系框架和核心内容并无本质区别。

本书中应急管理是指政府、其他公共机构和公众针对各类突发事件（包括自然灾害、事故灾难、公共卫生事件和社会安全事件），开展预防与应急准备、监测与预警、应急处置与救援、事后恢复与重建等事前、事中、事后各个环节，综合应用科学与技术、体制与法制、文化与教育等手段，保障公众生命、健康和财产安全的全方位、全过程的管理活动。

应急管理作为社会治理体系的重要组成部分和关键短板，涉及党委、政府、企业、社会组织和公众等各类应急管理主体，以打造党委领导、政府负责、部门联动、军地联合、社会协同、多方参与、全面协同的应急管理工作格局。其中，应急管理要坚持和加强党的集中统一领导，发挥总揽全局、协调各方、督促落实的作用；政府拥有层级化、组织程度高的组织体系，掌握大量的专业救援队伍、装备、物资、资金等资源，是应急管理工作的统筹者和主力军，占据主导地位；企业是生产经营活动的主体，做好应急管理工作，强化和落实企业主体责任是根本和关键所在，同时，企业也是应急管理所需的各类装备、物资和服务的主要生产者和提供者；社会组织具有反应灵活、服务多样、资源广泛等优势，可通过提供多样化、专业性的应急管理服务，弥补政府主导应急管理力量和方式的不足，是政府应急力量的有益补充；公众既是突发事件的直接受害者，也是应急管理的直接参与人，要培养和强化风险意识，提高防灾、自救和互救能力，同时发挥在群测群防、信息报告、志愿服务等方面的作用。

应急管理工作覆盖突发事件的整个生命周期，是一个完整、连续、动态的过程，包括事前预防、应急准备、监测预警、处置救援、恢复重建等事前、事中、事后各个环节。在事前预防方面，主要是通过管理、技术、工程等方面的建设，落实应急管理各方责任，完善突发事件风险防控体系，推动应急管理科技创新，加强灾害设防及设施建设；在应急准备方面，主要是加强应对突发事件的思想准备、组织准备、预案准备、机制准备和工作准备，包括完善以“一案三制”为核心的应急管理体系，加强应急救援力量和保障资源建设，加强应急文化建设；在监测预警方面，主要是完善监测监控及预警发布手段，加强突发事件监测预警；在处置救援方面，主要是完善应急协调联动及现场统一指挥机制，科学调配和运用应急资源，提高灾害事故现场应急救援处置效能；在恢复重建方面，主要是加强灾害事故调查评估，统筹推进恢复重建工作，加快恢复正常生产生活秩序。

常态化管理是针对常规事件开展的管理活动，是与应急管理相对的一个概念。一个常规事件通常需要运用一个政府机构的资源或几个政府机构的部分资源，根据标准的流程即可有效地应对，并且能够避免对其他任务的处置造成干扰。从业务上讲，当资源已经处于紧张状态，必须执行非标准的流程以挽救生命和减少财产损失，或者必须组建临时性管理和协调机构来处置事件时，就会发生向紧急状态的过渡。值得注意的是，从常态化管理转入紧急状态或灾难状态下的应急管理，是需要事件本身满足法律授权的详细要求，并且符合有关法律规定的权限和程序授权宣布的政治和法律行为。

与应急管理相关的另外两个概念是风险管理和危机管理。其中，风险管理是根据风险评估和对法律、政治、社会、经济等综合考虑所采取的过程和活动，是由面临风险者进行风险识别、风险估测、风险评价、风险控制，对风险实施有效控制、妥善处理风险所致损失，期望以最小的成本获得最大安全保障的一项管理活动。有学者提出了风险结构的三因素模型，认为风险是由潜在的损失、损失的大小、潜在损失发生的不确定性这三种因素构成的。因此，风险管理是针对突发事件处于酝酿阶段（即“或然”状态）的事前管理，而应急管理是针对突发事件暴发后（即“必然”状态）的事后管理。

在西方国家的教科书中，通常把危机管理称为危机沟通管理（crisis communication management）。加强信息的披露与公众的沟通，争取公众的谅解与支持，化危为机，是危机管理的基本对策。危机管理是为应对各种危机情境所进行的规划决策、动态调整、化解处理及演练培训等，其目的在于抗拒突发的灾难事变，消除或降低危机所带来的威胁和损失。普林斯顿大学的诺曼·R.奥古斯丁教授认为，每一次危机本身既包含导致失败的根源，也孕育着成功的种子。发现、培育，以便收获这个潜在的成功机会，就是危机管理的精髓。简言之，如果处理得当，危机完全可以演变为“契机”。通常，危机管理可以分为两大部分：危机暴发前的风险管理和危机暴发后的应急管理。

二、突发事件的概念

应急管理的主要对象是各类突发事件。《中华人民共和国突发事件应对法》（以下简称《突发事件应对法》）中明确“突发事件是指突然发生，造成或者可能造成严重社会危害，需要采取应急处置措施予以应对的自然灾害、事故灾难、公共卫生事件和社会安全事件”。自然灾害主要包括洪水、台风等气象灾害，地震、滑坡等地质灾害，生物灾害，海洋灾害和森林草原火灾等。事故灾难包括工矿商贸等企业的各类安全事故、交通运输事故、公共设施和设备事故、环境污染和生态破坏事件等。公共卫生事件包括传染病疫情、群体性不明原因疾病、食品安全和职业危害、动物疫情以及其他严重影响公众健康和生命安全的事件。社会安全事件包括恐怖袭击事件、经济安全事件和涉外突发事件等。

国际上一般采取灾害这一概念代指突发事件。汉语语义中灾害一般指自然灾害，但是在国际上灾害可以被认为是指级别更为严重的突发事件。国际上根据灾害的不同诱因，将其划分为自然灾害（包括自然灾害和公共卫生事件）和人为灾害（包括事故灾难和社会安全事件，尤其是恐怖袭击事件）。

按照严重程度、可控性和影响范围等因素划分，突发公共事件分为特别重大（Ⅰ）、重大（Ⅱ）、较大（Ⅲ）和一般（Ⅳ）四级。对于可预警的自然灾害、事故灾难和公共卫生事件，这四个突发事件等级分别对应红、橙、黄、蓝四级预警颜色。

突发事件的演化过程一般可以分为事前的酝酿期、事发的暴发期、事中的缓解期和事后的善后期四个阶段。其中，酝酿期的主要任务是预防与应急准备，包括应急预案体系，城乡规划符合预防与应急管理的需要，预防并防范潜在隐患，完善应急培训、演练和教育体系，确保应急的人员、物资和经费保障，建立巨灾风险保险体系，人才培养和科学开发等。暴发期的主要任务是监测与预警，包括突发事件信息系统，突发事件信息收集、报告和评估制度，监测制度，预警制度，社会安全事件信息报告制度等。缓解期的主要任务是应急处置与救援，包括应急处置机制，各类事件应急处置措施，应急协作机制，信息发布，禁止编造、传播虚假信息，群众性基层自治组织应急职责，公民应当履行的义务等。善后期的主要任务是事后恢复与重建，包括损失评估和组织恢复重建，支援恢复重建，善后工作，调查、应急处置工作总结等。突发事件具有多样性、复杂性、不确定性等特征，针对多灾种的综合性应急管理模式是国内外应急管理发展的总体趋势。

第二节 应急管理的学科体系

一、应急管理学科的发展背景

国内外社会科学对社会风险、社会危机和社会冲突的学术研究，因学科的划分表现得比较割裂。其中，较具代表性的研究分属社会学、公共管理和管理科学等领域，并适应不同历史时期解决突出社会矛盾的需求。

一是在社会学领域，在德国社会学家乌尔里希·贝克于1986年出版的德文版的《风险社会》一书中，最早使用“风险社会”的概念来描述当今充满风险的后工业社会并提出了风险社会理论。英国社会理论家吉登斯将风险界定在一个由制度性的结构所支撑的风险社会中，提出“结构—制度”风险理论在现代性的基础上考察风险社会。斯科特·拉什教授从风险文化的角度来解读风险社会的含义。从20世纪90年代初兴起了全球化运动，国内学者开始关注改革开放的社会风险，包括对社会风险进行定量描述与预测、对结构转型进行诊断与批判等。

二是在公共管理学领域，2001年美国“9·11”事件后世界各国政府高度重视非传统安全挑战。以2003年的非典疫情为契机，基于国家需求的强烈驱动进行了集中的、规模较大的政府应急管理的体制、机制和法制研究，中国应急管理研究开始起步。尤其是，随着中国加入世界贸易组织后社会经济结构经历了快速转型期，一大批学者关注变革背景下的灾害管理和政府危机管理。

三是在管理科学领域，随着应急管理工作重心下沉基层，社会冲突风险所具有的不可预测突发性、极端约束条件和情境依赖性等特征，为计量分析、博弈分析、仿真分析和大数据分析等管理科学技术，提供了强烈的现实需求驱动和管理问题应用场景。一大批国内外学者运用和发展各种定量化分析技术，在特定的管理场景下阐述了各种社会风险，尤其是我国社会转型期各类突发事件的特征描述、演变规律和治理对策。

应急管理是21世纪以来新兴的，横跨管理学各个领域的横断学科。20世纪90年代冷战结束以来，不仅各种非传统安全因素凸显，而且信息社会广泛复杂的社会分工和跨时空关联造成了人类社会自身复杂巨系统的高度脆弱性。当前，人类社会面临迫切的社会需求促成了应急管理这门管理学新兴分支学科迅速成长。

20世纪90年代以来，全球气候变暖、极端民族主义、恐怖主义、大规模杀伤性武器扩散、重大传染病疫情以及全球化迅猛发展等带来的一系列经济与社会安全问题，使得各类突发事件应急管理和危机管理成为国际社会关注的热点问题。进入21世纪，应急管理进一步成为国内外学术界共同关注的热点问题。

二、应急管理学科研究的基本范式

应急管理遵从科学研究的基本范式，第一种方法是通过实验、观察、测量等手段获取数据以“观察和发现新的现象”，即实验研究或归纳法。归纳法的基本思考方法是：观察多个事实→类似的调研观察→推论（结论）。在使用归纳法导出推论（结论）的过程中，观察力和想象力至关重要。根据英国哲学家卡尔·波普尔提出的证伪主义，科学理论不断通过有限的、个别的经验事实而被证实，但是个别的经验事实都能证伪普遍命题。如果根据演绎推理得出的结论被任一经验事实证伪，其前提必假。因此，在物理世界用归纳法得出的结论，不能保证其真理性。

对于归纳法存在的局限性，英国的伯特兰·罗素提出一个著名的火鸡问题。在火鸡饲养场里，一只火鸡发现，每天上午9点钟主人给它喂食。它并不马上得出结论，而是慢慢观察，一直收集了有关上午9点给它喂食这一事实的大量观察证据。最后，它得出了结论："主人总是在上午9点钟给我喂食。"可是，事情并不像它所想象的那样简单和乐观：在圣诞节前一天的9点，主人没有给它喂食，而是把它宰杀了。罗素提出，这个火鸡问题指出了从个别性知识推出一般性结论的归纳推理的滥用。

第二种方法是运用严密的逻辑推理、严格的数学建模和分析"分析与解释现象"，即数理研究或演绎法。这种科学方法是通过观察现象形成（提出）假说，构建模型，计算或实验验证，科学结论（结果）等演绎法开展研究。演绎法的基本思考方法是：前提条件（大前提）→调研观察（小前提）→得出结论。欧几里得几何学、牛顿万有引力、爱因斯坦相对论等的创立都得益于演绎法思维。演绎法的优点是能够保真：如果前提是正确的，那么结论一定正确。演绎法也有一个结构性问题：不能证伪。因为它的前提来自归纳法，所以，演绎法终极无效。

第二次世界大战后，随着计算机技术的出现，计算机仿真模拟开始成为实验的一种替代研究方法，广泛运用于自然和社会复杂系统的分析，计算科学成为第三种科学研究范式。随着模拟方法和实验科学中海量数据的出现，当前数据密集型的大数据分析正在成为科学研究的第四范式。

三、应急管理的学科特点

应急管理理论在遵循上述基本研究方法外，更具有理论方法和研究对象的独特性。

（1）应急管理学科基础的特殊性体现在构建模型的极端约束条件（或问题的特殊假设）。作为管理科学学科的理论基础，运筹学利用统计学、数学模型和算法等，寻找仓储、物流、决策等领域复杂管理问题中的最佳或近似最佳的解答，改善或优化现有系统的效率。应急管理学科的理论基础是突发事件各种极端约束条件或假设下的运筹学模型。应急管理研究的约束条件一方面体现在突发事件本身固有的极端环境、资源紧张、信息匮乏或过剩、事态发展高度不确定性、高度突发性（难以预测）、极端心理压力、有限理性或非理性行为、决策时间紧迫性、利益冲突、系统结构动态复杂等极端条件和独特的管理特征；另一方面体现在应急决策面临的国家行政体制、经济结构、技术基础、社会文化等外部环境的国情特征，需要将其作为突发事件应急管理研究的变量或者问题构造的基础假设。应急管理对于现有管理科学意义体现在极大地拓展了现有管理科学的基础理论，甚至有可能在远离平衡态的约束条件下引发未来管理科学研究的范式革命。

（2）由于应急管理的研究对象（突发事件）具有的独特性，其构建自身的学科研究范式时面临两个挑战：首先，科学事实在相同条件下是应该而且能够被重复验证的。实验可重复性是科学知识真实性和确定性的基础，为判断科学活动的可靠性提供依据，一定程度上意味着科学知识的普世性。因此，可重复性成为重要的科学原则。然而，突发事件本身是突然发生的、超出了现有知识结构的、未知领域的、非常态的管理现象。突发事件本身和相应的应急管理活动具有依赖现场个人经验和主观判断的不可重现特征。其次，科学研究坚持“现实是可知的”原则。自然界的一切现象都是由物质的相互作用形成的，揭示这些客观存在的现象背后隐藏的相互作用规律，就是科学的终极目标。突发事件具有未来发展趋势难以预测的特征，应急管理的实践正在由传统的可知论哲学指导下“预测—应对”模式，转为不可知论哲学指导下“情景—应对”模式。因为突发事件具有不可重现性和高度不确定性，所以应急管理理论具有鲜明的情景依赖特征，应急管理学科发展也高度依赖于国家行政体制、经济结构、技术基础、社会文化等外部环境特征。

（3）应急管理学科作为一门横断学科，其外延涉及管理学的全部领域。应急管理简单概括为处于或者可能处于危机状态下的各种管理问题（对应于常态管理）。除了重大自然灾害的外部冲击，更为严重的突发事件或危机来源于人类的心理、技术、组织和社会系统的内在缺陷。因此，现有的工程管理、运作管理、供应链管理、宏观经济管理、公共管理等可以视为常态化管理，应急管理是横跨现有管理学各个学科的横断学科，并且随着信息时代的来临映射到虚拟空间，诱发网络舆情突发事件后的应急管理。由此，构成了从自然物理领域的自然灾害到虚拟空间的网络舆情突发事件，一个横跨自然、工程和管理领域的应急管理领域的谱系，如图2-1所示。

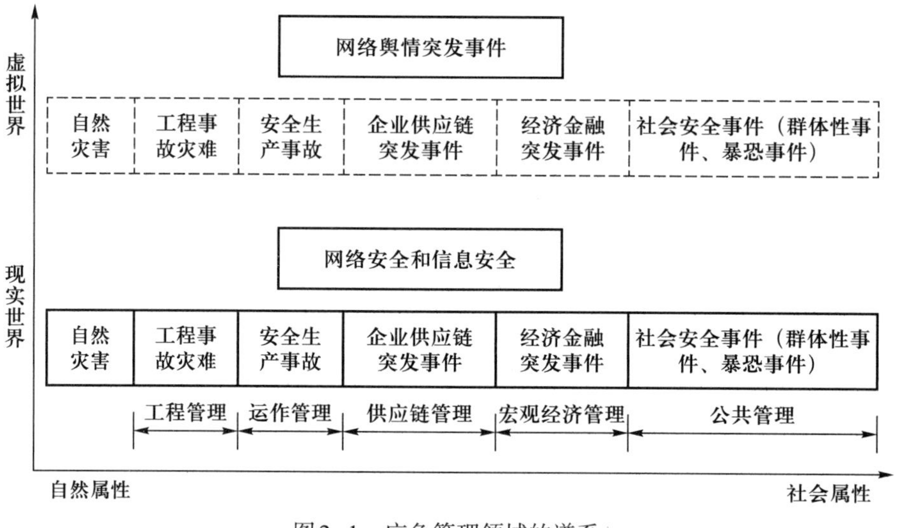

图2-1　应急管理领域的谱系

四、应急管理的学科体系

应急管理作为一门横断学科，其学科的核心或基石是突发事件各种极端约束条件或假设下的运筹学模型。这也是应急管理作为一门日渐成熟的科学分支的体现。

根据突发事件的四个演化阶段——事前的酝酿期、事发的暴发期、事中的缓解期和事后的善后期，应急管理的基本流程包括预防与预案、监测与预警、决策与救援、恢复与重建等。其中，预防阶段的重点是制定应急预案，准备阶段的重点是激活应急管理信息系统，响应阶段的重点是应急决策，恢复与重建阶段的重点是引入社会力量后转为常态化管理。作为一门交叉学科，应急管理学科与一些相关学科领域密切相关，主要包括应急管理的体制与机制、科技创新、文化与培训（包括应急培训与演练）等。

应急管理学科需要解决两个主要问题：第一，从演变的角度出发，揭示各种突发事件（或危机）自发或受控的演变规律，即关于为什么出现问题的科学研究；第二，从优化的角度出发，为政府和社会公众提供有效预防、准备、响应和恢复的应急管理措施，即关于如何解决问题的工程技术研究。

尽管应急管理是针对突发事件的非常态化管理，但是管理体制、管理文化与教育、科技创新等各个领域的常态化管理工作，为应急管理提供了更为基础的支撑。任何一个具有完善的应急管理体系的国家，必然具有完备科学的应急管理体制、日常持久的应急管理文化建设与教育培训、高度发达的应急管理科技创新等软硬件条件。

根据突发事件涉及的物理领域、工程技术领域、经济领域、社会领域和虚拟空间网络领域，应急管理学科大致可以分为五大应用分支：自然灾害和公共卫生突发事件应急管理；工程事故灾难应急管理；安全生产、企业供应链和经济金融突发事件应急管理；社会安全类突发事件应急管理；网络安全、信息安全和网络舆情应急管理。这五大应急管理应用分支涉及较强的专业领域知识，本书不再加以专门介绍。综上所述，应急管理学科体系的四大部分，如图2-2所示。

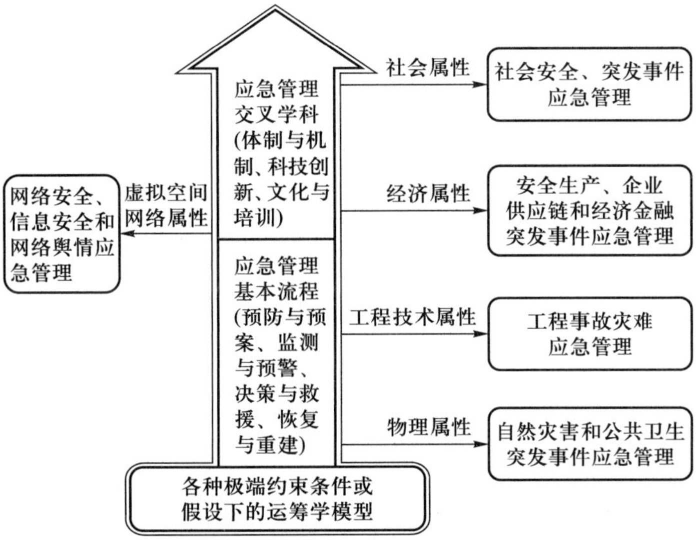

图2-2　应急管理学科体系的内核与外延

思考与练习

1. 请简述应急管理与风险管理、常态化管理和危机管理的区别。
2. 突发事件的基本分类和演变阶段是什么?
3. 针对不同演化阶段的突发事件，应急管理的主要任务是什么?
4. 科学研究的两个基本范式及它们的优缺点是什么?
5. 应急管理理论在理论方法和研究对象上具有哪些独特性?
6. 应急管理的学科体系包括哪四大部分?

第三章 应急管理的分析方法

学习目标

通过本章的学习，应能够熟悉管理科学及应急管理的研究范式；掌握应急管理领域典型的研究方法；掌握基本的极端约束下的应急规划问题以及突发事件的博弈问题；了解大数据运作流程，熟悉突发事件下大数据的应用场景。

导读

科学的本质是什么

科学是运用范畴、定理、定律等思维形式反映现实世界各种现象的本质和规律的知识体系。科学是一个建立在可检验的解释上，对客观事物的形式、组织等进行预测的有序的知识系统，是已系统化和公式化了的知识。其对象是客观现象，内容是形式化的科学理论，形式是语言，包括自然语言与数学语言。

现代科学通常分为三个主要分支，自然科学（如生物学、化学和物理学等），研究个人和社会的社会科学（如经济学、心理学和社会学），以及研究抽象概念的形式科学（如逻辑、数学、计算机科学）。但形式科学是否真正构成一门科学是有分歧的，因为它们不依赖经验证据。另外，将现有科学知识用于工程和医学等实际目的的学科被称为应用科学。

科学采取的是论证的方法，通过实验证伪或证实。自然哲学是人类最早探讨自然问题的形式，并在某种程度上是科学的前身。哲学一般不能证明一个问题是对是错，不能证实同时也不能证伪。哲学可以为某些尚难以直接实证的科学理论提供合理解释或概念解释。例如，多元宇宙理论与时间旅行理论就可以在哲学的可能世界观中得到解释和探讨。

第一节
应急管理的方法论基础

由于突发事件具有突发性的核心特征，人类对其演变规律尚未充分了解。因此，应急管理分析方法的起点仍是基于大量观察、实验、测量等以归纳思想为基础的实证研究。应急管理作为一门管理学的横断学科，其学科的理论基础是突发事件各种极端约束条件或假设下的运筹学模型。这也是应急管理作为一门日渐成熟的科学分支的体现。重大的突发事件或公共危机来源于人类的心理、技术、组织和社会系统的内在缺陷。因此，为了科学地揭示人类社会冲突与合作的本质与演化规律，博弈论成为整个社会科学的基础研究方法，并被广泛运用到各个应急管理领域中。随着社会的发展，传统应急管理理念和方式“重应对、轻管理”“阶段性、切割式”的弊端逐渐显现，在大数据技术的赋能下，全面提升现有突发事件监测预警和应急处置能力成为必然。

一、管理科学的产生、发展与学科特征

（一）管理科学的产生和发展

管理科学是数学、社会学与经济学等学科相互渗透并发展起来的学科，既有理工类学科的属性，也有社会学科的属性。现代管理理论以系统理论、决策理论、管理科学理论等为代表，其特点是以系统论、信息论、控制论为其理论基础，应用数学模型和计算机技术来研究解决各种管理问题。

管理科学的初创阶段，始于19世纪末20世纪初。首先，美国工程师弗雷德里克·泰勒于1911年发表了他的代表作《科学管理原理》，创造出“标准劳动方法”和劳动定额，被称为“泰勒制”，泰勒被誉为“科学管理之父”。与科学管理理论同期问世的还有法约尔的管理过程理论和韦伯的行政组织理论。这三种理论统称为古典管理理论。

管理科学的第二个里程碑是行为科学理论。它产生于20世纪20年代，创始人是美国哈佛大学教授乔治·埃尔顿·梅奥和弗雷德里克·赫茨伯格等。在其发展过程中又形成一些新的理论分支。

第二次世界大战期间，军事运作任务促进了现代运筹学的兴起。当时，为应对德国法西斯的空袭、海上封锁，英国科学家创立了运筹学，开始将数学、系统论等学科的科学方法结合起来，解决战争期间一些迫在眉睫的问题，如雷达的摆放位置及最优数量、水雷的摆放、运输船只的线路规划等。1939年，康托诺维奇将线性规划模型运用到生

产计划中，并提出解决运输问题的基本思路。线性规划及其相关理论，能够帮助人们在给定资源的条件下确定最优生产方案。1947年，美国数学家G·丹齐克提出了线性规划模型的“单纯形算法”，正式确定了线性规划的数学理论。1948年出现了控制论。到了20世纪50年代管理科学的基本方法已经形成，美国于1953年成立管理科学学会，出版会刊《管理科学》(*Management Science*)。

20世纪60年代，管理科学将行为科学的原理扩大到人事的组织和决策。管理科学在广泛应用过程中，同社会科学和自然科学的许多学科交叉、渗透，产生了种种管理学分支，如管理社会学、行政管理学、军事管理学、教育管理学、卫生管理学、技术管理学、城市管理学、国民经济管理学等。20世纪80年代，管理科学已涉及战略规划和战略决策，以进一步优化组织和管理，提高效益。

进入21世纪，人工智能、万物互联等为代表的第四次科学技术革命，极大地促进了以计算机为基础的管理信息系统和决策支持系统的发展，使管理科学的学科体系进一步完善，也必将对未来管理科学的发展产生比较深远的影响。

（二）管理科学的学科特征

关于管理科学的定义，比较有代表性的是《大英百科全书》及国家自然科学基金委员会管理科学部的定义。《大英百科全书》关于管理科学的定义：管理科学是研究并解决管理问题的应用学科，同时也是一门研究人类管理活动规律及其应用的综合性交叉学科，其基础是数学、经济学和行为科学。它源于运筹学，但现在有明确应用领域，又有明显的区别。如运筹学致力于分析数据、统计学和方法论，主要致力于提高管理系统的效率，管理科学应用这些工具解决数据挖掘、工程管理、经济预测和物流管理等问题。国家自然科学基金委员会管理科学部对管理科学的定义是：以人类社会组织管理活动客观规律及其应用为研究对象，是一门跨自然科学、工程科学和社会科学的综合性交叉科学。

由上述定义可见，管理科学的知识应用范围非常广泛，主张应用综合性的方法，主要为数学、计算机科学与其他学科的交叉融合，研究社会现实问题，实现管理科学化，满足人类经济社会发展的需求。

第一，量化性。管理科学不仅要重视要实现的目标，而且要重视目标完成的效率。因此，要对管理问题进行量化，包括研究问题涉及的管理因素数量以及不同管理因素之间的数量关系。

任何客观事物都有自身的特点，可以用定量与定性进行刻画。定性研究主要研究客观事物和现象的本质及其相互之间的本质联系；而定量研究则主要研究客观事物和现象的数量特性及变量之间的相互关系。定性研究和定量研究共同构成管理科学不可或缺的重要组成部分。

从定性与定量刻画的事物角度来看，定性研究侧重研究者的主观感觉、判断和经验，而定量研究则侧重客观数据、逻辑推理和计算结果。因此，定性研究更多地带有艺术性，而定量研究则更多地体现了科学性。

第二，科学性。管理科学的关键，就是运用科学方法分析现实的管理问题。管理科学研究应避免使用主观经验研究现实问题，提倡科学研究的分析方法，寻找既定条件下的最优方案，以达到预期效果，即高效率、短时间、小支出、大效果。

第三，系统性。管理科学的重要来源之一就是20世纪50年代兴起的系统论。①也就是说，在解决现实问题的时候要从整体出发，而不是去追求部分问题的解决。这就要求研究解决管理科学问题时，要注重系统内部各要素之间的关系，从而保证整个系统达到最优状态。

第四，专业性。从事管理科学工作的人员要系统掌握管理科学的知识和技术，就必须经过专业系统的训练。随着当代社会经济不断发展，社会分工越来越细，对从事管理科学工作的人员的专业要求也越来越高，管理工作中的研究和决策职能出现了逐渐分离的趋势，涌现出许多专门从事管理科学研究的专家和决策咨询机构，并与管理科学实践的决策者实现了角色的分离。

第五，应用性。管理科学是一门实践性很强的学科，离开实际应用空谈理论会产生许多不良后果：一是可能导致更为严重的数学化倾向，造成管理科学方法与实际管理问题更大的脱节；二是从根本上动摇管理科学作为一门独立学科存在的意义，因为无论管理科学的数理方法如何发展，与应用数学相比仍然相形见绌。

二、公共管理学的产生、发展和学科特征

（一）公共管理学的产生和发展

尽管公共管理实践始终伴随着人类社会的发展历史，但是作为一门系统的、理论化的学科却只有百年的历史。公共管理研究发端于1887年诞生的传统公共行政学，以政治行政二分法和“官僚制理论”为其理论基础，专注于从静态的角度研究行政组织结构与体制问题。1887年，美国学者威尔逊发表了《行政之研究》一文，提出了政治行政二分法，为公共行政学的诞生标志。此后，行为科学使公共行政研究的重点从静态的体制结构转向动态的行为，以期从人和组织行为对效率的影响上寻求提高行政组织效率的途径。公共行政学的形成也受到工商管理学的强烈影响，早期的公共行政学者将泰勒的科学管理理论的原理和方法应用于公共部门，并利用和发挥了法约尔等人的管理职能和管理原则的思想，最终通过怀特的系统化理论框架，传统的公共行政学得以最终创立。这一时期的公共行政学者对公共行政研究均持有共同的信念，因此被称为公共行政学的“正统时期”。20世纪40年代开始，传统的公共行政学受到了来自各个方面尤其是政治行为主义的批判，在这些批判者中有西蒙、达尔、阿普尔比和沃尔多等。20世纪60

① 系统论的创始人是美籍奥地利生物学家贝塔朗菲。系统论要求把事物当作一个整体或系统来研究，并用数学模型去描述和确定系统的结构和行为。确立这门科学学术地位的是1968年贝塔朗菲出版的《一般系统理论：基础、发展和应用》，该书被公认为是这门学科的代表作。

年代之前，包括传统公共行政学和行为科学公共行政学在内的行政研究均呈现“管理主义”取向，奉行效率至上的原则，专注于行政组织内部的效率问题，属公共管理学发展的第一阶段。

20世纪60年代中期以后，出现了两种取代传统公共行政学的尝试。以沃尔多对传统公共行政的批判为先导，弗雷德里克森和拉斯韦尔分别提出“新公共行政”与“政策科学”范式，公共管理的发展进入“新公共行政与政策科学时期”。在这一时期奉行公平至上的原则，从对行政组织内部的管理转向对政府组织外部社会责任的承担，属于公共管理学发展的第二阶段。其中，第一种便是以弗雷德里克森为代表的“新公共行政学”，以沃尔多对传统公共行政学的批判为过渡，以弗雷德里克森等为代表的一批青年学者，发展了社会公平理论，试图确立一种以民主取向为核心的新公共行政学范式，认为经济和效率不是公共行政的核心，强调公共行政学应以公平与民主作为理论基础，核心价值应该是社会公平，主张将“效率至上”转为“公平至上”。“新公共行政”于1971年以《走向一种新公共行政学：明诺布鲁克观点》为书名结集出版，表述了新公共行政学的基本观点。第二种尝试取代传统公共行政学的范式是政策分析或政策科学，其可以追溯到1951年拉斯韦尔等主编的《政策科学》一书，20世纪60年代末70年代初政策科学迅速成长，到80年代政策科学成为与传统公共行政学相抗衡的主流学派。拉斯韦尔等政策科学的倡导者针对传统行政学过分强调官僚体制的研究以及政治行政二分法的弊端，同时受到西蒙决策理论的影响，以改进公共决策系统，提高决策质量等为宗旨，专注于对政策本身、政策制定系统及政策过程的研究。

在美国公共管理范式有两种截然不同的概念起源：一种是“政策途径”（P－途径），另一种是“商业途径”（B－途径）。20世纪70年代，发源于美国商学院并受到传统公共行政影响的公共管理商业途径（包括受到新公共行政学影响并起源于英国的新公共管理途径），以及由政策科学范式发展而来的公共管理政策途径，共同构成了公共管理的第三种范式——新公共管理范式，此后公共管理学的发展进入第三阶段。作为向“管理主义”的再次回归，公共管理这一新范式呈现出多学科背景的包容性，不仅专注于内部管理与外部治理，更是极大地拓展了公共组织的内涵，由政府组织进一步扩大至非营利组织乃至私人企业的公共方面。

（二）公共管理学的学科特征

公共管理是以政府为核心的公共部门整合社会的各种力量，广泛运用政治的、经济的、管理的、法律的方法，强化政府的治理能力，提升政府绩效和公共服务品质从而实现公共的福祉与公共利益。公共管理学是一门研究公共事务组织与管理的学科，具有以下几个学科特征。

第一，跨学科性。公共管理学是一门跨学科的学科，它将政治学、经济学、法学、社会学、心理学等多个学科的理论和方法结合起来，以研究和解决公共事务管理中的问题。公共管理学借助其他学科的理论和方法，为公共事务管理提供了更加全面和深入的分析方法与解决方案。

第二，关注公共利益。公共管理学的核心是关注公共利益，即社会公众的利益。在公共事务管理中，公共管理学强调政府和公共组织应当以满足公众利益为出发点，通过科学合理的管理手段和方法，提供优质的公共服务，促进社会的可持续发展。

第三，政策与决策导向。公共管理学关注公共政策的制定和决策的实施。它研究政策制定的理论与方法，分析政策的影响和效果，为政府和公共组织提供科学的决策支持。公共管理学通过研究政策和决策的制定与实施过程，提高政府和公共组织的管理水平和决策能力。

第四，组织与管理。公共管理学关注公共事务组织与管理。它研究公共组织的组织结构、管理制度、人力资源、绩效评估等问题，探索有效的管理模式和方法。公共管理学通过研究公共组织的管理问题，提高公共组织的管理效能，提供高质量的公共服务。

第五，实证研究方法。公共管理学更加注重实证研究方法的运用。由于公共管理学的研究对象是社会公共事务这一开放复杂的巨系统，它更多地通过实地调研、案例研究、问卷调查、统计分析等方法，科学分析和解决公共事务管理中的问题。公共管理学的研究成果以实证研究为基础，具有一定的实践指导意义。

第六，全球视野。公共管理学具有全球视野，它关注全球范围内的公共事务管理问题。在全球化的背景下，公共管理学研究国家间的合作与竞争、全球公共事务的治理、全球议程的制定与实施等问题，为国际社会提供公共管理方面的理论和经验。

三、管理科学研究的主要步骤

（一）观察现实

提出问题并清楚地界定问题，是解决问题的首要步骤。提出的问题源于对自然和社会现象的观察和思考，要剖析问题的性质和核心特征、演变趋势、外部环境和关键性影响因素（可控因素、不可控因素）等，辨明关键因素之间的关系，进而分析解决问题的可能性和可行性。

（二）提出假设或前提

世界上的一切事物都处于普遍联系之中，没有任何一个事物是孤立存在的。无论自然界、人类社会，还是人的思维本身，都是高度复杂的系统。由于应急管理客观研究对象的复杂性特征和现代管理学关于人性的“复杂人”假设，把所有复杂的内外部因素都考虑进去显然是不现实的。因此，必须抓住问题的主要矛盾，对纷繁复杂的客观现象进行抽丝剥茧，提炼出关键的因素和科学的问题，对于其他次要因素进行预先的假设和限定，从而构建起一个理想状态的标准模型，为后续分析提供理论起点。这些假设与现实不符，但就像无摩擦状态中的力学定理一样，它提供了有用的参照系。因此，尽管一些假设的条件是不现实的，但并不妨碍进行有效的科学研究。正确设定假设条件，保证研究过程的规范性就显得尤为必要。

（三）收集数据和构建模型

演绎法的前提和起点来自对客观现实的实验、观察和测量。因此，收集数据和构建模型是密不可分的。数据要根据所确定的模型有的放矢，同时要保证数据的准确性和完整性。需要强调的是，数据是否准确对模型能否刻画现实问题有着重要的影响。

构建模型是管理科学研究的关键步骤。所构建的模型多为数学模型、仿真模型，但现实问题复杂多变，而所构建的模型只是依据一些理论、假说或前提对复杂问题的抽象概括，难以对现实问题进行高度还原。因此，模型构建要依据实际问题不断进行调整，以准确把握最为本质的应急管理演化规律。

（四）试验检验

根据证伪主义的科学哲学思想，通过演绎法获得的研究结论并不能保证其结果的正确性，而仅仅是在特定的前提假设限定（或者当时研究者尚未认知的隐含假设）下所获得的有限范围内成立的真理。因此，需要对高度抽象后获得的理论结论进行试验检验，在各种具体的管理场景下对理论结论进行实证检验。只有经过实证检验后能够很好地反映客观的演化规律，才能实现对客观规律的运用，进一步科学地预测所研究客观对象的发展趋势，实现从必然王国到自由王国的飞跃。实践中常见的试验检验方法包括统计和计量分析、案例分析、实验和数值分析、社会仿真等。

（五）科学结论

上述研究路径是对管理现象进行科学剖析的基本过程，由此可以得出可信的研究结论。值得注意的是，上述研究结论依赖于捕捉关键科学问题的几个假设维度。由于研究者知识视野或所处时代的局限，这种假设可能隐藏在模型中尚未被发现，因此，经常存在局部真理被误以为是普适真理的现象。

第二节 经典的应急管理分析方法

自近代启蒙运动触发了对社会进行科学研究以来，社会科学已经发展了实证研究、数理演绎等研究方法。其中，根据建立模型的教学方法，两种常用的数理演绎方法是优化分析和博弈论。随着模拟方法以及实验科学中海量数据的出现，数据密集型的大数据分析正在成为一种新的研究方法。

一、实证研究

实证研究是社会科学研究方法之一。它着眼于社会或学科现实，通过事例和经验等从理论上推理说明。英文empirical的含义是“经验主义的，以经验或观察为依据的”，也就是说，这里的“实证研究”更准确的翻译应当为“经验分析”。实证研究包含两个基本方面：实验研究和非实验研究，具体分类见图3-1所示。

（一）实验研究

实验研究指的是一种经过精心的设计，并在高度控制的条件下，研究者通过操纵某些因素，来研究变量之间因果关系的方法。应急管理领域的实验研究指的是，在更接近真实情况的场景和特征下，利用可控的实验条件计算自然灾害和工程事故灾难潜在影响，测试危机下人们的反应和对环境的影响，进行数据收集，得出分析报告，同时制定实验相应标准。另外，实验必须由应急响应人员和管理人员（最终用户）提供符合他们期望的反馈，这对确保这些标准在应急管理领域得到广泛传播至关重要。例如，可以通过改变刻画突发事件的相关核心参数来生成具有特定特征的突发事件，实现重现过去或模拟未来的效果。

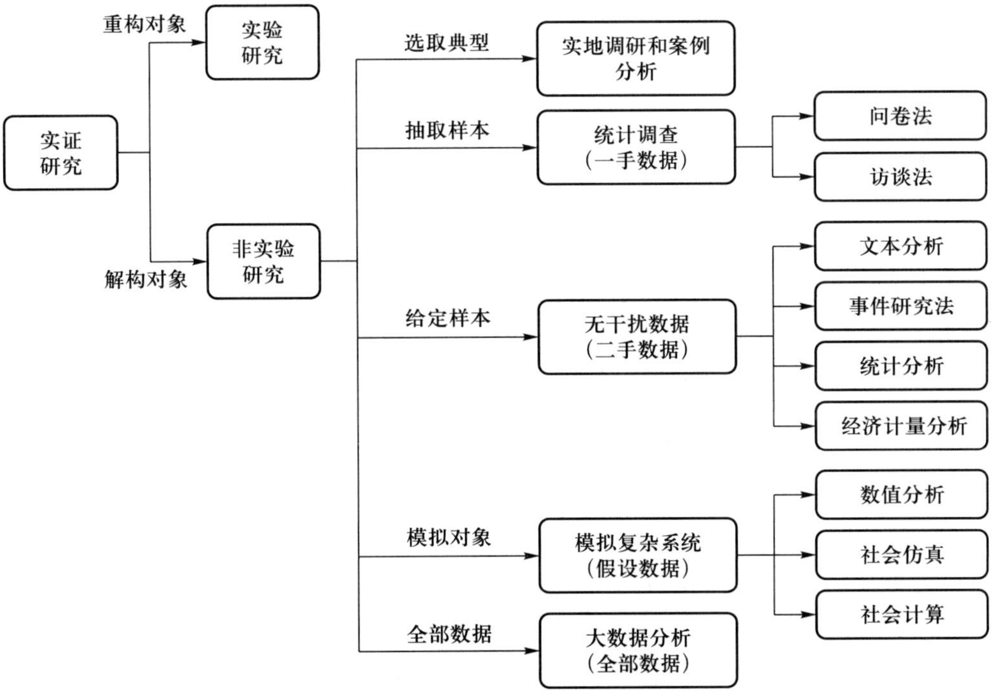

图3-1　实证研究方法的分类体系

应急管理实验研究应该满足以下评价标准：

第一，保真度。应急实验、训练与演习和应急实战之间要具有高度的相似性，尤其是在现实（如视觉、空间）和功能特征（如信息流、决策）方面。

第二，可验证性。科学实验具有可重复的性质，通过预先确定的规则来保证实验的可验证性。包括应急场景的空间布局、沟通方式和渠道、时间间隔、参与模拟的各个小组的角色和责任等。

应急管理实验研究的优点是能排除次要因素的干扰，更快揭示研究对象的本质，以分析各类灾害事件对建筑、人口和环境的潜在影响，从而为决策者提供科学证据，使应急管理人员能够做好预案，以支持实施旨在减少灾害的行动。

（二）非实验研究

非实验研究主要包含五个基本研究方法，即实地调研和案例分析、统计调查、无干扰数据、模拟复杂系统，以及大数据分析。

1. 实地调研和案例分析

实地调研和案例分析指的是研究人员在不参与社会互动的情况下观察和记录一个环境或群体中的变化。大部分实地观察是一种无结构的观察，尽管它也可以是结构式的。

2. 统计调查

统计调查包括问卷法和访谈法，是构成一手数据的基础。其中，问卷法是在对研究问题建立了初步理论的基础上，通过问卷调查或结构访问，并进行严密逻辑推理，从而对所建立的研究假设进行的验证性研究。调查法的前提是相关变量已经明确且可测量，其目的在于将组织现实中的管理问题规则化、一般化。访谈法是一种通过个人对他们自己或他人问题的回答来收集信息的方式，是一种无结构访谈，或者说是一种采访。比较常见的形式有集体采访、焦点团体座谈会等。

3. 无干扰数据

（1）文本分析可称为内容分析法，是通过审查现有文档来收集数据的一种方式。主要包括假设形成、变量抽取和属性归类、资料分析和结果分析等几个阶段。文档可以是组织内部的，也可以是外部的，主要涉及国家政策、档案、新闻报道等。

（2）事件研究法是使用一系列的过程对特定场景下所关注的事件进行收集、内容分析和分类，以了解特定场景下研究对象行为的一种定性研究方法。事件研究法已经在营销管理、人力资源管理、运营管理等科研和实践中被广为应用。

（3）统计分析是指对收集到的有关数据资料进行整理归类并进行解释的过程，从而达到对事物的正确解释和预测的一种研究方法。根据功能可分为描述统计和推断统计。

（4）经济计量分析是用统计推论方法对经济变量之间的关系作出数值估计的一种数量分析方法。它首先把经济理论表示为可计量的数学模型即经济计量模型，然后用统计推论方法加工实际资料，使数学模型数值化。

4. 模拟复杂系统

（1）数值分析是指研究分析用计算机求解数学计算问题的数值计算方法及理论。数值分析的目的是设计并提供一种实用、有效和可靠的方法，来解决一些数学问题。

（2）社会仿真或社会模拟是在计算机中建立异质的智能体模型，遵循一定的简单规则相互作用，观察整体涌现属性并找到规律，解释人类社会的宏观现象。这种方法能够解决以往社会科学研究中使用数理模型演绎、统计数据实证和自然语言论证方法难以解决的问题，具有微观分析与宏观综合相结合、还原论与整体论相结合的特点，不仅能够对事物进行深入描述，而且能够揭示客观事物形成的原因及其演化的历程，并预测其未来的发展趋势。

（3）社会计算是将社会系统当作信息处理的组织，通过先进的计算方法对社会系统进行综合性、跨学科的研究。社会计算的主要研究对象是人的行动和决策与人际关系网络、人工智能的决策与物联网、人机交互与人机共构网络，分析行为与网络结构的共同演化带来的群体的涌现现象。

5. 大数据分析

大数据分析指依据大数据进行问题的识别、分析数据可行性、数据准备、执行数据分析、数据解释和数据报告等系列操作，提出处理建议，并持续跟踪。

二、优化分析

优化分析又称为数学规划，是根据系统模型求解获得系统目标的最优方案。主要包括如下一些分支：① 线性规划，目标函数是线性函数而且集合是由线性等式函数和线性不等式函数来确定的；② 整数规划，线性规划问题的部分或所有的变量局限于整数值；③ 二次规划，目标函数是二次函数，而且集合必须是由线性等式函数和线性不等式函数来确定的；④ 非线性规划，目标函数或是限制函数中含有非线性函数的问题；⑤ 随机规划，某些变量是随机变量的问题；⑥ 动态规划，最优策略基于将问题分解成若干个较小的子问题的优化问题；⑦ 组合最优化，可行解是离散或是可转化为离散的问题；⑧ 无限维最优化，可行解的集合是无限维空间（如函数空间）的子集的问题。其中，线性规划在应急管理实践分析中最常用，以下主要介绍这一方法及其应用。

（一）线性规划

线性规划是一种数学方法，问题可以用线性目标函数和线性不等式约束表示。一个线性规划包括一组变量、一个表示每个变量对期望结果的贡献的线性目标函数，以及一组描述变量值的现值的线性约束。线性规划的答案是问题变量的一组值，这些值会导致目标函数的最大值或最小值，并且与所有约束条件一致。如果现实世界的问题可以用线性规划的数学方程精确地表示，该方法将找到问题的最佳解决方案。线性规划可以为许多现实世界的问题提供合理的数学表示，特别是将管理问题抽象地反映在数学表达式中。

线性函数的一般形式：

$$a_0+a_1x_1+a_2x_2+a_3x_3+\cdots+a_nx_n=0$$

式中：a被称为方程的系数（参数），这些系数是固定的值，基于被解决问题的本质；x被称为方程的变量，允许它们在约束所定义的范围内接受一定范围的值。

线性方程和不等式经常用求和符号来表示，这样可以把方程写成更紧凑的形式。上面的线性方程可以表示为：

$$a_0+\sum_{i=1}^{n}a_ix_i=0$$

（1）决策变量。线性规划中的变量是为了解决问题而需要确定的一组量。当确定变量的最优值时，问题就解决了。这些变量被称为决策变量，通常表示要使用的资源数量或某些活动的级别。例如，一个变量可能代表在给定时期内应急救灾物资的数量。定义问题的变量是将问题表述为线性规划最关键的步骤之一，创造性的变量定义可以显著地减小问题的规模或使一个非线性的问题线性化。

（2）目标函数。线性规划问题的目标是最大化或最小化某个数值。这个值可以是灾害救援成本的预期净现值，或者是单个救援流程的成本，如投入资金数量、救援车辆数、受灾区通行道路里程数，或某一特定场景下的受灾人员的数量。目标函数表示在解决问题时，每个变量对待优化值的贡献程度。目标函数的一般形式如下：

$$\max\ (\text{or}\ \min)\ Z=\sum_{i=1}^{n}c_iX_i$$

式中：c_i表示第i个变量对应的目标函数系数；X_i表示第i个决策变量。

（3）约束条件。它表示为一个线性规划问题的变量可能取值。它们通常表示某项资源约束，或者某些活动或条件的最小或最大水平。它们的一般形式如下：

$$\text{s.t.}\sum_{i=1}^{n}a_{ij}X_i\leqslant b_j,\ j=1,2,\cdots,m$$

式中：X_i表示第i个决策变量；a_{ij}表示在第j项约束下，X_i变量的系数；b_j表示约束j的资源总量；$j\in[1,m]$，这意味着有m个约束（方程或不等式）。

（二）自然灾害应急管理的若干数学规划问题

自然灾害应急管理涉及四个基本的流程：减灾、准备、应对和恢复。减灾，指为降低灾害发生的概率和减少灾害的发生所做的各种应对性工作；准备，指灾害发生之前，积极做好应对的准备，包括物资准备、心理准备等；应对，指在灾害发生后减少灾害的影响，以防止额外的痛苦、经济损失或其他损失；恢复，是指灾后受灾地区恢复到正常状态。

人道主义物流的概念首先出现在1995年9月12日联合国第50届大会的文件中，涉及联合国粮食计划署对灾民和难民的救助。人道主义物流是指动员民众，组织、协调各种资源、技能和知识，以帮助受自然灾害或复杂紧急情况影响的灾民或弱势群体的一系列进程和系统。它包含了一系列活动，从募捐、采购、运输、跟踪和追查、清关（特别是国际救灾活动中）、当地交通、仓储，到最后一公里交付。尤其是在战时和灾时更要保证其可靠性和畅通无阻。人道主义物流是救灾的核心。首先，物流是连接灾前准备和灾后反应、采购和分配、总部和外地之间的桥梁。其次，物流对于重大人道主义行动的成效和响应速度是至关重要的，如食品、临时住房、清洁水和卫生设施的供应。通常，这些供应是救灾工作中最紧迫、最经常、最耗资的部分之一。最后，由于物流部门在供应链中跟踪货物，物流数据反映了执行救灾过程中的各个方面，从供应商和运输商的成效，到物流的成本和反应的及时性，乃至捐赠物品的适当性。因此，建立和发展科学的人道主义物流对于改善当前和今后备灾救灾行动的效能和进程是至关重要的。自然灾害应急管理经常采用建模和优化方法解决紧急人道主义物流问题。

重大突发事件发生频率低，但是带来的后果十分严重。一旦发生，需要大量第一时间的紧急救援以及地方政府或国家的援助，如自然灾害、公共卫生事件、重大生产安全事故和恐怖袭击等。应急救援设施选址问题是灾前和灾后行动的战略规划，涉及配送中心、仓库、避难所、医疗中心和其他设施的选址，是灾害管理领域一类经典的问题。针对应急救援设施选址问题，本节分别介绍确定性设施选址、动态设施选址、随机设施选址和鲁棒优化设施选址四类应急救援设施选址模型。

1. 确定性设施选址问题

确定性设施选择问题用于选择或确定避难所、配送中心、仓库和医疗中心的位置，确定地点和输入参数（如可能受影响的人数、位置、避难所容量、运输成本和固定成本），所有参数都是已知且不随时间改变的。确定性设施选址问题构成了动态、随机和鲁棒优化选址模型的基础。具体分为四种不同类型。

（1）最少设施选址问题。选择或定位P个应急设施（可以放置的最大数量的设施），并寻求最小化需求点和所选设施之间的总运输距离（包括运输时间或运输成本）。该问题的数学规划模型为：

$$\min \sum_j \sum_i w_i d_{ij} Y_{ij}$$

$$\text{s.t.}\begin{cases} \sum_j X_j = P \\ \sum_j Y_{ij} = 1 \\ \sum_i w_i Y_{ij} \leqslant cap_j X_j \\ X_j, Y_{ij} \in \{0,1\}, \quad \forall i \in I, \forall j \in J \end{cases}$$

式中：I表示需求点集合，$i \in I$；J表示应急设施集合，$j \in J$；当决策变量X_j=1时，表示某项应急设施j位于符合条件的地点，否则为0；P表示最大应急设施数；当决策变量Y_{ij}=1时，表示某项应急设施j满足某个应急点的需求i，否则为0；d_{ij}表示某个应急设施j与需求点i的距离；cap_j表示应急设施j的容纳能力；w_i表示每个应急需求点i的权重。

目标函数表示最小化需求点和应急设施之间的总距离；约束条件一表示符合条件的应急设施j共有P个；约束条件二确保每个需求点i都能连接到应急设施j；约束条件三只允许分配到有设施的地点并确保不超过距离限制；约束条件四X_j和Y_{ij}为0−1变量，如果j的容量是无限时可以增加约束$Y_{ij} \leqslant X_j$。

（2）应急设施覆盖问题。

$$\min \quad \sum_j c_j X_j$$

$$\text{s.t.}\begin{cases} \sum_{j \in N_i} X_j \geqslant 1 \\ X_j \in \{0,1\}, \quad \forall i \in I, \quad \forall j \in J \end{cases}$$

式中：c_j表示应急设施j的固定成本；N_i表示位于距离限制范围内的一套合格的设施场地，能够为第i个需求点提供服务，$N_i=\{j|d_{ij} \leqslant L_i\}$；$L_i$表示一个设施可以服务于需求点$i$的最大距离限制。

目标函数表示集合覆盖问题的目标，即应急设施的总固定成本或设施的总数量最小；约束条件一表示确保所有需求点在距离限制内至少分配给一个选定的应急设施；约束条件二表示决策变量为0−1变量。

（3）应急设施最大覆盖问题。

$$\max \quad \sum_i w_i Z_i$$

$$\text{s.t.}\begin{cases} \sum_{j \in N_i} X_j \geqslant Z_i \\ \sum_{j \in N_i} X_j = P \\ X_j, Z_i \in \{0,1\}, \quad \forall i \in I, \ \forall j \in J \end{cases}$$

式中：w_i表示每个应急需求点i的权重；Z_i=1表示需求点i被一定距离内的应急设施覆盖。

目标函数表示在距离限制范围内最大限度地增加需求点的总数；约束条件一表示确保需求点i被分配到一个选定的设施，并确保分配给需求点i的所有应急设施都位于给定的距离限制内；约束条件二表示在符合条件的位置内有P个设施。

（4）最小最大原则下应急设施选址问题。这类模型研究由最近的设施提供服务的需求点，并且覆盖所有需求点。该模型可应用于医院、消防站和其他公共设施的紧急人道主义后勤设施选址规划。

$$\min \quad D$$

$$\text{s.t.}\begin{cases} \sum_j X_j = P \\ \sum_j Y_{ij} = 1 \\ Y_{ij} \leqslant X_j \\ D \geqslant \sum_i d_{ij} Y_{ij} \\ X_j, Y_{ij} \in \{0,1\}, \quad \forall i \in I, \forall j \in J \end{cases}$$

式中：目标函数表示最小化应急设施和需求点之间的最大距离D；约束条件一表示符合条件的应急设施j共有P个；约束条件二表示确保每个需求点i都能连接到应急设施j；约束条件三表示j的容量是无限的；约束条件四表示最大距离；约束条件五表示0–1决策变量。

2. 动态设施选址问题

应急设施选址问题是一个涉及灾前预防和准备、灾中响应和救援等多阶段的长期决策，系统的参数（如需求点、运行成本、分配成本和环境因素等）可能随着时间而变化，增加设施可能在不同的时间发生，这属于动态设施选址的问题。

在动态设施选址问题中有两个主要因素：成本和时间。需要在建立新设施或修改现有设施之间进行权衡，其开放和关闭时间是在规划时间范围内确定的。

$$\min \quad \sum_{t=1}^{T}\sum_{j=1}^{m_T} f_{tj}\left(x_t, y_t\right) + \sum_{t=2}^{T} r_t z_t$$

$$\text{s.t.}\begin{cases} z_t = 0, \ \text{if} \ d_{t-1,t} = 0; \\ z_t = 1, \ \text{if} \ d_{t-1,t} > 0 \end{cases}$$

式中：在t时期内有m_t个候选应急设施，t=2，3，…，T；（x_t，y_t）表示t时期的某应急设施的坐标；$\sum_{t=1}^{T}\sum_{j=1}^{m_T} f_{tj}\left(x_t, y_t\right)$表示不同应急设施之间的运输成本；$\sum_{t=2}^{T} r_t z_t$表示不同时期的搬迁成本；$d_{t-1,t}$表示在周期$t$内搬迁的距离。

3. 随机设施选址问题

对于不确定性条件下的优化，目前有两种方法：一种是随机优化，即将不确定性参数分配到概率分布上，它的解并不满足所有参数取值；另一种是鲁棒优化，需要知道这个系数的取值范围。解决随机优化的第一种方法是期望值方法，将随机的因素用它的期望值代替，将问题转化为确定性问题考虑。第二种方法是在概率意义下考虑优化问题，例如在置信区间范围内考虑优化问题，将问题转换为概率约束或者机会约束的优化问题。随机模型可以由确定性模型发展而来，不确定性参数可以添加在确定性模型的目标函数或约束条件中。

$$\max \quad \sum\nolimits_i \sum\nolimits_s P(s) w_i E_i^s$$

$$\text{s.t.}\begin{cases} E_i^s \leqslant \sum\nolimits_j O_{ij}^s \\ O_{ij}^s \leqslant g_{ij}^s X_j \\ \sum\nolimits_j X_j \leqslant P \\ O_{ij}^s, X_j, E_i^s \in \{0,1\}, \quad \forall i \in I, \forall j \in J, \forall s \in S \end{cases}$$

式中：s表示以一定概率发生的某种场景，如果需求点i被在应急设施j中发生的场景s所覆盖，则O_{ij}^s为1，否则为0；如果需求点i处于场景s中，则E_i^s=1，否则为0；如果需求点i由场景s中应急资源设施j覆盖，则g_{ij}^s=1，否则为0。

目标函数表示各种场景下所有需求点被应急救援设施覆盖的最大化期望值，$P(s)$表示场景s发生的概率；约束条件一表示在所有的应急救援设施j中，需求点i被至少一种场景s所覆盖；约束条件二表示对于任一场景s，需求点i被至少一种应急设施j所覆盖；约束条件三表示应急救援设施的最大值为P；约束条件四表示0−1变量。

4. 鲁棒优化设施选址问题

鲁棒优化是解决内部结构和外部环境不确定情况下的一种新的优化方法。鲁棒优化问题的概率是未知的，无法获取“不确定参数的分布模型”，只能了解不确定参数属于给定的不确定集合，一般采用离散的场景或连续的分布范围来识别不确定参数，它的解严格满足所有约束。鲁棒优化的目的是求得这样一个解：对于可能出现的所有情况，约束条件均满足，并且使得最坏情况下找到确定性模型来求解，使得目标函数的函数值最优。其核心思想是将原始问题以一定的近似程度转化为一个具有多项式计算复杂度的凸优化问题。鲁棒优化的关键是建立相应的鲁棒对等模型。然后利用相关的优化理论将其转化为可求解的近似鲁棒对等问题，并给出鲁棒最优解。鲁棒优化与随机优化、灵敏度分析的不同之处在于，稳健优化的解中包含了冗余。

$$\min \quad f_i(x)$$
$$\text{s.t.}\begin{cases} f_i\left(x,u_i\right)\leqslant 0 \\ u_i \in U_i,\ i=1,\cdots,m \\ x\in R^n, U_i \subseteq R^k \end{cases}$$

式中：目标函数是从所有可行解x中确定最小成本解，x是决策变量的向量；u_i表示不确定参数（扰动参数）。如果不确定参数集合U_i仅包含一个元素，则相应的约束没有不确定性或确定性。相应的求解方法包括扩展的Bertsimas−Sim（delta）公式和扩展的机会约束公式等。

区别于其他不确定优化问题，鲁棒优化适用于如下情况：不确定优化问题的参数需要估计但是有估计风险；优化模型中不确定参数的任何实现都要满足约束函数；目标函数或者优化解对于优化模型的参数扰动非常敏感；决策者不能承担小概率事件发生带来的巨大风险。

三、博弈论

博弈论是建立在决策者理性假设的基础上，运用数学模型研究个体或群体间的冲突与合作问题。该学科起源于纸牌游戏，但是已经被广泛应用到进化生物学、国际关系、公共政策、国际贸易等各个领域，研究金融市场、战争策略、拍卖操作、机场的停机收费等各种社会问题。博弈论为深刻理解经济行为和社会问题提供了数理基础，成为整个社会科学统一的研究范式。

（一）博弈的基本概念

作为一种数学分析方法，传统博弈对参与人的“理性”要求非常苛刻：首先，参与人追求自身利益的最大化，即目标理性（主观理性）；其次，参与人具有理性的能力，给定参与人对外部环境的信念后最大化自己的报酬，即“前后一致”地作出选择，称为“过程理性”。

具体来说，“过程理性”可以进一步分为两个推理步骤：第一，认知理性，参与人对相关环境可获得的信息与形成的信念之间的一致性，即参与人具有对相关环境形成信念的能力。具体要求：参与人了解博弈的结构和规则，以及作为动态博弈递推归纳法求解基础的“共同知识”、作为不完全信息博弈均衡求解基础的贝叶斯理性，即要求参与人对不确定性事物具有事前概率分布的判断，在动态过程中进行更新的贝叶斯决策。第二，工具理性，参与人对外部给定的机遇与固定的偏好之间的一致性，即参与人具有从既定的信念推导出采取相应策略的能力。具体要求：参与人具有计算推理、预见、记忆、分析判断的能力，不会犯错误等。

博弈的基本构成要素包括：参与人、行动、策略、信息、收益、规则和外部环境等。

参与人，又称局中人，指博弈中追求自身利益最大化的决策主体，可以是个体（包括自然人和企业、政府、政治集团等团体）、群体、自然（此时退化为不确定性决策问题）。在传统博弈中，假设群体行为是同质的，可以抽象为一个个体，如效率工资模型中员工群体抽象为工会。如果群体行为是异质的，涉及相互学习，即属于演化博弈范畴。为分析方便，自然作为虚拟参与人用于刻画外生的随机变量，没有自己的支付和目标函数，即所有结果对它是无差异的。

行动，指参与人在某个时点的决策变量，可以是有限的也可以是无限的，据此可分为有限次博弈和无限次博弈，后者表现为连续博弈、无限次重复博弈和微分博弈等。博弈中假设参与人的行动空间和行动顺序是共同知识。在不完全信息博弈中，参与人在给定的行动空间中选择某一具体行动的信息是不完备的。根据行动顺序的差异，可以分为静态博弈和动态博弈。其中，静态博弈，又称同时行动博弈，参与人同时行动（或秘密行动），且独立行动（参与人作出决策前无法获得其他人的决策信息）。动态博弈，又称序贯行动博弈，不同参与人具有先后行动顺序，并能够被对方观察到。重复博弈则可视为一种特殊的动态博弈。

策略，参与人在给定信息集的情况下选择行动的规则，它规定参与人在什么情况下选择什么行动，是参与人的“相机行动方案”，包括参与人采取行动的完整描述。在静态博弈中，策略等于行动。在动态博弈中，策略针对不同情况由一系列不同阶段分别采取的行动构成。

信息，博弈论中包括两种信息特性：一种是完美信息，参与人在选择行动时了解历史，并且双方没有同时行动；另一种是完备信息，此时各个要素（参与人、规则、得益、策略）都是共同知识，又称完全信息。根据博弈的信息特征，传统博弈理论分为完全或完美信息博弈、不完全或不完美信息博弈。动态博弈的信息集是指一个参与人无法作出区分的最大决策点集合。

收益，又称支付，参与人采取某一策略所对应的结果。如果支付代表了参与人对博弈结果的主观评价，此时等价于效用，直接反映了参与人对风险的评价。实验博弈等研究参与人对风险态度时，效用等于考虑了风险偏好后的支付。其中，期望效用函数的凹凸程度代表对风险的态度，凹的表示风险规避。

规则，可分为外生规则和内生规则。外生规则，即行动的收益之间的对应关系；内生规则，即博弈的均衡结果。博弈论中“规则的学习”是一个前沿领域。

外部环境，外部环境的改变将影响博弈均衡。博弈论中参与人如何定义情境，比他们在情境中的行为更重要。博弈论的关注点应该从行动策略转换到外部环境（即博弈的情境）。

博弈论是在确定上述基本要素的基础上，系统研究各种冲突与合作问题，寻求处于完全理性或有限理性的参与人、合理的策略选择及所产生的均衡结果、分析这些均衡结果的经济意义和社会意义的理论方法。

（二）博弈论的发展历史和学科体系

作为一种思想，我国古代田忌赛马、围魏救赵、空城计等故事，近代经济学厂商理论中古诺模型（Cournot Model，1838）、伯特兰德模型（Bertrand Model，1883）和斯塔克尔伯格模型（Stackelberg Model，1937）等都成为经济博弈分析的基本模型。作为一门学科，博弈论始于1944年冯·诺依曼（John von Neumann）和奥斯卡·摩根斯特恩（Oskar Morgenstern）的*Theory of Games and Economic Behavior*一书。20世纪50年代初天才数学家约翰·纳什（J. Nash）证明了非合作博弈稳定解的存在性，纳什均衡和一般均衡一起成为经济学两个基石。

1965年泽尔腾（R. Selton）提出求解动态博弈问题的子博弈均衡概念。1967年海萨尼（J.Harsanyi）提出分析不完全信息博弈问题的海萨尼转换，以及求解不完美信息博弈问题的贝叶斯均衡。

20世纪90年代以来，传统博弈理论的研究视野不断扩展，从非合作行为转向合作行为的研究，合作博弈理论重新受到关注；从理性主义转向经验主义研究，演化博弈关于博弈中学习的研究成为学科的热点之一；从理论分析转向实证检验研究，兴起了实验博弈理论。

（三）若干经典的博弈模型

一些经典的博弈模型能够直观地刻画出人类社会面临的各类冲突和合作问题，常见的经典博弈模型包括囚徒困境、懦夫博弈和性别战博弈等。其中，囚徒困境和懦夫博弈刻画了人类社会面临的冲突问题；而以性别战博弈为代表的协调博弈更加侧重于刻画人类社会面临的合作问题。

1. 囚徒困境

囚徒困境是博弈论最具代表性的例子，1950年美国兰德公司提出相关困境的理论。

故事讲的是，两个被捕的犯罪者，分别被关在不同的屋子里接受审讯。警察知道两人有罪，但缺乏足够的证据。警察告诉每个人：如果两人都抵赖，各判刑一年；如果两人都坦白，各判八年；如果两人中一个坦白而另一个抵赖，坦白的被放出去，抵赖的被判十年。于是，每个囚徒都面临两种选择：坦白或抵赖。然而，不管同伙选择什么，每个囚徒的占优策略都是坦白。其中，占优策略是指某一参与人的最优策略并不依赖于其他参与人的策略选择。多人发生的囚徒困境被称为“公地悲剧”。表3-1给出囚徒困境的策略式表述。囚徒困境反映的深刻问题是，人类的个人理性有时能导致集体的非理性。现实中，无论是人类社会或大自然都可以找到类似囚徒困境的例子。为了解决无效率的囚徒困境，重复博弈、声誉效应、互惠模型、复杂网络上演化博弈模型等提供了达成合作的相应途径。

表3-1　囚徒困境的策略式表述

囚徒A	囚徒B	
	坦白	抵赖
坦白	−8，−8	0，−10
抵赖	−10，0	−1，−1

2. 懦夫博弈

懦夫博弈又称为斗鸡博弈和胆小鬼博弈等。故事讲的是，两人相向开车，面临相撞。如果两人都选择向前，那么双方均车毁人亡，收益最低；如果一人选择转向一人选择向前，那么没有事故发生，但是转向的人会被称为“懦夫”，向前的人获得最高收益；如果两人都选择转向，那么两人都获得一个较低的收益。这个博弈有两个纯策略纳什均衡：一方前进，另一方后退；或一方后退，另一方前进。要让对方相信自己的恐吓绝不是虚张声势，甚至让对方相信自己的决策是身不由己。但关键是谁进谁退？该博弈强调的是如何在博弈中采用妥协的方式取得利益，最后达成以补偿换退让的协议。

3. 性别战博弈

性别战博弈属于协调博弈的一种类型。协调博弈是指当参与人选择与其他参与人相同（或对应）的策略时，参与者会赢得一个更高的收益的博弈情境。由于协调博弈存在多个纯策略纳什均衡，因此需要参与人发送信号实现双方行动的协调。其中，性别战博弈刻画的是这样一种博弈局势：在博弈中，双方存在一定的共同利益，但是具有共同利益的不同结果又有着相对冲突的偏好。比如，夫妻两人都宁愿在一起看同一个电视节目，而不愿意分开看各自喜欢的电视节目；但是给定大家看同一个节目，夫妻两人又各自偏好于能够看自己喜欢的节目。这个博弈有两个纯策略的纳什均衡点，一个是都去看球赛，另一个是都去逛街。但是这两个均衡点又都是有缺陷的，因为两种在一起的选择都会对一方不公平。值得注意的是，（妻子选择逛街，丈夫选择看球赛）是一个安全策略，即在最差情况下也能保证实现收益。性别战博弈的启示是：在对方不会拆台的情况下，都有共同达到赢利的目标时，成功达到均衡的关键是谁先采取行动或发送信号，谁就能够获得优势。

思考与练习

1. 管理科学的内涵和外延是什么?
2. 管理科学及应急管理的研究范式是什么?
3. 请简述应急管理的四种基本科学方法。
4. 应急资源规划选址的适用场景、约束条件有哪些?
5. 掌握博弈的基本要素以及基本的博弈类型。
6. 大数据分析的工作流程有哪些?
7. 典型的突发事件大数据应用场景有哪些?

中篇

应急管理的基本流程

第四章 突发事件的预防与应急预案

学习目标

通过本章的学习，应能够了解地质灾害、森林火灾、企业火灾、高层建筑火灾以及洪涝灾害预防策略；理解应急预案和应急演练概念；理解综合应急预案、专项应急预案和现场处置方案的主要内容；理解风险管理内涵、风险评价方法；掌握应急预案编制基本程序和应急演练过程。

导读

中华优秀传统文化中的风险管理思想

中华民族是生于忧患，成长于忧患，壮大于忧患的民族。在世界上的古老文明中，只有中华文明生生不息，绵亘不绝，且在数千年的文明进程中，积累了升平之世社会发展的成功经验，也得到了衰乱之世社会动荡的深刻教训。

中华优秀传统文化中蕴藏着丰富的治国理政思想智慧。中国文化产生于特定的社会历史条件和自然环境，人们在应对各种风险、危机的实践探索中，逐渐形成了源远流长的忧患意识，最终成为中华民族的主体精神之一，其本质是对未知风险的防范意识。从孔子的“忧道不忧贫”，孟子的“生于忧患，死于安乐”，到范仲淹的“先天下之忧而忧，后天下之乐而乐”，陆游的“位卑未敢忘忧国”，再到左宗棠的“身无半亩，心忧天下”。儒家这种忧患意识是一种风险意识，只有居安思危，才有可能实现长远的发展。忧患意识也是一种责任意识，体现了传统知识分子对国家的责任感。

中华优秀传统文化中蕴含着丰富的方法论，对推进中国式现代化能够发挥重要作用。例如，传统文化强调系统、整体思维，强调以普遍联系的观点看待危机，对我们坚持系统观念统筹发展与安全具有启示意义。例如，传统文化强调辩证思维，强调从事物的运动变化中认识事物和把握事物的规律，古人讲的“福祸相依”体现了辩证思维在危机管理中的运用。例如，传统文化还强调底线思维。《周易》中“安而不忘危，存而不忘亡，治而不忘乱”的名言，强调“凡事从坏处准备，努力争取最好的结果”。这就提醒我们要增强忧患意识，居安思危、防患未然，自觉做到有备无患，牢牢把握主动权。

中华优秀传统文化强调用制度去防范风险、化解风险，强调了制度建设的重要意义。现代风险治理从优秀传统文化中汲取营养，要更加侧重完善风险治理的制度设计，充分挖掘传统社会的忧患意识和应急智慧，将其内在逻辑纳入风险治理制度安排中。比如，利用传统的危机预防意识进行顶层设计，通过“关口前移”的制度安排及预案体系的完善进行源头治理；发挥传统和合文化缓解社会矛盾的功效，进行应急管理“安全阀”的制度设计；利用“祸福相依”的辩证危机观，重塑社会大众的危机认知和危机心理等。

资料来源：根据韩传峰. 中国式现代化的传统文化底蕴[N]. 经济日报，2023-05-10整理。

第一节
风险管理

一、风险与风险管理

（一）风险的构成和分类

1. 风险的含义

风险是指未来损失的不确定性，表示某种事件可能发生，并且其结果是不利的。也就是说，风险不仅包含着对未来的疑虑，而且隐含着事件发生的结果将会比较糟糕。

2. 风险的构成

风险由风险因素、风险事故和风险损失三个基本要素构成。三个基本要素之间存在一定的因果关系，即风险因素的存在会导致风险事故发生，而一旦风险事故发生就会导致风险损失。

（1）风险因素。风险因素是指引起或增加风险事故发生的机会的条件。风险因素是风险事故发生的潜在原因，是造成风险损失的间接原因。

（2）风险事故。风险事故又称风险事件，是造成生命财产损失的偶发事件。风险事故是风险损失的媒介，是造成风险损失的直接原因。换句话说，风险只有通过风险事故的发生才能导致风险损失。一般通过导致风险损失的直接性和间接性来区分风险因素和风险事故。其中，导致风险损失的直接原因是风险事故，导致风险损失的间接原因是风险因素。

（3）风险损失。一般将风险损失分为直接损失和间接损失两种形态。其中，直接损失强调风险事故对标的本身所造成的破坏，即风险事故的初次效应。间接损失强调直接损失所引起的破坏，即风险事故的后续效应，包括收入损失和额外费用损失等。其中，收入损失是指由风险事故导致经营收入减少的损失，例如，某公司发生火灾造成公司停业，导致公司经营收入减少，发生收入损失。额外费用损失包括由风险事故产生的施救费用、清理场地费用和医疗费用等。

3. 风险的分类

（1）按照形成损失原因划分。按照形成损失原因，风险可分为自然风险、经济风险、社会风险和政治风险等。其中，自然风险是指因自然力的不规则变化而给人类生命安全、物资生产和经济生活等带来损失的可能性。如地震、火灾、海啸、洪水等。经济风险是指企业生产和销售等经营过程中，由于受经济贸易条件、市场供求等因素变化影响，或者由于企业经营决策失误，而导致经济损失的可能性。如经营亏损、减产等。社会风险是指由于个人或团体行为（过失行为、故意行为和不当行为），对人类生活和社会生产造成损失的可能性。如罢工、偷盗、抢劫等。政治风险是指因投资环境恶化、政策变化等使债权人遭受损失的可能性。如因进口国家发生内乱而终止货物进口的损失。

（2）按照风险导致的后果划分。按照风险导致的后果，风险可分为投机风险和纯粹风险。其中，投机风险是指那些既可能带来获利机会也可能造成损失的风险，投机风险导致的后果有损失、无损失也无获利、获利三种。例如，由于经济市场行情变化，可能对此企业造成损失，而可能给彼企业带来利益。纯粹风险是指那些只有损失而无获利可能的风险。纯粹风险的风险事故一旦发生，必然对当事人造成损失。例如，车祸、沉船等事故发生，导致受害者人身伤亡和财产损失，而无任何利益。

（二）风险管理的内涵和流程

党的二十大提出，推动公共安全治理模式向事前预防转型。进一步指明了公共安全治理的改进方向、前进目标，体现了“主动识变应变求变，主动防范化解风险”的工作理念。

风险管理是涉及经济领域、社会政治的重要课题，是一项复杂的系统工程，包括对各种风险因素的预警、对风险事故的防范和对已发生损失的处理。为成功实现风险管理目标，需要了解风险管理的内涵和流程。

1. 风险管理内涵

风险管理理论的应用非常广泛，并且在各个应用领域的管理目标也不尽相同。因此，风险管理内涵有多种不同角度的阐释，大致可以从风险管理的主体和核心两个方面来理解。

（1）风险管理的主体。风险管理的主体可以是个人、企业，也可以是事业单位、政府。不论何种形式的主体，风险管理所依据的管理理念、方法和技术都是相同的，都是以最小成本来获得最佳处理风险事故的方案。

（2）风险管理的核心。风险管理的核心是降低损失。一方面在风险事故前，防患于未然，尽可能准确地预见可能发生的损失；另一方面在风险事故后，采取一些减少或消除损失的措施。

风险管理实际上是一种决策的过程，是研究风险发生规律和风险控制技术的一门管理学科。风险管理者通过识别和分析风险，并优化组合各种风险管理技术，进而采取有效策略来处理风险所致的损失，以达到以最低成本获得最大安全保障的目标。

2. 风险管理流程

风险管理流程一般包括设定风险管理目标、风险识别、风险衡量、风险评价、风险管理方案选择、风险管理方案实施、风险管理效果监督。

（1）设定风险管理目标。风险管理的第一步就是设定风险管理目标，把整个风险管理工作串起来。风险管理目标应与风险管理者的整体战略规划相一致。

（2）风险识别。风险识别是对风险的感知和发现。识别风险有助于风险管理者及时发现风险因素，减少风险事故。

（3）风险衡量。风险衡量包括衡量潜在的损失频率和损失程度。其中，损失频率是指在一定时期内损失可能发生的次数。损失程度是指所造成的损失规模，如损失金额大小。也就是说，风险衡量是在风险识别基础上，以损失频率和损失程度为主要指标来衡量风险的大小及其严重程度。

（4）风险评价。风险评价是指在风险衡量的基础上，对引发风险事故的风险因素进行综合评价，为选择合适的风险管理方案提供依据。在风险评价过程中，需要依据不同主体的风险承受能力和风险态度，结合各风险主体的目标和特点，对风险相对重要性进行判定。判定既要有主观定性标准，也要有客观定量分析。

（5）风险管理方案选择。对风险进行衡量、评价之后，需要选择适当的风险管理方案。一种相对简单但实用的风险管理方案选择方式是：以所设定的风险管理目标为基础，对损失频率和程度进行矩阵式考量。一般来说，主要有风险自留（程度和频率都低）、风险控制、风险转移（程度和频率一高一低）、风险规避（程度和频率都高）四种基本方案可供风险管理者选择。

（6）风险管理方案实施。风险管理方案实施是风险管理理论真正付诸实践的重要步骤。风险管理的计划和决策，只有通过贯彻执行，才能产生预期成效。为确保风险管理方案的有效实施，需要制定完善的管理制度和工作程序，以便及时发现问题。

（7）风险管理效果监督。风险管理效果监督的目的是考察是否达到了预先设定的风险管理目标和应对新产生或不断变化的风险因素。

整个风险管理流程并不是直线型的，而是上述步骤的循环，所谓持续不断进行风险管理正是这个道理。

二、风险识别

要对某个主体开展风险管理，首先需要了解这个主体面临哪些风险、风险发生会有什么后果，以及导致风险事故的原因有哪些，这个过程就称为风险识别。

（一）风险识别的要点

1. 发现或调查风险源

风险源是指可能导致风险事故的来源或因素。例如，洪水的风险源包括地形、降水和土地利用方式。在风险事故发生前，发现风险事故的风险源，是风险识别的基础和核心。只有发现风险源，才能有效防止风险因素的增加，从而有的放矢地选择风险管理方案。

2. 测定风险源

风险识别的关键是风险管理者认知、理解和测定风险源能力。不同的风险管理者测定风险源的水平是不同的。如果风险管理者经验不足，忽视已经暴露的风险源，其结果必然是导致本可以避免的风险事故的发生。培训风险管理人员测定风险源的能力，培养风险管理人员的责任意识，可以降低风险主体损失。

3. 预见危害

危害是指风险主体遭受的损失较大，是造成风险损失的原因。如果在风险事故前准确地预见到危害，那么就可以有效避免风险事故。

4. 重视风险暴露

所有可能面临损失的事物，都有风险暴露的可能。重视风险暴露就是要重视风险事故与风险因素之间的关系。

（二）风险识别的方法

1. 风险分析调查法

风险分析调查法是指保险公司、研究机构、有关咨询机构的专业人员就风险主体可能遭遇的风险进行详尽的调查与分析。其主要有以下4种具体操作。

（1）专家调查（又称德尔菲法）。专家调查的过程：由风险管理小组选定相关领域专家，并与专家建立直接函询联系，通过函询收集专家意见，然后进行综合整理，再匿名反馈给专家，再次征询专家意见。这样经过四至五轮，逐步使专家意见趋向一致，最后以此作为预测和识别风险的依据。此方法要求在选定的专家之间相互匿名。

（2）现场调查。现场调查是指风险管理人员亲临现场，通过观察风险主体的设施、设备、操作和流程等，了解风险主体的运营活动，调查存在的风险隐患。

（3）情景分析法。情景分析法是指被咨询团体通过对相关问题的系统分析，设计出风险主体可能遭遇的多种场景，然后用类似于撰写电影剧本的方法，对风险发展态势作出自始至终的情景和画面描述，以帮助风险管理者识别风险。值得注意的是，情景分析法尤其适用于可变因素较多的事件。情景分析法在假定关键影响因素可能发生的基础上，构造出多重情景，并呈现多种可能的结果，以使风险管理者采取有效措施防患于未然。

（4）头脑风暴法。头脑风暴法通常在一个专家小组内进行，通过召开专家会议，发挥专家的创造性思维来获取未知信息。头脑风暴法要求主持人在会议开始时的发言能激起专家们的思维灵感，促使专家们感到急需回答会议提出的问题，专家们通过信息交流产生“思维共振”，以达到专家们互相补充并产生“组合效应”，获取更多的未知信息，使识别风险和预测的结果更准确。

2. 风险因素预先分析法

风险因素预先分析法主要针对某个具体活动或项目进行风险识别。例如，在施工、生产等活动开始之前，对所存在的风险因素类型、风险因素出现条件、导致事故后果预先作出概率分析。风险因素预先分析法主要有两个步骤：第一步，分析出现事故的可能类型；第二步，识别风险源的触发和转化条件。

3. 风险事故事后分析法

虽然最好是在事故发生之前识别风险，但并不表示一旦风险事故发生，就不必进行风险识别了。在风险事故发生后进行事后识别与分析，有助于提高风险管理水平。风险管理者可以从风险事故事后分析中总结事前没有想到的风险因素，以提高风险防范能力。

三、风险评价方法

（一）专家评分法

专家评分法主要是利用专家的经验，主观判断每一风险主体并赋予其相应权重，如0~10中的一个数。专家评分法的具体操作是：首先，需要识别出与评价对象相关的风险因素或风险事件，并列出风险评价表；其次，请有经验专家对可能出现的风险因素或风险事件的重要性进行评价，例如可以赋予0~10作为权重值，其中0表示没有风险、10表示风险最大；再次，把各个风险的权重值增加，并与风险评价基准进行分析比较；最后，综合得出风险水平。

（二）检查表评价法

根据安全检查表，按照一定标准给出每个检查对象分数，对于重要项目给较高分值，对于次要项目给较低分值，再根据每一检查项目的实际情况评定一个分数，只有每个检查对象满足相应条件时，才能得到这一项目的满分，不满足条件时将得到低于满分的评定分数，所有项目评定分数总和不得超过100分。依据被调查风险主体的得分，就可以评价风险因素的风险等级。

（三）优良可劣评价法

优良可劣评价法类似于检查表评价法，是从风险主体特点出发，根据风险管理者以往管理风险的状况和经验，对风险因素列出全面的检查项目，但与检查表评价法不同的是，优良可劣评价法将每一检查项目分成优、良、可、劣四个等级。在运用优、良、可、劣等级进行风险评价时，一般由风险操作人员和管理人员共同进行，以此确定被检查风险主体的风险状况。优良可劣评价法可操作性较强，更为直观。

四、风险管理决策方法

在衡量和评价风险以后，风险管理者需要选择有效的风险应对方案，以减少风险事故损失。基于对各种风险的识别和分析，以一定准则来选择合理应对方案与控制措施的过程就是风险管理决策。风险管理决策方法主要包括风险规避、风险控制和风险转移。

（一）风险规避

风险规避是指风险管理者主动采取措施，完全拒绝承担风险或放弃承担风险的行为。风险规避是一种尽量将风险发生概率降低直至零的行为。

风险规避是风险管理决策的有效方法之一，主要适用于损失程度较大且发生频率高的特大风险。风险规避方式主要有完全拒绝承担风险和放弃原先承担的风险两种。其中，完全拒绝承担风险的特点是风险管理者预见到风险事故发生的可能性，并在风险事故发生之前就进行了处理。放弃原先承担的风险的特点是风险因素已经存在，被风险管理者发现并及时进行了处理。

（二）风险控制

风险控制是指风险管理者有意识地采取措施防止风险事故发生，以减少或控制事故造成社会经济损失的行为。按照目的不同划分，风险控制方法可分为风险预防和损失抑制。

1. 风险预防

风险预防是指在发生风险事故之前，为了降低损失发生概率，针对风险因素采取积极的干预措施，旨在消除引发风险事故的根源。例如，建造防火墙、提供劳动保护用品、驾驶技术考核、检查通风设备等。目的都是减少损失发生的频率，属于风险预防。风险预防方法主要有以下几种。

（1）消除法。从根本上消除危险源的方法，也是最彻底的方法。例如，在生产现场有很多危险源，如压力容器泄漏、旋转机械的异常运行、栏杆缺口等，对于这类危险源，一经发现应立即消除。

（2）隔离法。针对客观存在的危险源，利用各种措施对其进行有效的隔离，以确保危险源在指定区域内处于可控、在控状态。

（3）代替法。在条件允许的情况下，用低故障率、低风险的设备代替高风险设备。

（4）规章制度法。规章制度法是指国家、企业制定相应的规章制度，要求风险管理者在相关规章制度的范围内进行社会经济活动，从而预防风险事故的发生。例如，为了防止商业银行倒闭，中央银行建立法定存款准备金制度，就是防范金融风险的措施之一。

2. 损失抑制

与风险预防不同，损失抑制是指在风险事故发生时或发生后，采取适当措施减轻损失严重程度或减小发生范围。损失抑制是针对风险事故已有损失的应急性对策，是以减轻损失程度为目的，是风险管理者采取的补救性措施，以防止损失进一步扩大。

损失抑制通常是在损失程度较大且无法进行风险转移或风险规避的情况下才运用的。损失抑制方式通常有备份风险单位和分散风险单位两种。其中，备份风险单位是指再准备一份风险单位所需的设备或零部件，当原有设备或零部件不能使用时，备份风险单位可以代替原有设备发挥作用。使用备用的设备或者零部件，有助于抑制损失。分散风险单位是指将风险单位划分成若干个价值低且体积小的独立单位，并分散在不同的空间，以减轻风险事故的损失程度。

（三）风险转移

风险转移是指风险管理者将某一风险主体的损失责任转移给另一主体来承担的风险管理行为。风险转移的方法主要有非保险转移和保险转移两类。

1. 非保险转移

非保险转移风险的方式有两种：一种是把财产管理权或所有权转移给他人，即转移风险源；另一种是签订消除、减少转移方承担损失责任的条款或者消除转移方对他人承担的义务。

2. 保险转移

保险转移是指通过分摊意外损失和风险来进行风险转移的方法。一旦发生保险责任范围内的风险事故，可由保险人向被保险人赔偿其经济损失。风险管理者可根据风险主体自身特点选择投保某种商业保险，从而将财产、人身和责任风险转移给保险公司。风险管理者采取保险方式转移风险，一般需要经过选择保险的范围、选择保险人、保险合同条款谈判、定期审查保险计划等步骤。

第二节 灾害预防

一、地质灾害预防

（一）地质灾害监测

1. 地质灾害监测网络和预警信息系统

建立地质灾害监测网络是做好地质灾害防治工作的前提和基础，也是预警最基本的手段。对于自然引发的危害公共安全的地质灾害监测，其所需的经费应根据地质灾害分级管理原则，分别列入各级政府财政预算，具体工作应由国土资源主管部门同水利、建设和交通等部门进行。

2. 地质灾害监测设施保护

地质灾害监测设施包括监测仪表、监测井和测量标志等。国家保护地质灾害监测设施，任何个人和单位不得损毁、侵占、损坏地质灾害监测设施。任何损毁、侵占、损坏地质灾害监测设施的行为，都会对地质灾害监测工作造成影响，因此，法律禁止任何个人和单位对其损毁、侵占和损坏。对损毁、侵占和损坏地质灾害监测设施者，要追究其法律责任。对于新建、改建和扩建的建设工程，应避免影响地质灾害监测工作。

（二）地质灾害预报

1. 地质灾害预报概述

地质灾害预报主要内容包括地质灾害可能发生的时间、地点、影响程度和成灾范围等。地质灾害预报有利于防患于未然，针对不同的灾害危险采取相应的措施，保护群众生命财产安全。

地质灾害预报主要分为临灾预报（几天内）和短期预报（几个月内）。汛期地质灾害气象预报预警属于临灾预报。在年度地质灾害防治方案中应依据气象趋势预测，对地质灾害作出短期预报。为了避免引起社会恐慌，在总结中国气象局和自然资源部现行地质灾害预警预报经验基础上，《地质灾害防治条例》规定地质灾害预报应由县级以上人民政府国土资源主管部门同气象主管机构发布。其他个人和单位不得擅自向社会发布地质灾害预报。当前要集中力量全面推广地质灾害气象预报预警工作。

2. 地质灾害危险区划定和监督

（1）地质灾害危险区划定。对出现地质灾害前兆、可能造成重大财产损失或者人员伤亡的区域，县级人民政府应及时将此区域划定为地质灾害危险区，并发布公告提醒群众，此外，在地质灾害危险区边界设置明显的警示性标志。

地质灾害危险区可划分为两个区域：一个区域是可能发生泥石流、滑坡、崩塌等地质现象的区域，可称为灾源区；另一个区域是可能因泥石流、滑坡、崩塌等地质现象的发生而遭受损失的区域，可称为成灾危险区。国际上，一些国家通常把这两个区域分开。例如，日本在《滑坡防治法》中，将有可能发生滑坡及其附近可能诱发、加剧滑坡地区称为滑坡危险区；将可能因滑坡造成严重经济损失和大量人员伤亡的区域称为灾害危险区。

（2）地质灾害危险区监督。地质灾害危险区监督主要包括：① 地质灾害危险区禁止活动的规定。在地质灾害危险区内，禁止爆破、工程建设以及从事其他可能引发地质灾害的活动。不同的地质灾害危险区内的灾害种类不同，禁止的活动也就不同。若是泥石流危险区，则应禁止在沟谷中大量堆土，尤其是要注意矿渣的堆放，如果矿渣堆放不当，在暴雨作用下就会容易形成泥石流；若是滑坡、崩塌危险区，则应禁止不适当的挖坡脚、灌溉等活动；若是地面塌陷危险区，则应严格控制地下水开采。特别是不能在地质灾害危险区进行学校、住宅的建设。

② 地质灾害危险区的警示。在划定地质灾害危险区后，应在地质灾害危险区边界上设立明显警示性标识。特别在进入地质灾害危险区路口应当设立特别醒目的警示性标识，并注明地质灾害危险区内的禁止活动，例如，说明哪些活动是要严格审批的、哪些活动是被禁止的等。

③ 地质灾害危险区的避让。县级以上人民政府应组织有关部门对地质灾害体及时

采取工程综合治理，对地质灾害危险区的单位、居民采取搬迁避让等措施，以保证地质灾害危险区内居民生命财产安全。

（三）地质灾害危险性评估制度

1. 地质灾害危险性评估概念

地质灾害危险性评估是指对建设工程诱发或者加剧地质灾害的可能性和建设工程遭受地质灾害的危险性作出评价，提出防治方案，并编制评估报告的技术活动。

2. 地质灾害危险性评估具体流程

地质灾害评估单位接受建设单位委托→收集相关地质资料并进行现场调查→针对建设项目工程分析确定评价范围→进行地质灾害调查，确定灾害类型和评价要素→进行现状评估和预测评估→进行综合评估，提出防治方案和建议→编写并提交评估报告。

3. 地质灾害危险性评估内容

（1）工程建设和规划实施可能诱发、加剧地质灾害的危险性。这主要是指由于工程建设形成开挖坡脚和高边坡，或在坡体中修建水池又不做有效防渗而诱发滑坡的危险性等。这里强调的是工程建设诱发、加剧滑坡、泥石流等进而对其他工程设施、群众生命财产造成的危害。

（2）工程建设和规划实施本身可能遭受地质灾害的危险性。这主要指由于工程和规划选址不当，把工程建在受地质灾害威胁的地方，也包括由于工程建设诱发、加剧地质灾害而对工程本身造成的危害。例如，在山下进行工程建设，不合理开挖坡脚，诱发滑坡而对工程设施本身造成危害。

（3）拟采取的预防治理措施。这主要指针对建设工程遭受地质灾害危害的可能性和该工程建设中、建成后引发或者加重地质灾害的可能性，提出具体的有效预防治理措施，如设置抗滑墙、抗滑桩等。

二、火灾预防

（一）森林火灾预防

1. 加强森林消防队伍建设

森林消防队伍是扑救森林火灾的主要力量，建设一支训练有素的专业森林消防队伍，在发生森林火灾时，能够快速扑灭森林火灾，减少人员伤亡。森林消防队伍建设，要以“稳人心，练技术，齐装备”为核心。森林消防工作是一项高风险工作，危险系数较高，人员流动性较大。为确保消防队伍人员稳定，各地应提高消防人员工资，并为消防人员购买人身意外保险；强化消防队员的消防器械训练，提高队伍作战能力和扑火技能；加强森林消防队伍扑救森林火灾的技能学习训练，强化扑火指挥员的组织指挥能力，使指挥员“明安危，知进退”，确保扑火队员的人身安全。

2. 大力开展森林消防宣传教育

森林消防宣传教育的目的是不断强化全民的森林消防意识和法治观念，提高消防人员对做好森林消防工作重要性的认识和增强责任感，积极营造良好的森林消防社会氛围，使森林消防工作变为全民的自觉行动。

森林消防宣传教育要从各地实际出发，以宣传森林消防法律法规、森林生态作用和野外火源管理为中心，并紧密结合各项森林消防工作进行。宣传教育要注重实效性和加强针对性。

3. 增强群众森林防火意识

近年来，我国的森林火灾主要是由传统祭祀活动、进山游客违规用火和农业生产用火等人为因素引起的，因此增强群众的森林防火意识，可以有效减少森林火灾。增强群众森林防火意识，可采取公开课、公开信、面对面宣传等多种方式，通过广播、电视、互联网等各类宣传媒体和途径开展。要特别注重采取“以案说法”的方式，发挥典型案件的警示作用，教育引导群众增强防火意识，自觉遵守森林防火法律法规，减少森林火灾发生。

4. 营造生物防火林带

营造生物防火林带是指在林区有计划地通过营林措施，营造不易燃烧的经济林和阔叶林带。生物防火林带不仅具有持久、高效防火作用，而且具有重要的生态效益和经济效益，是现代林火防控手段的重要发展方向。目前全国很多省份已经实施了此项措施，例如，浙江省大部分县（市、区）已经营造了生物防火林带，取得了较好效果。

5. 加强森林防火基础设施建设及其保护工作

常用的基础设施有以下4种。

（1）瞭望塔。建立瞭望塔是为了确定林火位置和扩大林火观察范围，利用瞭望塔监测森林火情是林区常用方法之一，在我国南方山区均有这种设施。瞭望塔要建立在林区通视条件较好、地势较高的山顶上，高度需要高出塔身周围最高树冠2米以上，保证瞭望观察半径在15~25千米。

（2）森林消防蓄水池。森林消防蓄水池是为了提高重点林区、森林公园、风景名胜区等重要森林防火地域扑救火灾能力而建造的，目的是利用水源扑灭森林火灾，尽可能减少森林火灾造成的损失。 森林消防蓄水池通常建立在林区重要部位便于蓄水的地方，平时蓄满水，一旦发生森林火灾可就地取水扑救。

（3）远程视频监控系统。远程视频监控系统是指利用高倍摄像工具与电脑相连接，将野外远距离的森林火情图像传输到指挥控制中心，供指挥员决策。与瞭望塔一样，远程视频监控点要建立在林区通视条件较好、地势较高的山顶上，其技术含量较高，建造时需要由专业人员组织实施。

（4）无线电通信基站。为了保障森林防火和扑救森林火灾的通信联络畅通，提高组织指挥能力，林区应组建无线电通信网络，以有效提高对讲机、电台通信质量，延长通信距离。无线电通信天线应选择在林区地形开阔、地势较高的山顶上架设，且必须由专业部门的工作人员组织实施。

（二）企业火灾预防

1. 做好安全布局工作

企业在进行选址设计的过程中，应符合国家相关设计规范中的具体要求，确保可以有效通过建筑防火审核，同时相关消防管理部门应结合企业设计图纸和实际情况提出合理的意见，有效落实重点区域的监管以及防火、灭火手段的实施，最大限度地降低材料及设备危险性。

2. 健全管理制度

要在现有安全生产管理制度体系内，进一步完善消防安全管理机构和网络，加强监督，对企业生产厂房的电器设备要定期巡查摸排隐患，特别是对生产线电器设备的维护保养，要落实巡查、维保、管理责任制，做到制度到人，责任到人，真正做到安全监管无空档，无死角，全过程监护管控到位。

3. 加强消防知识和技能培训

对于企业现场管理和生产操作人员，要加强其消防知识和开展处置扑灭初期火灾技能培训，提高操作人员和安全管理人员的应变和管控处置能力。落实消防安全责任制，责任到人，定期进行巡查，实行奖惩制度。

4. 加强消防基础设施建设

要定期组织相关安全管理部门和专业人员，对本单位生产厂区的重要生产场所进行全方位把脉，特别要对企业新建工程项目、改扩建工程、人员密集场所的消防设施，进行拉网式摸底排查。加大对基础消防设备和设施投入，定期进行维保检测，及早发现隐患和缺陷，做到系统无漏洞、设备无故障、管理无大意等，及时完善和更新消防设施，健全消防安全保障体系。要对企业生产区域的消防自动控制系统、室内外消火栓等基础设施的能力进行重新评估，辨识消防安全危险源。

（三）高层建筑火灾预防

1. 房屋室内装修选用阻燃材料

在室内装修采用阻燃材料可很大程度上避免或减少财产损失和火灾伤亡。例如，室内装修中吊顶用的板材和龙骨、地面的铺地材料、墙面的涂漆材料和阻燃电线等。如果大多数家庭在装修时都选择阻燃材料，那么即使发生火灾，火势也不会迅速蔓延，就可以争取更多的救援时间，获得逃生机会。

2. 增设防火分隔系统和排烟系统

由于房屋建筑的外体形状、使用功能、室内陈设和装修等不同，建筑防火规范无法将所有的情况都列出来，所以要求设计人员要根据所建房屋的具体情况灵活运用，增设防火分隔系统、安装排烟系统，运用多种灭火技术有效处理火灾情况。从多年统计的数据来看，绝大部分因火灾死亡的人并不是被火烧死的，很多是被烟熏死或者熏晕后烧死的。建立科学、合理的防火分隔系统可以有效解决这个问题。

3. 强化自救措施

当火灾发生时，高层建筑中的人一般情况下是依靠消防通道逃生的。高层建筑的自救措施主要分为主动性和被动性措施。主动性措施是指用最直接方法来阻止火灾蔓延，如喷水灭火、火灾探测报警等灭火技术。被动性措施是指调节外在因素，如增强建筑架构承受火灾破坏的能力。

三、洪涝灾害预防

（一）强化各级防汛组织机构建设

1. 加强各级防汛组织机构能力

为了更好地开展防汛工作，加强各级防汛组织机构建设，地方政府制定相关政策规定是非常有必要的。包括对各级防汛办职能实行模块化管理，内设科室尽量细化，可以设立信息调度、应急救援、防洪抢险等科室，目的就是提升防汛办工作效率。同时，强化建设基层防汛组织，推动基层应急防汛能力不断提升。乡镇（街道）级政府也要根据规定设立专门防汛管理机构，提供专门的办公室，加大防汛资金投入。各村委会也应设置相应的组织机构。学校等防汛任务重的企事业单位也应设立相应防汛机构。防汛指挥体系构建真正地落实到市、区（县）、乡（街）、村四级，实现上下互动与左右联动，提升防汛工作协调顺畅程度，使防汛工作做到无死角、无遗漏。

2. 提升各级防汛办工作人员能力

重视防汛办的人才队伍建设，使防汛人才队伍具备极强的责任意识与业务能力，具备合理的专业结构。应引进更多的专业技术人才，为顺利开展防汛办工作提供保证。专业技术人才引进之后，还需要抓好专业技术人才的素质训练和技术培训。由于洪涝灾害具有突发性和多样性等特点，防汛办人员不可能掌握处置灾害的全部知识，因此，专家顾问团队的支持不可或缺，需要专家顾问团队在各自的专业方面为政府提供专业技术支持。因此市、区（县）两级政府应结合本地的洪涝灾害实际情况，组建专家顾问团队，成员可以是来自水利、交通、国土和卫生等行业的专业人士。

（二）提升洪涝灾害应急管理水平

1. 加强应急救援物资与应急抢险队伍保障能力

（1）加强应急救援物资储备。城市各区（县）应以防大汛、抗大洪、抢大险的工作要求为导向，对本地区应急救援物资储备进行科学分析，并加强维护保养，为抢险救灾提供物质保障。对应急救援物资应当建立动态管理机制，科学、客观地储备防汛物资，并及时掌握物资储备变化情况。统一规划防汛物资储备仓库，防汛物资储备仓库需要符合安全储存防汛物资要求，并且可以满足应急调运需要。只能由地方政府承担储备物资任务的观念必须改变，要让社会各界都参与到物资储备队伍中来，让有能力的企事业单位帮助储备、管理应急救援物资。为提高应急救援物资管理水平，应确立物资储备具体管理员，并对管理员进行专业培训。针对防汛物资储备，建立信息化管理系统，各区（县）需要在系统内录入完整的物资储备信息，迅速形成全市应急救援物资储备监控网络平台，建立共享和调度防汛物资机制。

（2）提高应急抢险队伍能力。防汛抢险队伍是为汛期出险专门组织的一支抢护力量，由群众防汛队伍中选拔的有抢险经验的人员组成。防汛抢险队伍应从当地实际情况出发，实现按需发展。各级政府要以当地驻军、武警等队伍为依托，把综合性防汛抢险队伍建立起来，并明确规定队伍职责，保证物资装备足额配齐，而且在日常工作中加强队伍演习，切实提高队伍的应急救灾能力。

2. 提高洪涝灾害应急预警能力

随着科学技术迅速发展，科学技术在监测预警洪涝灾害中发挥的作用日益提升，信息技术的重要性凸显。在预防洪涝灾害上，要求监测预警具备较高的准确性和时效性。因此地方政府必须加强水雨情监测站基础设施建设，提高其监测预报能力。同时加强对极端天气的预警预报，提升预报的准确率和时效性。应借鉴发达国家传播发布灾害预警信息经验，整合相关部门资源，以各通信运营商平台为基础，把预警信息发布平台建立起来，确保能够向乡镇、社区的居民迅速发送暴雨等灾害预警信息，以实现预警信息全覆盖。

（三）加强公众洪涝灾害危机教育

加强公众洪涝灾害危机教育：一是培养公众的危机意识。从中小学校教育抓起，加大学校减灾教育力度。在开展防汛宣传教育上，要着眼于差异化和多样化，充分发挥媒介作用，使洪涝灾害防御知识普及、覆盖全民。二是加强相关工作人员的危机教育，培养防汛责任意识。以各级防汛组织机构人员为主要对象，积极开展多种形式的知识培训，促进专业人员防汛防灾技能和知识提高，从根本上起到提升全民防灾减灾能力的功能。三是防汛应急演练实现常态化、制度化，以保证对预案可操作性和实用性进行反复检验。这样才能保证在洪涝灾害发生时，做到“防有法、抢有序、撤有力”。对公众参与政府组织的防汛演练进行奖励，促进公众防灾避灾水平提升，确保地方政府和公众都能够熟练运用洪涝灾害应对措施，从而降低洪涝灾害损失。

（四）建立健全洪涝灾害预防信息网络平台

建立完善的预防洪涝灾害信息网络平台，以保证在洪涝灾害发生后，快速提供相关救援信息，保证救援时效性。预防信息网络平台收录洪涝灾害的所有相关信息，领导机构可以及时获得所需信息，同时指挥机构能够结合相关信息及时完成对洪涝灾害类型的判断，从而提升应急处置措施的针对性，同时整合不同部门的应急救援资源，为建立各部门之间良性互动创造条件。

第三节 应急预案

一、应急预案概述

突发事件的表现形式多种多样，具有高度的不确定性和复杂性，这给应急准备工作带来了很大的挑战。应急准备必须具有明确的目标，这些目标主要是以重大突发事件情景来体现的。通过对重大突发事件的初始来源、破坏程度、波及范围、复杂程度以及长期影响进行归纳总结，进而提炼出若干基本的情景。

一方面，基于情景的应急预案编制有助于提高处理复杂和交叉领域的重大突发事件的协调能力，整合各方面力量高效、统一地开展预防、准备、响应和恢复工作，提高国家应对风险和重大突发事件挑战的能力；另一方面，基于情景的应急预案成为开展应急培训、演练规划的依据，使得各个地区和部门组织的应急演练能够达到一致的预期目标和要求。

（一）应急预案的概念与作用

1. 应急预案的概念

应急预案又称应急计划，是针对可能发生的事故或者灾害，为保证迅速、有序、有效地开展救援与应急行动，降低灾害或者事故损失而预先制定的行动方案。该方案是在辨别和评估可能发生的重大事故类型、发生概率、发生过程、事故严重程度的基础上，对应急准备和应急响应各个方面预先做具体安排。应急预案明确了突发事故发生之前、发生过程中以及应急行动结束之后，谁负责做什么、何时做，以及相应的应急策略和资源准备。

2. 应急预案的作用

编制应急预案是应急救援准备工作的核心内容，是及时、有序和有效开展事故应急救援行动的重要保障，也是我国有关法律法规的要求。应急预案在应急救援行动中的重要作用体现在以下几个方面：

（1）应急预案明确了应急救援的范围和体系，使应急管理和应急准备有据可依、有章可循、有备而战，特别是通过培训和演练，可以使应急人员熟悉自己的任务，检验预案程序，评估应急人员的协调性，为及时、有序、有效开展应急救援行动提供了重要保障。

（2）应急预案有利于及时作出应急响应，减少人员伤亡和财产损失，降低事故后果。由于应急预案事先明确了应急各方的职责和响应程序，并提前准备应急资源和制定应急策略，因此，在面对突发事件时管理者能够迅速把握突发事件的主要矛盾，减少决策时间，指导应急救援行动及时、有序、有效开展，将事故损失降到最低。

（3）应急预案不仅可以提高企业的风险防范意识，而且可以提高企业的应急责任意识，使企业更好地开展应急工作。

（4）应急预案可以合理配置应对突发事件相关资源。通过事先储备和管理应急资源，当突发事件发生时，按照预案程序，可以保证资源尽快投入使用。

（5）应急预案建立了与上级应急救援体系的衔接。当发生超过本级应急能力的重大事故时，应急预案可以确保本级单位与上级应急机构取得联系，请求援助。

（二）我国应急预案发展历程

我国将制定突发事件应急预案提上重要日程，始于2003年抗击非典疫情。非典疫情对我国政府应对突发事件能力提出了严峻挑战，推动了我国应急预案体系建设进入快速发展阶段。2003年，在全国防治非典疫情工作会议上，党中央、国务院总结应对处置非典事件经验教训，第一次明确提出重视政府非常态管理。同年11月，国务院组建了"突发公共事件应急预案工作小组"。我国应急预案体系初期建设是以中央政府通过自上而下的方式强力推动应急预案编制工作为起点的。2004年，国务院在北京和郑州等地召集国务院有关部门和省市开会，并先后印发《国务院有关部门和单位制定和修订突发公共事件应急预案框架指南》和《省（区、市）人民政府突发公共事件总体应急预案框架指南》，分别指导国务院有关部门和省级政府针对可预见的突发事件编制专项应急预案和总体应急预案。

2006年1月8日，国务院发布《国家突发公共事件总体应急预案》，同时还编制了各种专项预案和部门预案；各省、自治区、直辖市的省级突发公共事件总体应急预案也均编制完成。随着《国家突发公共事件总体应急预案》出台，我国应急预案框架体系初步形成。2007年8月，全国人大常委会颁布《突发事件应对法》，明确提出"建立健全突发事件应急预案体系"，将应急预案体系建设提高到国家法律层面，在应急管理法治化道路上迈出了重大步伐。截至2007年11月，全国编制应急预案共计130多万件，覆盖四大类突发事件的"纵向到底、横向到边"的应急预案体系基本形成。2008年汶川地震全面检验了我国应急管理体系，也暴露出一些薄弱环节，随后国务院开始修订应急预案，我国应急预案体系建设开始朝着可操作化、完备化和无缝衔接方向发展。2013年10月以国务院办公厅的名义印发《突发事件应急预案管理办法》，明确规定了应急预案概念、分类和编制程序等内容，规范了应急预案管理办法，优化了现有应急预案体系。

目前，我国已建立了完整的突发公共事件预案体系。除了国家突发公共事件总体应急预案，我国还发布了人感染高致病性禽流感应急预案等国务院部门预案；国家地震应急预案、国家自然灾害救助应急预案、国家突发地质灾害应急预案、国家防汛抗旱应急预案等专项应急预案。经过不断发展，应急预案体系从无到有、从弱到强，体系建设日臻完善。

（三）应急预案分类

1. 按照应急预案功能划分

按照应急预案的不同功能，应急预案可分为综合应急预案、专项应急预案和现场应急预案。

综合应急预案，是一个地区的总预案，从总体上确定一个地区的应急政策与方针、应急组织机构及其职责、预警与信息报告、事故风险描述、应急响应、保障措施、应急救援活动的组织协调等内容。总体预案是一个地区应急救援工作的基础，对那些没有预料到的突发事件也可以起到一定的指导作用。

专项应急预案，是针对某一具体的、特定类型的突发事件，如针对煤矿瓦斯爆炸、危险化学品泄漏、火灾等而制定的应急预案，是综合应急预案的组成部分。专项应急预案是在总体应急预案的基础上考虑特定突发事件的特点，具体阐述应急形式、应急组织机构及其职责、应急处置程序和措施、应急资源与行动等内容，具有较强的针对性。

现场处置方案，是针对具体的场所、装置、岗位、设施或活动而制定和实施的应急处置措施。所针对的具体场所是指具有较大突发事件风险场所、重要防护区域等。现场处置方案是在专项应急预案的基础上，根据具体情况的需要而编制的。现场处置方案对应急救援中的各个方面作出详细、具体且周密的安排。现场处置方案具有更强的针对性，对现场救援活动具有更强的指导性。

2. 按照事件类型划分

按照突发公共事件类型，应急预案分为自然灾害类、事故灾害类、公共卫生类、社会安全类。

自然灾害类主要包括水旱灾害、气象灾害、地震灾害、地质灾害、森林草原火灾等。

事故灾害类主要包括各类安全事故、交通运输事故、公共设施事故、生态环境破坏和环境污染事件等。

公共卫生类主要包括传染病疫情、动物疫情、食品安全以及其他严重影响公众健康和生命安全的事件。

社会安全类主要包括恐怖袭击事件、经济安全事件、涉外突发事件等。

3. 按照预案对象和级别划分

按照预案对象和级别，应急预案可分为应急行动指南、应急响应预案、互助应急预案、应急管理预案。

应急行动指南是针对已识别的危险而制定的应急行动。应急行动指南简要描述了发生情况向谁报告、报告哪些信息、采取哪些措施等应急行动基本程序。应急行动指南主要起提示作用，用来培训相关人员。

应急响应预案是针对场所和现场每项设施可能发生的事故情况而编制的预案。应急响应预案要包括所有可能出现的危险情况，并明确相关人员在紧急情况下的职责。应急响应预案只描述处理紧急事务所必需的行动，不包括事前要求（如培训和演练等）和事后措施。

互助应急预案是相邻企业为在事故应急救援中共享资源、互相帮助而制定的应急预案。互助应急预案适用于资源有限的中、小企业以及高风险的大企业，需要高效协调管理。

应急管理预案是综合性事故应急预案。应急管理预案详细描述事前、事中和事后何人做何事、什么时候做，以及如何做。应急管理预案包括预防、预备、响应和恢复四个事故应急步骤。

（四）应急预案的基本构成

应急预案是针对可能发生的事故或者灾害制定的，必须考虑事前、事中和事后各个过程中相关部门和相关人员的职责、装备的储备和配置以及物资等各方面的需要。

一个完善的应急预案主要包括6个基本要素：方针与原则、应急策划、应急准备、应急响应、现场恢复、预案改进。这6个基本要素是编制应急预案的最基本要素，也可以称为一级要素。6个基本要素之间既具有一定的独立性，又紧密联系。在每一个一级要素之下，都可以根据实际情况划分为二级、三级要素。

1. 方针与原则

方针与原则反映了应急救援工作的优先方向、政策、范围和总体目标。应急策划、应急准备、应急响应程序的制定，现场救援行动和应急恢复，都要围绕应急救援的方针和原则开展。

2. 应急策划

应急策划是为依法编制应急预案，满足应急预案的科学性、可操作性、实用性要求，而进行危险识别、风险评估、应急资源与应急能力评估等策划工作。

3. 应急准备

“凡事预则立，不预则废”，应急准备是影响应急救援效果的关键因素。应急准备是根据应急策划的结果，针对可能发生的应急事件所做的各项准备工作。具体包括：明确应急组织及其职责权限；应急队伍建设；应急人员培训；应急物资准备；应急装备配备；应急预案演练；公众应急知识培训；互助协议签订。

4. 应急响应

应急响应是应急救援过程中需要明确并实施的一系列应急行动和任务。应急响应的主要任务包括：报警与接警；指挥与控制；警报与紧急公告；通信；事态监测与评估；警戒与治安；人员疏散与安置；医疗与卫生；公共关系；消防与抢险；泄漏物控制。

5. 现场恢复

现场恢复是在事故被控制后所进行的短期恢复。为了使生产、工作和生态环境等尽快恢复到正常状态，针对事故造成的厂房破坏、设备损坏、生产中断等进行恢复。值得注意的是，现场恢复过程中往往存在潜在危险，在制定现场恢复程序时，应充分考虑现场恢复过程中可能存在的危险，防止事故再次发生。

6. 预案改进

应急预案是应急救援工作的指导文件。为了保证应急预案的有效性，在应急救援行动结束后，应对应急指挥、救援方法和措施等进行评估，改正错误项、修正不合理项、完善不足项，不断地对应急预案进行更新、改进和完善，使得应急预案更科学、更合理、更具有可操作性，提高应急救援能力。

二、应急预案内容

（一）综合应急预案的主要内容

1. 总则

（1）编制目的。简述应急预案编制目的。

（2）编制依据。简述应急预案编制所依据的法律、法规和规范性文件以及相关应急预案等。

（3）适用范围。说明应急预案适用的事故类型、级别和工作范围。

（4）应急预案体系。简述应急预案体系构成情况，明确与其他相关应急预案的衔接关系。可用框图表示。

（5）应急工作原则。说明应急处置工作的原则，内容应简明扼要、明确具体环节。

2. 事故风险描述

简述可能发生的事故风险类别、发生的可能性、影响范围以及严重程度等。

3. 应急组织机构及其职责

明确应急组织形式及组成部门或人员，可用结构图表示；明确构成部门的职责。根据事故类型和应急工作需要，应急组织机构可设置相应的应急工作小组，将各小组具体构成及职责作为附件。

4. 预警及信息报告

（1）预警。根据险情紧急程度、发展态势和相关部门提供的预警信息进行预警，明确预警分级条件，信息发布程序、方法和方式等内容。

（2）信息报告。按照有关规定，明确险情信息报告程序，包括以下内容：第一，信息接收与通报，明确24小时应急值守电话、事故信息接收责任人和通报程序；第二，信息上报，明确发生事故后，向上级主管部门或者单位报告事故信息的流程、内容、责任人和时限；第三，信息传递，明确事故发生后，向本单位以外的相关单位或者部门通报事故信息的责任人、方法和程序。

5. 应急响应

（1）响应分级。综合事故危害程度、影响范围、单位控制事态的能力等因素划定应急响应级别。可分为Ⅰ级、Ⅱ级、Ⅲ级、Ⅳ级，Ⅰ级为最高级别。

（2）响应程序。根据事故级别和发展态势，描述应急组织机构应急响应启动、信息上报、应急资源调配、后勤保障、信息公开等响应程序。

（3）应急处置。明确事故现场的警戒疏散、监测、医疗救治、工程抢险及人员防护等工作要求。

（4）响应终止。明确应急响应结束的基本条件和要求。

6. 后期处置

明确污染物处理、医疗救治、应急处置评估、生产秩序恢复、人员安置等。

7. 应急保障

（1）通信与信息保障。明确可为本单位提供应急保障的相关单位或者人员的联系方式、方法和备用方案。同时，制定信息通信系统维护方案，保证应急期间的信息通畅。

（2）应急队伍保障。明确应急专家、专业应急队伍和兼职应急队伍等应急人力资源。

（3）物资装备保障。明确应急物资和装备的类型、性能、数量、运输及使用条件、存放位置、责任人及其联系方式等内容，并建立档案。

（4）其他保障。其他保障包括经费保障、技术保障、交通运输保障、治安保障、医疗保障、后勤保障等。

8. 应急预案管理

（1）应急预案培训。明确对相关人员开展应急预案培训要求、计划和方式，确保相关人员了解应急预案内容，熟悉应急程序、应急职责和现场处置方案。

（2）应急预案演练。明确应急演练的类型、内容、范围、形式、评估、总结等要求。

（3）应急预案修订。明确应急预案修订的程序和基本要求，定期进行预案评审，实现可持续改进。

（4）应急预案备案。明确应急预案报备部门，进行备案。

（5）应急预案实施。明确负责制定应急预案的部门，以及应急预案实施的具体时间。

（二）专项应急预案的主要内容

1. 适用范围

说明专项应急预案的适用范围，以及与综合应急预案的关系。

2. 事故风险分析

针对可能发生的事故，分析事故发生的可能性、影响范围和严重程度等。

3. 应急组织机构及其职责

根据事故类型，明确应急组织机构和各成员单位或人员的具体职责。应急组织机构可以设置相应的应急工作小组，明确各工作小组的任务和负责人职责。

4. 处置程序

根据事故响应级别，具体描述事故接警报告和记录、应急指挥、资源调配、应急救援、扩大应急等应急响应程序。

5. 处置措施

针对可能发生的事故风险、影响范围和危害程度，明确应急处置原则，制定相应的应急处置措施。

（三）现场处置方案的主要内容

1. 事故风险分析

事故风险分析主要包括：事故类型；事故发生的地点、区域；事故可能发生的时间、事故影响范围以及危害程度；事故发生前可能出现的征兆；事故可能引发的次生、衍生事故。

2. 应急工作职责

根据现场组织形式、工作岗位、人员构成，明确应急组织分工和职责。

3. 应急处置

应急处置主要包括：

（1）事故应急处置程序。结合现场实际，明确事故报警、自救互救、警戒疏散、初期处置、应急救护人员引导、扩大应急等程序。

（2）现场应急处置措施。针对可能发生的危险化学品泄漏、火灾、坍塌、爆炸等，制定人员救援、事故控制、消防、现场恢复等方面的工作方案。

4. 注意事项

注意事项主要包括：个人防护方面的注意事项；使用抢险救援工具方面的注意事项；现场自救和互救方面的注意事项；应急救援结束后的注意事项；其他需要特别警示的事项。

（四）应急预案附件

应急预案应根据实际情况附列必要的文件，例如风险分析方法、周边重大危险源、国家重点监管危险化学品、事故风险评估报告、应急物资装备名录或清单、有关应急部门和机构或人员联系方式、关键路线、标识和图纸，以及有关协议或备忘录等。

三、应急预案编制

（一）成立应急预案编制小组

成立预案编制小组是将城市各类专业技术人员、各有关职能部门有效结合起来的最佳方式，可以保证应急预案的完整性和准确性，并且为城市应急各方提供交流与协作机会，有利于统一应急各方的不同意见。

应急预案的编制应遵循“谁主管，谁负责”“谁使用，谁编制”的原则。预案编制小组人员应具有一定的专业知识，以及不同专业、不同部门的代表性。预案编制小组成员一般应包括：市长或其代表；应急管理部门；下属区或县的行政负责人；公安、消防、环保、卫生防疫、医疗急救、交通和运输管理部门；电视等新闻媒体；法律顾问；技术专家；有关企业，以及应急机构代表或上级政府等代表。确定预案编制小组成员后，必须确定小组领导，明确编制计划，保证预案编制工作顺利实施。

（二）危险分析和应急能力评估

1. 危险分析

危险分析是应急预案编制的基础和关键过程。危险分析的结果不仅为应急预案的编制、应急准备和应急响应提供必要的资料和信息，而且有利于确定需要重点考虑的危险，提供划分预案编制优先级别的依据。危险分析一般包括危险识别、风险分析和脆弱性分析。

2. 应急能力评估

根据危险分析结果，对现有的应急能力和应急资源进行评估，包括企业和城市应急资源评估，明确应急救援的需求与不足。应急资源包括应急设施、物资、装备、应急人员等。应急能力包括人员的经验、技术和培训等。

（三）编制应急预案

编制应急预案应基于城市应急资源的现状和需求、城市重大事故风险分析结果，以及相关法律法规要求。此外，编制应急预案时应参阅已有的应急预案，最大可能避免应急预案的交叉和重复，减少工作量，并确保与其他相关应急预案的协调和一致。应急预案编制的基本程序，如图4-1所示。

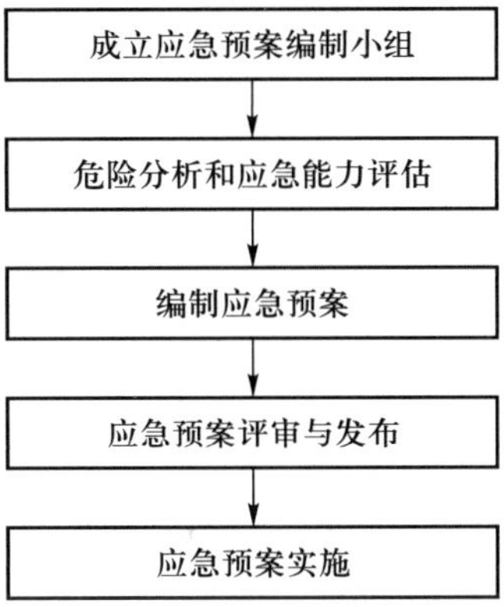

图4-1　应急预案编制的基本程序

应急预案编制过程简要如下：确定应急对象；确定行动的优先顺序；按照任务书列出时间表、工作人员清单和任务清单；按照工作人员清单和任务清单进行分工；定期进行组织讨论，及时发现问题并改进；完成初稿，征求意见，并进行初步评审；进行应急演练，验证应急预案。

应急预案编制小组在设计应急预案编制格式时，应考虑以下内容。

（1）合理组织。应急预案编制小组应合理组织预案章节，以便不同读者能够快速地找到各自所需要的信息。

（2）连续性。应急预案编制小组应保证应急预案各个章节及其组成部分，内容上具有衔接性。

（3）一致性。应急预案编制小组应保证采用相似的逻辑结构来组织应急预案的每个章节内容。

（4）兼容性。应急预案的格式应尽量与上级机构所编预案格式保持一致，以便各级应急预案能够更好地对应与协调。

（四）应急预案评审与发布

为保证应急预案的合理性、科学性以及与实际情况的符合性，应急预案应根据相关的标准、法律和法规进行评审，获得有关部门或者机构认可，然后发布实施，并报上级政府有关部门和应急机构备案。应急预案评审包括内部评审和外部评审两类。内部评审是由应急预案编制小组成员内部实施的评审。外部评审是由本城市或外埠同级机构、上级机构、有关政府部门以及公众实施的评审。

（五）应急预案实施

实施应急预案是应急管理工作的重要环节。应急预案经批准发布后，应组织实施。应急预案实施包括：开展应急预案宣传，进行应急预案培训，落实和检查资源准备、程序和相关部门职责，组织应急预案演练，并定期进行应急预案评审和更新应急预案，将应急预案所规定的要求落到实处。

第四节 应急演练

一、应急演练的概念与目的

（一）应急演练的概念

应急演练是应急准备的一个重要环节，是对应急能力建设、应急管理机制的综合性检验手段。应急演练是指各级人民政府及其部门、企事业单位、社会团体等组织相关单位及人员，依据有关应急预案，模拟应对突发事件的活动。

（二）应急演练的目的

1. 检验预案

通过开展应急演练，发现应急预案中存在的问题，进而完善应急预案。

2. 完善准备

通过开展应急演练，完善应急管理和应急处置技术，补充应急物资和装备。

3. 锻炼队伍

通过开展应急演练，锻炼应急队伍，保证应急人员具有熟练的操作技能和良好的应急素质，提高应急人员在紧急情况下妥善处置事故能力。

4. 磨合机制

通过开展应急演练，提高各级应急管理机构、应急救援机构和队伍协同应对突发事件的处置能力和协调能力。

5. 宣传教育

通过开展应急演练，普及应急管理知识，提高社会公众自救互救能力和风险防范意识。

二、应急演练参演人员构成及其功能职责

在应急演练行动中，需要各类参演人员。应急演练参演人员主要包括应急行动人员、模拟人员、评价人员、进程控制人员等。

应急演练参演人员需要对演练中的关键动作和演练进程进行记录，以得出对演练行动和预案文本的评价结论。因此，在应急演练方案中，应明确各参演人员的类别、数量和职责。

应急行动人员是根据模拟场景做出反应，执行应急预案中预定动作或预定程序的人员。应急行动人员由应急预案中规定的现场指挥、应急通信、现场救援和物资支援等人员构成。应急人员的主要职责是救助伤员和被困人员、管理应急资源、保护财产和公众安全，以及与其他应急响应人员协同应对紧急事件。

模拟人员是在应急演练行动中，与应急行动人员相互作用的人员。模拟人员的主要职责是模拟事故场景中的伤员、干扰者等人员，以及围观人员、外部救援机构人员、志愿者。模拟人员的设置应与模拟场景设置统一。

评价人员在应急演练中的主要职责是观察模拟人员和行动人员的行动，并对演练过程进行详细记录，如记录时间、地点、人物、出现的突发事件、行动是否有效等。

进程控制人员是指管理并设置场景，控制应急演练行动节奏，解决现场出现的问题，监护行动人员安全，承担现场导演职责的人员。进程控制人员是决定应急演练能否成功的关键人员，因此，进程控制人员应由掌握应急演练方案、熟悉应急预案的人员担任。

三、应急演练分类

应急演练的类型按演练内容划分，可分为单项演练和综合演练；按演练形式划分，可分为桌面演练和实战演练；按演练的目的和作用划分，可分为研究性演练、示范性演练和检验性演练。

（一）按演练内容划分

1. 单项演练

单项演练是指涉及现场处置方案或应急预案中一项或几项特定应急响应功能的演练活动。演练形式包括应急设施设备的使用、重点区域的应急处置程序、从业人员对岗位应急职责的掌握情况等。参演人员主要是相关程序的实际操作人员。单项演练是综合演

练的基础，通过验证每一个系统和功能运转是否良好，为综合演练做好准备工作。

2. 综合演练

综合演练是指涉及应急预案中多项或全部应急响应功能的演练活动。综合演练注重对多个功能和环节进行检验，尤其是对不同单位之间联合应对能力和应急机制进行检验。综合演练包括报警、指挥决策、应急响应、现场处置和善后恢复等多个环节，参演人员包括应急预案中多个或全部应急人员和组织。综合演练通常持续几个小时，甚至更长时间。综合演练系统完整，更接近真实事件情景，形成一种压力环境，并激活预案中涉及的大部分应急资源和应急行动部门。同时，投入的人力、物力、财力最大。

（二）按演练形式划分

1. 桌面演练

桌面演练是利用地图、流程图、沙盘、视频会议和计算机模拟等辅助手段，针对事先假定的演练情景，讨论和推演应急决策及现场处置程序，促进相关人员掌握应急预案中的程序和职责，提高协同和指挥决策能力。桌面演练的主要特点是对演练情景进行口头推演，一般在室内完成。参演人员主要包括应急组织的代表和关键人员。事后采取口头评论形式收集参演人员的建议，形成书面报告，并对演练活动进行总结和评估。

桌面演练方法成本较低，比较容易操作和实施。缺点是不涉及具体应急行动，体验感不强。在实战演练之前，一般需要先通过桌面演练进行前期准备。

2. 实战演练

实战演练是指参演人员针对事先设定的突发事件情景及其后续发展情景，通过实际决策、操作和行动，完成真实应急响应的过程。实战演练能提高和检验相关人员临场发挥、应急处置、队伍调动和后勤保障等应急能力。实战演练需要调动真实的应急人员、物资和装备，以应急指挥中心为中心节点，调动下级应急指挥机构、应急救援队伍、应急保障机构、公众等开展现场演练，演练规模通常较大，成本较高。但实战演练最能够检验应急人员、应急技术、响应能力、应急装备的合理性、有效性和协调性。

（三）按演练目的和作用划分

1. 研究性演练

研究性演练是指为研究和解决突发事件应急处置的重点、难点问题，试验新技术、新方案、新装备而进行的演练。研究性演练一般基于一定的假设条件，设定突发事件情景，充分暴露难点问题，并对新方案进行试验和验证。

2. 示范性演练

示范性演练是指为向观摩人员提供示范教学或展示应急能力而开展的表演性演练。示范性演练需要根据观摩人员的类别、特点、水平等进行演练设计和实施。示范性演练注重教学培训，演练分为若干阶段，在阶段中间可中断演练进程，并进行更细致的讲解和分析。示范性演练是否成功，以观摩人员学习收获程度为评判依据。

3. 检验性演练

检验性演练是指为检验应急预案的可行性、应急机制的协调性、应急准备的充分性、相关人员的应急处置能力而组织的演练。检验性演练注重对应急能力的评估，无论是桌面演练还是实战演练，都需要制定检验细则，形成评估表单，以确保检验的可操作性。此外，还需要进行总结评估，并对评分较低的项目进行整改跟踪。

四、应急演练过程

应急演练是由多个组织共同参与的一系列行为和活动，其过程可分为演练规划、演练设计、演练准备、演练实施、演练评估与总结、应急演练的改进和善后六个阶段。

应急演练规划是指演练组织单位根据应急预案的规定与实际情况，对应急演练项目作出总体计划和基本构想。应急演练规划需要对演练的目标、范围、需求进行详细分析，并形成分析文本。应急演练规划是针对某一特定演练计划或一个中长期系列规划。

应急演练设计是指为演练设计演练脚本，勾画突发事件的初始情景和动态的事件清单，并根据演练脚本进行工作文件开发，包括给各参与方的各类表单和工作手册等。

应急演练准备是指根据演练脚本进行演练前的综合保障工作，包括人员、场地、经费、通信、物资、信息等保障。

应急演练实施包括演练导入、演练实施、演练结束和演练后初步总结等环节。

应急演练评估与总结是在全面分析演练记录基础上，对参演者表现、演练活动过程进行评估和反思，填写评估表单，并形成评估报告的过程。

应急演练的改进和善后是指召开应急演练总结会后，针对应急演练中暴露出的问题，明确改进计划并及时改进的过程，包括对预案、演练规划的修订，对应急装备的改进，对工作流程和组织机构的调整等。

思考与练习

1. 什么是风险？风险管理的一般流程是什么？

2. 地质灾害、火灾、洪涝灾害的预防工作分别需要侧重哪些方面？

3. 什么是应急预案？应急预案的编制流程是什么？

4. 突发事件具有难以预测的特点，那么为什么还要编制应急预案？针对突发事件难以预测的特点，需要如何编制应急预案？

5. 什么是应急演练？应急演练是如何分类的？

第五章 应急信息管理与预警

学习目标

通过本章的学习，应能够了解突发事件信息报告的基本要求、网络舆情的基本特征、监测预警的主要任务、应急管理信息系统的关键技术；理解信息报告的主要内容、网络舆情的演变路径，构建应急信息管理系统的基本要求；掌握信息报告和发布预警的基本流程、舆情应对的基本原则。

导读

人类防震史上第一个大地震临震预警的成功案例——海城大地震

1975年2月4日19时36分，辽宁海城发生7.3级地震。这次大地震的Ⅶ－Ⅸ度区，人口比较稠密（总人数834.8万），经济比较发达，但由于震前有预测、预报与预防，灾情大大减轻，震亡人数只占Ⅶ－Ⅸ度区人口总数的0.16‰，经济损失也减少了数十亿元。这是坚持以“预防为主”的地震工作方针，实行群众、专家、领导三结合所取得的重大成就，是人类防震史上第一个严格意义上的大地震临震预警案例，为地震科学史和防震减灾史书写了光辉篇章。

① 坚持不懈地预测。辽宁南部地区的地震预测，可以追溯到1970年年初。1974年6月，国务院以国发〔1974〕69号文件批转中国科学院《关于华北及渤海地区地震形势的报告》。报告指出：渤海北部地区一两年内可能发生5~6级地震。1974年11月25日，东北三省地震趋势会商会明确指出：营口、大连等地是近期发生破坏性地震危险性较大的地区，是今后工作的重点区域，需要立即采取措施，加强监视，做好充分准备。

② 果断发布临震通报。1975年2月4日凌晨，辽宁省地震办公室（简称省地办）业务组向省委各常委、省革命委员会、国家地震局上报

了第14期《地震情报》,《地震情报》明确提出：后面很可能发生较大的地震。2月4日上午，省革委会中止了常委扩大会议，专门商讨了防震问题。全体常委一致同意：马上公开发布临震预报；鞍山市、营口市的领导同志马上回去抓好防震工作；当天下午，由省地办在海城县召开海城、营口紧急防震会议。10时30分，省革委会召开电话会议，向各地、市及沈阳铁路局、锦州铁路局、东北电力管理局发布临震通报。

③ 千方百计预防震害。国发〔1974〕69号文下达后，省级地震部门采取各种形式，广泛宣传防震常识，以具体实例使群众知道防与不防的区别以及防的至关重要，直接关系着自身生命财产的安危。大震前，共发放地震知识图书、画册120多万册，放映地震科教电影5 900多场，利用广播宣传防震知识3 400多次，受众约1 400万人。1975年1月下旬，省革委会批转了《关于发生6级以上地震的应急方案》，要求各市、地参照执行。方案要点是：各地各级都要建立防震组织机构，或指派专人管理防震工作；广泛开展防震知识教育，进行防震训练，要达到家喻户晓，人人皆知；各市、县要组织落实抢险、救护、消防、运输、物资、治安等专门队伍，大震发生后要能立即投入救灾；对运送易燃、易爆、有毒物质的容器做全面检查和加固；各种要害部位，必须实行临震安全措施，准备好震时抢修材料，组织好抢修队伍；矿山要制定井下作业人员临震撤至地面的方案，井口值班人员要坚守岗位，震后能采取紧急措施，设法营救井下人员；对房屋抗震性能做一次普查，尤其是对医院、幼儿园、中小学校等要重点调查，做到心中有数，便于组织人员疏散；邮电部门任何时候都要保证通信畅通，机务、话务室要设防加固，保证话务员的安全；大中型水库做好抗震准备，临震及震后是否放水，必须请示省委决定；在人口稠密地点附近，凡储存有易燃、易爆、有毒物质的单位，要将各种危险品进行转移、分散或严加看管。这些应急方案，大震前得到了各地的认真贯彻执行。临震前，各地均层层布防。

④ 减灾效益史无前例。海城地震短临预报尝试是一次成功案例。效益一：避免了数万人震亡。海城7.3级地震震亡的1 328人中，多数是因畏惧严寒、不肯到室外避震的老、幼、病、残者，以及一些不相信会发生大地震的人，还有少数是没有听到临震通报的人，如果这些人都到室外避震，震亡人数还会减少。效益二：减少经济损失数十亿元。由于一些重要的工农业生产设备、危险的化工原料与产品，震前都被转移到了安全地点，大震后没有发生任何工业次生灾害，这项减灾效益十分巨大，但其价值难以估算。效益三：进一步提高了广大民众的防震减灾意识。不仅海城震区的民众，就连辽宁全省乃至全国民众也都相信震灾可以预防，防震确实能够减轻灾害。效益四：产生了广泛的国际影响。

日本、德国、美国等30多个国家以及联合国十年减灾委员会，先后派出百余位专家学者到海城震区考察，了解海城大震的预测、预报、预防经验，辽宁省地震局的研究员还应邀到联合国总部作了海城地震预测、预报、预防的专题报告。

资料来源：根据高继宗. 海城大地震的预测、预报、预防——纪念海城7.3级地震40周年[J]. 城市与减灾，2015（2）：6-8整理。

第一节
突发事件信息报告与管理

一、信息报告的概念

信息报告是指当突发事件发生或可能发生时，政府及其各有关部门在接到下级政府及其有关部门、专业机构、社会组织或公众的报告后，依据有关法律法规、突发事件分级标准及有关规定，及时、准确、客观地向上级党委、政府及有关部门报送事件信息，为突发事件的预防和处置提供信息支持和保障的工作过程。信息报告包括纵向信息报告（自下而上的信息报告）和横向信息通报（向相关部门通报）两个方面。除了突发事件信息报告工作以外，信息报告工作还包括应急管理常态工作信息报告工作，具体指各级政府及其有关部门在日常应急管理工作中，收集、分析、汇总有关工作进展情况、各种影响公共安全的重要信息以及国内外应对重大突发事件的做法、经验、教训等，并及时向上级政府及其有关部门报告的工作过程。其报告范围主要包括：应急管理组织体系建设、应急预案制定与演练、应急信息系统建设、宣教动员活动开展情况、指挥技术支撑体系建设、突发事件风险评估、隐患排查等。在本节中，有关信息报告机制的内容主要围绕突发事件信息报告而展开。

信息报告是应急管理的基础性工作，贯穿应急管理的全过程，是及时妥善处置各类突发事件的前提，直接体现和反映应急管理工作的能力和水平。建立健全信息报告机制，提高信息报告工作的规范化、程序化、制度化水平，对于及时掌握情况，科学决策，有效开展应对工作，具有重要意义。

二、信息报告的目标和原则

信息报告的目标，是依法建立健全信息报告和共享制度，重视社会舆情，不断拓宽信息报告渠道，规范突发事件信息报送和处置程序，做好信息汇总和研判工作；健全综合应急管理机构与专项应急管理机构的会商通报机制，加强部门、区域和条块之间的信息交流与共享，做好信息汇总和研判分析工作，提高信息报告的及时性和准确性。

突发事件往往出人意料，短时间内对社会产生巨大的冲击和震撼。坚持正确的信息披露原则，主动、及时、真实、准确地披露事件信息，不仅体现对民生的关切程度和对人民知情权的尊重，而且能促进解决问题，化解危机，稳定社会。信息报告必须遵循以下五条原则：① 即到即报、客观真实，即信息报告内容要力求准确、真实、客观地反映突发事件情况；② 要素齐全、体例规范，即信息报送要按照相关规范与要求全面地反映突发事件应对和常态应急管理工作；③ 跟踪反馈、随时续报，突发事件发生、发展和控制过程中的信息报告要随时更新，层次分明；④ 强化研判、深入分析，信息报告工作要对事件的原因、性质、影响和后果等进行深入分析，以便于科学决策；⑤ 政治敏感、过程保密，即要注意处理好突发事件信息公开和保密间的关系，慎重对待、特事特办。

三、信息报告的内容和分级

（一）信息报告内容的分类

不同类型的突发事件应根据其特点进一步分解为不同的要素指标（见表5-1）。细分的意义在于：一方面，针对不同类型的突发事件，选择其关键信息进行报送，有利于上级政府和有关部门在第一时间全面掌握事件的关键信息并采取相应的应急措施；另一方面，针对不同类型的突发事件，选择正确的报送对象和合适的报送范围，提高信息报送效率，有利于事件所涉及的部门及时、有效地获取信息并展开系统应急管理工作。

表5-1 各级突发事件信息报告的要素指标分解

突发事件类型	具体内容	级别	时间	地点	转移人口	受灾面积	经济损失	死亡人数	受伤人数	概况	措施
自然灾害	水旱灾害	√	√	√	√	√	√	√	√	√	√
	气象灾害	√	√	√	√	√	√	√	√	√	√
	地震灾害	√	√	√	√					√	√
	地质灾害	√	√	√				√	√	√	√
	野外火灾	√	√	√	√	√	燃烧时间	√	√	√	√
	海洋灾害	√	√	√				√	√	√	√
	生物灾害	√	√	√		√	√	√	√	√	√
事故灾难	安全事故	√	√	√	√			√	√	√	√
	环境污染	√	√	√	√			√	√	√	√
公共卫生	卫生事件	√	√	√				√	中毒	√	√
	动物疫情	√	√	√	免疫		√			√	√

续表

突发事件类型	具体内容	级别	时间	地点	转移人口	受灾面积	经济损失	死亡人数	受伤人数	概况	措施
社会安全	群体性事件	√	√	√	参与群体					√	√
	金融事件	√	√	√			√			√	√
	涉外突发事件	√	√	√				√	√	√	√
	市场稳定事件	√	√	√			√			√	√
	恐怖袭击	√	√	√	√			√	√	√	√
	刑事案件	√	√	√		性质	原因	√	√	√	√

注："√"表示对每一类突发事件信息报告所需要的要素；文字则为其细化对应的内容。

（二）信息报告内容的分级

对不同类别的突发事件按照性质、严重程度、可控性和影响范围等因素，分为Ⅳ级（一般）、Ⅲ级（较大）、Ⅱ级（重大）和Ⅰ级（特别重大）四个等级。一般（Ⅳ级）突发事件，表示其影响局限在社区和基层范围之内，可被县（区）级政府所控制；较大（Ⅲ级）突发事件，表示后果严重，影响范围大，发生在一个县（区）以内或是波及两个县（区）及以上，超出县（区）级政府应对能力，需要动用市级政府和有关部门力量方可控制；重大（Ⅱ级）突发事件，表示其规模大，后果特别严重，发生在一个地市以内或是波及两个地市以上，需要动用省级政府和有关部门力量方可控制；特别严重（Ⅰ级）突发事件，表示其规模极大，后果极其严重，其影响超出本省范围，需要动用全省的力量，甚至请求中央政府增援和协助方可控制，其应急处置工作由发生地省级政府统一领导和协调，超出地方处理能力范围或者影响全国的，由国务院统一领导和协调应急处置工作。

在实际工作中，为了使上级较全面了解各方面信息，一般要求信息报送的级别要在处置级别基础上延伸一级。比如，特别重大事故是由国务院负责，但重大事故信息也要报告国务院，见表5-2所示。

表5-2　事件级别与报送级别关系

报送级别	事件级别			
	特别重大	重大	较大	一般
国家级	√	√		
省级	√	√	√	
市级	√	√	√	√

四、信息报送的工作内容

（一）社会舆情汇总与研判

建立突发事件情况下社会信息共享机制，明确突发事件社会舆情收集的内容，舆情收集、分析的程序和上报形式，及时掌握社会舆情动态，探索舆情的产生和变化规律，加强“敏感点”发现、“热点”预警、“爆发点”掌控，维护社会稳定。各级应急管理机构要加强舆情汇集和分析机制建设，拓宽信息来源渠道，通过设置新闻热线、开辟政府网站专栏、建立手机短信平台等多种形式，畅通社情民意反映渠道，加大对可能引发不稳定因素的各种信息源的收集分析力度，对一些苗头性、倾向性问题做到早发现、早研判、早报告、早处置、早解决。要建立横向到边、纵向到底的基层专职或兼职舆情信息员队伍，把触角伸向农村、企业、学校、社区等基层单位，伸向新兴群体、新兴组织、新兴媒体等社会群体。推广应用新技术，建设以人工智能处理技术为手段的舆情预警辅助决策支持系统，加强对互联网、手机短信等新型传媒渠道的信息收集和分析。

（二）纵向信息报告工作

规范应急管理日常工作信息报告和突发事件信息报告程序，对信息报告范围、报告时限、报告要素、续报和终报、事件处置过程中的信息联络、事件的整体评估、事件信息的统一上报和发布、事件信息报告的责任主体、事件信息报告的通报和责任追究、事件信息日报制度等进行科学、明确的规定，全面了解和掌握应急管理工作进展情况。拓宽信息报告渠道，注重发挥新闻媒体的作用，加大预警信息收集、报送力度，建立开放的信息报告平台，在基层单位设立信息报告员，建立风险隐患报告激励机制。建立灾害现场与救援指挥后方之间信息实时传递和交互机制，实现巨灾抢险救援过程中现场救援队与后方信息保障中心之间海量信息交互，使得现场所收集和统计分析后的信息及时报送后方供决策参考使用。

（三）横向信息通报工作

建立覆盖各地区、各部门的综合信息共享平台，整合应急信息资源，加强跨部门的信息共享与业务协同，完善综合应急管理机构与公安、交警、消防、急救等专项应急机构的会商通报机制，实现突发事件信息在各地区、各部门之间的共享共通。建立军地信息共享机制，加强与驻地部队和武警部队的沟通与联系，积极开展网络信息交流，强化现代信息技术设施的建设，实现军地之间的网络对接，通过网络、电话、传真等方式传输信息。加强与其他国家和有关区域性组织、国际性组织之间的突发事件信息通报。加强信息共享支撑体系建设，实现不同地区和部门之间组织、资源、信息的有机整合。建立信息共享协调机制，重点建设基础信息共享平台和共享的应急基础数据库。

（四）干部考核

突发事件处置结束后，还应对所有接报事件进行二次挖掘。对相关指标进行分析，总结规律，这既应包括对报送工作的规律总结，也应包括对事件规律的客观总结。特别是通过对报送工作的总结，不断修正信息报告机制。

一些地方和组织在突发事件信息报告过程中出现虚报、瞒报、相互推诿扯皮的问题，除了法律法规本身对于有关责任者的惩罚不到位或流于形式外，还与干部考核制度有关系。首先要明确的是，中央政府的信息报告机制不以问责为目的，而是鼓励各地区、各部门以及社会力量将相关信息及时、有效、准确地报送上来，辅助应急决策。建立高效的评估机制可以有效引导报送单位，将该报的信息及时上报，不该报的信息不报，始终保持工作的主动性。所以，要改进干部考核制度，鼓励报告突发事件的各种信息，严惩隐瞒突发事件信息的行为，这样才能有利于预测与防范危机。同时，抓紧制定并落实值班岗位津贴制度、值班轮休制度和学习培训制度，努力营造爱岗敬业、精诚合作、相互关爱、积极进取的值班文化氛围。

第二节 应急网络舆情监测与管理

一、应急网络舆情的基本概念与特点

（一）网络舆情的基本概念

网络舆情是指在一定的社会空间内，通过网络围绕中介性社会事件的发生、发展和变化，民众对公共问题和社会管理者产生和持有的社会政治态度、信念和价值观。它是较多民众关于社会中各种现象、问题所表达的信念、态度、意见和情绪等表现的总和。网络舆情形成迅速，对社会影响巨大。随着互联网在全球范围内飞速发展，网络已成为反映社会舆情的主要载体之一。

网络舆情就是社会舆情的镜像，本质上也是社会系统的一种互联网镜像。网络舆情是社会不同领域在网络上的不同表现。因此，按照不同的标准，可以从不同角度对网络舆情的类型作出不同的划分。

1. 按涉事主体划分

网络舆情可分为涉机构舆情与涉个人舆情。涉机构舆情又可分为政府舆情、企业舆情、社会组织舆情等，涉个人舆情可分为公共人物舆情、一般民众舆情。

2. 按社会类别划分

网络舆情可分为政治舆情、经济舆情、文化舆情、社会舆情、生态环境舆情等。

3. 按事件发生范围划分

网络舆情可划分为国际舆情和国内舆情。国内舆情又可分为全国性舆情和区域性舆情。

4. 按事件发生领域划分

网络舆情可分为公共舆情和专业舆情。一般公共性事件可以说是公共舆情，而一些只涉及特定范围和领域的舆情，比如学术不端、医患关系、优抚安置等，则属于专业舆情。这两者的划分是相对的，如果专业舆情牵涉面广、影响大，就可能转化为公共舆情。

5. 按事件评价性质划分

网络舆情可划分为正面舆情和负面舆情。正面舆情以对事件的积极肯定评价为主，负面舆情以对事件消极负面评价为主。通常的舆情则是以负面舆情为主，而舆情应对主要说的也是应对负面舆情。

6. 按紧急程度划分

网络舆情可划分为常规性网络舆情和应急网络舆情。两者区别在于网民群体在信息发布和传播过程中是否发生了集群行为、群体极化和涌现现象。不加特殊区别的话，网络舆情一般等同于应急网络舆情。应急网络舆情根据诱因又可分为突发事件网络舆情和网络热点事件（或网络群体性事件）。突发事件网络舆情的诱因是自然物理领域的突发事件映射和传播到虚拟网络空间中，网络热点事件（或网络群体性事件）的诱因是网民群体基于利益或情感的目标诉求。

（二）网络舆情的特点

1. 身份的相对隐匿性

网络世界通常被等同于虚拟世界，人们发布信息、表达情绪并不需要交代自己的真实身份，其姓名、地址、电话号码、性别、年龄、职业等均可以达到不同程度的隐匿，甚至可以虚构各种与实际情况千差万别的身份。网络世界的这种相对虚拟性以及网络舆情参与主体身份的相对隐匿性，使得对网络舆情的分析与应用面临着一定的挑战，同时又具有广阔的价值空间。如何通过提升信息分析能力来实现对海量匿名信息的价值转换，是网络舆情监测与分析的关键应用点。

2. 内容的广泛性

网络舆情的广泛性既指参与人员的广泛性，即网络舆情的参与主体涵盖各行各业、各社会阶层、各地域民众、各年龄阶段，任何人都可以通过网络来实现舆情的表达、传播。同时，这种广泛性也指内容上的广泛性，即其所涉及的问题、事件、现象可谓包罗万象；其信息质量则既有客观、真实的，也有虚假、消极的，既有正能量的弘扬，也有反动情绪的渗透；其表现形态除传统的文字形式外，图片、音频、视频甚至多模态信息融合形式等也大量出现。网络舆情的广泛参与性、广泛相关性，使得原本在现实生活中具有“内隐性”的公众内心活动开始在网络上“外显”出来，从而使得对网络舆情的监测与应用成为一种可能。

3. 传播的迅捷性

网络舆情相对于口耳相传的传统社会舆情传播模式是一种革命性的转变，尤其是随着社交类网络媒体类型的出现，舆情的传播模式开始从传统的口耳相传的线性模式发展到压缩时空距离的扁平式传播模式，再到社交媒体时代裂变式的传播模式，使得网络舆情表现出即时发布、迅猛扩散、突发影响的迅捷性特点。网络舆情传播的迅捷性使得网络舆情事件的暴发更加难以预料，给网络舆情的监测与应用提出了越来越大的挑战。

4. 影响的交互性

与传统媒体单向的信息传播通道相比，网络传播的另一个显著特点在于其双向交互式的信息传播通道，由此形成的网络舆情是一种“形成→传播→影响→反馈→再形成→……”的循环交互模式的产物。从对网络舆情的应用来看，这种交互式的影响主要体现在三个方面：一是舆情主客体之间的互动，即舆情主体针对舆情客体发表看法和态度，而舆情客体则通过接收、分析、应对这些看法或态度来推动自身的发展，获得自身的利益；二是网民与媒体之间的互动，即网民通过媒体获取信息并产生和发表看法、态度而成为网络舆情主体，媒体又由此来决定进一步的信息运转模式；三是网民之间互动，即网民与网民之间告知与被告知、说服与被说服、影响与被影响对网络舆情的产生和传播有着重要的影响。

5. 情绪释放的自由性

由于网络舆情具有隐匿性、广泛性、迅捷性、交互性等方面的特征，使其在情绪的释放上更具自由度，更易被激发。这种情绪释放体现在网络舆情中呈现出悖逆式、破坏式宣泄的非理性倾向，具体则指：因对社会不满而常以反传统、反主流、反权威的价值立场示人，对政府的政策、官方的言论、社会的精英、富裕的人群统统持怀疑和排斥的态度，多通过发表带有攻击性、煽动性和侮辱性的言论来恶意损害他人的人身、财产等权益。此外，非理性倾向有时还表现为娱乐化，即以一种讽刺、幽默、游戏的视角来看待所谓的传统和经典。与非理性情绪占据网络舆情上风相并行的是网络舆情的群体极化性，即指某种初期的认知倾向经由群体间成员商议之后，将朝既有偏向的方向继续移动，最后形成极端的观点。网络舆情的非理性情绪与群体极化性，是构建健康的网络环境的重要影响因素，是在网络舆情处置应对中需要始终重视的一个主要问题。

6. 管理的复杂性

网络舆情管理的复杂性，是指网络舆情既是可控制的，又是难以控制的。网络舆情看似洪水猛兽、自由散漫，但它亦是遵循一定发展规律的。因而，网络舆情是可以被引导和有效控制的。这种可控性，一方面是网络舆情自身发生发展中蕴藏的内在的政治和经济的控制；另一方面则是人们通过研究网络舆情的自身特性和使用各种信息技术手段对网络舆情引导或控制。然而，控制又是十分有限的，一方面舆情属于意识和思想范畴，意识和思想是最难被控制的。另一方面作为舆情传播载体的网络具有高自由度、跨时空界限、快速即时和身份隐匿等传播优势，使得网络舆情的传播速度总是超过我们对网络舆情的捕获速度。因此，网络舆情的难控性说明了网络舆情的监测与处置的必要性和挑战性。

（三）网民心理特征情况

1. 固有心态

固有心态是指根据内心既定的认知框架对信息进行主观分类判断，对符合自己已有认知的信息选择接受、强化认知，而对不符合认知的信息选择排除。在网民群体中，这些固有心态主要体现在对强弱势群体的硬性划分以及由此产生的扶弱抑强的罗宾汉情结等。实际上，这种出于成见而对事件进行“粗暴”定位并形成舆情偏见的情况，在网民群体中并不少见。这种成见导致的偏见以及极易被恶性势力掌控、误导、煽动的可能性，就是导致网络世界群体极化、情绪非理性化趋势的重要因素之一。

2. 从众围观

从众是网民心理的一个典型特征。所谓从众，是指个体由于受到周围人群行为的影响，在知觉、判断、认识上表现出符合舆论或多数人行为方式的一种心理。以往的研究表明，在群体中，只有很少的人能够保持或已经保持了独立性，因而从众心理是大部分个体普遍具有的心理特征。在网络世界，这一特征表现得尤为突出。尤其是在网络世界中，大部分网民只能实现“偶遇”式的信息获取与吸收，即来不及思考就被新的信息所覆盖，来不及下结论就被已有的主流结论所淹没。

3. 渴求真相

在快餐式、碎片化的信息消费模式下，网民每天所接触到的奇闻和异事等层出不穷，而这些类型的信息则恰好激起了网民探究真相的热情。对新鲜事物充满好奇，希望打破砂锅一探究竟，是每个人自然产生的、普遍具有的心理活动。网络媒体推陈出新、挖头条、爆内幕等正好迎合了人们的这一心理。尤其是对于一些社会热点事件，网民探求真相的心理表现得尤为突出，他们关注事件的起因，时刻注意跟进事件的调查进展，更对事件最终是否有处理、有问责，问责是否到位、处理是否公正等表现出高度的热情。

（四）网络舆情的形成与演变机制

网络舆情若产生集聚化、显性化等演变，则会转化成网络舆论，后者是前者最集中、最强烈、最显性的体现。因此，了解和掌握网络舆情向网络舆论的演变进程及规律，是深入认识网络舆情的重要途径。一般认为，网络舆情的演变遵循“事件发生→网络爆料→网络媒体跟进→网络热炒→形成舆论压力→相关客体处置应对（或政府部门介入）→事态平息”的路径，对应至演变进程则为“形成期→爆发期→高峰期（→反复期）→消退期”的过程，从而导致两种网络舆情演变形态：一种称为消解型网络舆情演变形态，另一种称为螺旋型网络舆情演变形态。而从事件演变的时量特征来看，网络舆情的演变可以分为两种模式：一种是渐进模式，即指向某种矛盾的舆情在暗暗地滋生和积累，经历了从无到有、从弱到强、从隐匿到公开的过程，最终可能会以某一公共事务或现象为导火索而暴发出来；另一种是突发模式，即积聚已久的深层次矛盾在偶然因素的刺激下迅速暴发，事先并未有明显征兆，有时甚至参与人都未预想到。无论是渐进模式还是突发模式，对于舆情工作者来说，掌握社会矛盾构成及其内在的“暗流涌动”是关键，而提升对各种危险的偶然信息的及时发现和准确预判，则是预防和处置突发性舆情事件的又一重要条件。

二、网络舆情信息的收集与监测

（一）网络舆情信息的收集原则

网络舆情的信息收集，即以舆情监测选题为牵引，通过各种渠道广泛查找、获取、存储舆情信息的过程。作为网络舆情监测的基础性环节，它主要涉及从哪里收集、收集什么、怎么收集等问题。茫茫的网络信息海洋中充斥着各式各样的舆情言论，真假混杂、新旧交替，在开展网络舆情信息收集的过程中，应遵循以下三条原则：① 快速反应，即舆情工作启动要快，效率要高，在短时间内实施收集和采集任务；② 准确获取，即开展舆情信息收集工作时，必须重视所采集信息的准确性；③ 广泛覆盖，即舆情信息的收集应注重样本的丰富性和信息来源的广泛性。

（二）网络舆情信息的收集渠道

为了能尽快收集到尽可能多、尽可能全的与选题相关的信息，需要使用各种搜索引擎工具。根据收集范围不同，在人工网络舆情信息采集中常用到的搜索工具主要包括综合搜索、站内搜索与元搜索。

综合搜索所收集的信息来自各种渠道，包含各种类别。这类搜索引擎通过网络爬虫等程序对一定IP地址范围内的网站进行信息抓取（主要是文字信息），并通过建立索引的方式将这些信息存入数据库中。这种广泛、全文式的搜索，能在更大程度上保障舆情信息汇集的全面性，受到舆情工作者们的青睐。

站内搜索，顾名思义，指的是仅对本站信息进行检索。我国现有的各大门户网站、论坛、视频网站等均提供站内搜索。对于这种搜索方式，除掌握一定的搜索技巧外，更重要的工作是挖掘一些有价值的网站或论坛平台。这既需要舆情工作者本身对各大网络媒体平台的特点、特色有较全面的了解，更需要他们在舆情监测实践中不断积累经验，挖掘可供长期追踪、有价值的网站。

元搜索引擎又称多搜索引擎，通过一个统一的用户界面帮助用户在多个搜索引擎中选择和利用合适的（甚至是同时利用若干个）搜索引擎来实现检索操作，是对分布于网络的多种检索工具的全局控制机制。国外元搜索引擎有 Infospace、Dogpile、Vivisimo 等，中文元搜索引擎中具代表性的有Jopee搜索。

（三）网络舆情信息的预处理

在网络舆情管理过程中，收集到的信息最终均须经过一定的预处理才能应用于后续的分析和研判。这些预处理工作主要包括筛选、分类、汇总。

1. 网络舆情信息筛选

网络舆情信息筛选工作：一方面包括遵循网络舆情信息收集原则进行再度筛查，看是否有过时、不相关情况；另一方面采集过程中关键词的设定以及搜索范围的设定，可能导致文不对题、重复采集、歧义采集等情况，这些内容均应进行删除处理。

2. 网络舆情信息分类

若是同时针对多个网络舆情选题开展信息收集，则需在预处理阶段对所采集到的舆情信息按照主题（选题）进行分类存储，以便开展专题分析。此外，若是针对单个选题开展信息收集，则根据分析需求可进行各种次分类整理，如按照信息源分类、按时间段分类、按地域分类等，以便进行分类统计与分析。

3. 网络舆情信息汇总

网络舆情信息汇总即把经过初步筛选和分类的信息进行存储和归档。根据后续舆情分析的需求，这些舆情信息通常以txt的格式储存，此外还包括对所存储的信息进行适当的标签设置，所设置的标签越细致、具体，越方便检索和归档管理。

三、网络舆情的分析研判

（一）网络舆情的初步判别

初步判别是网络舆情分析研判工作的第一个环节，主要是由网络舆情分析人员对刚刚接触到的网络舆情信息进行最初的鉴别、判断和选择，并决定下一步该如何处置。一个完整而灵敏的舆情监控工作体系不仅是网络舆情采集的生命线，也是舆情分析的重要依托。处在最前端的舆情工作者，每天都面对大量纷繁复杂的网络信息，到底哪条信息是舆情、舆情信息是否真实，舆情信息价值如何、时效性如何、该归入哪一类别等问题都要进行初步的分析和选择。网络舆情信息的初步判别看似简单，实则涉及的问题较多。它是网络舆情分析的第一道关卡，是网络舆情工作的基础，若网络舆情初步判别出现错误，将直接影响网络舆情的整体工作。

网络舆情初步判别的主要任务包括相关性判别、真伪判别、分类判别，经过初步判别后所获得的网络舆情信息被称为有用、可靠、有序的信息。

（二）网络舆情的数据分析

网络舆情分析的对象具有多元化、多变性的特点，许多问题仅靠经验和观察是无法实现全面、清晰辨识的。尽管初步判别环节已进行了初步的筛选和过滤，但留存下来的原生态信息规律性并不凸显。因此，网络舆情数据分析阶段就是要通过对主要元素的统计与分析，把握舆情形成演变的潜在规律，并以更为简洁、直观的形式呈现网络舆情的整体态势。所谓数据分析，指用适当的统计分析方法进行分析，以求最大化地挖掘数据的价值，发挥数据的作用。通常，在开展数据统计与分析之前，需要将所要分析的网络舆情信息按照“属性—值”的模式进行归纳。所谓“属性”，是指描述一条舆情信息的各种特征，如标题、作者、网络载体、舆情倾向、发表时间、点击率、转载率、回复率、信息来源以及其他舆情分析人员希望了解或预计要分析的要素。而所谓“值”，则对应于上述属性的具体情况。随后即可针对各要素开展相应的统计分析，具体的工作包括明确分析对象及分析的目的，实施数量统计并绘制相关图表，对所得的统计分析结果作出合理的解释和分析三个方面。

（三）网络舆情的深度分析

网络舆情的深度分析指对经过预判、整理后的舆情信息进行更为深入、全面的专业分析与梳理，并最终提出对策建议。通常，深度分析需建立在对当前社会形态、网民心理特征、网络传播机制等多种情况的综合运用之上。与初步鉴别不同，深度分析通常由专业人士来做，包括专业舆情信息工作人员和其他部门的舆情分析专家、学者。以下仅列举两种较为常用的趋势预测方法。

1. 贝叶斯分析法

贝叶斯分析法就是将数学中的贝叶斯定理应用到舆情分析中，用于对某一事件未来发展趋势的预测。采用贝叶斯分析法不仅可以较为精确地估算出各种假设发生的概率，同时也有利于把大量零散信息通过概率估算融合成高质量的分析结论，从而为用户提供重要的决策依据。贝叶斯分析的基本操作步骤包括：建立假设群$\{H\}$；估算初始概率$P_0(H)$；建立证据列表$\{E\}_i$；估计似然比PR；计算后验概率$P(H_i|E_i)$；持续监控。

2. 回归分析法

回归分析法是通过研究两个或两个以上变量之间的相关性对未来进行预测的一种统计方法，使不确定的现象通过量的具体描述变得相对明确。从数学角度来看，类似“圆的面积＝半径的平方×π”描述的是半径和面积这两个变量的一种确定性关系。然而在舆情分析过程中，很多变量之间并不构成这种明确的函数关系，而仅是一种相关关系，这种相关性关系就需要使用回归法进行分析。

四、应急网络舆情的处置与应对

（一）总体原则

网络舆情处置的一切工作重心都应以实效为落脚点，不能只讲技巧，而不求现实中真正解决。现实是第一性的，任何网络舆情事件的处置应对最终都应落脚在现实矛盾、现实问题的解决上，这是网络舆情处置应对的根本性原则。网络舆情应对的一般性建议如下：第一，及时收集和准确研判网络舆情；第二，第一时间发出权威声音，抢夺舆论主动权；第三，相关领导应亲临现场恢复秩序，稳定情绪；第四，防止社会问题政治化，切忌滥用警力；第五，多部门联动处理突发事件，加强网络舆情应对的动态反应能力；第六，及时进行责任切割，严格做好行政问责，平民怨，顺民意；第七，合理运用网络技巧，维护、修复政府公信力。

（二）处置应对策略

对于政务网络舆情问题的处置应对，主要从以下几方面入手。

1. 响应及时

随着网络舆情影响力的提升，民众越来越重视通过网络渠道来表达诉求、不满或抗议，因而对有关部门及时回应上述诉求或情绪的要求也不断提高。及时响应便成为衡量网络舆情处置应对效果的一个基本因素。自网络舆情诞生以来，由于处置应对不及时而演变为网络舆情危机的并不少见。诸如“LG翻新事件”等，均是对网络舆情影响力评估不到位或企图通过“捂盖子”的方法“息事宁人”，而导致响应不及时。“快速反应、及时出击”才能把握住舆情处置的黄金时间，及时有效地使事态处在可掌握中，争取更多的时间与空间，化被动为主动，从而化解矛盾、解决问题，避免小事闹大、大事闹炸的危机局面。

2. 态度诚恳

态度诚恳是指在网络舆情事件的处置应对中，应尽可能地站在利益相关方、利益受损方或广大网民的立场，切实感受民众的所需、所求、所拒，切忌采用蒙混过关、混淆视听、转移话题、遮遮掩掩甚至控制打压等做法，这样只能导致舆情火势更为凶猛。态度诚恳既包括设身处地为民众着想，还包括当事故发生后敢于面对事实、承认过错。

3. 级别恰当

网络舆情处置应对中的响应层级主要指回应人的行政级别。网络舆情事件的严重性不同，则网民对响应层级的期许也不同。一方面，要求响应层级适当并不代表响应的级别越高越好。若试图通过更高级别的介入来表明相关部门对事态的重视程度，反而会使原本带有浓重娱乐、调侃色彩的事件变得严肃且严重，效果将适得其反。另一方面，要求响应层级适当，也并非是任何与该舆情事件有关的部门或人员均需要作出回应。过多部门作出回应反而导致网民关注度持续升高。

4. 信息充足

信息是贯穿网络舆情形成、发展、消退的关键因素，而信息充足作为重要的舆情应对指标，是平息网络舆情危机的最有效措施。信息充足指网络舆情处置应对部门对事件的背景、现状、原因以及处理情况等给予及时、准确的公布。信息充足一方面体现在信息的量上，另一方面则体现在信息的质上。切实做到信息充足，不仅可以帮助政府机关迅速取得舆论的话语权，及时树立阳光、负责的公众形象，还能有效防止网络上各种不利的猜测、质疑和炒作，最大化地压缩流言形成和大肆传播的空间，最终有效化解社会恐慌和平息舆情危机。

5. 网络技巧

网络技巧指党政机构、企业或个人积极、主动、及时和熟练地运用官方网站、媒体网站、网民留言板等新媒体手段，进行信息发布和意见沟通等舆情应对。一方面，应熟悉网络宣传规律、互联网技术和网络舆论引导的技巧，积极开展网络问政，通过建立健全网络问政机制来更好地倾听民意，疏导民怨，化解矛盾。另一方面，应熟练掌握网络语言技巧，善于理解网民的用语用词，避免使用“假、大、空”的官话、套话，尽可能地使用平和、平民化的语言，以拉近与网民之间的距离。

第三节 突发事件监测与预警

一、监测的定义与作用

广义的监测是对潜在风险、危险源、危险区域等进行实时跟踪，获取相关信息后及时报送、处理并发出预警的整个流程。狭义的监测是指以科学的方法，收集重大危险源、危险区域、关键基础设施和重要防护目标等的空间分布、运行状况以及社会安全形势等有关信息，对可能引起突发事件的各种因素进行严密的监测，收集有关风险和突发事件的资料，及时掌握风险和突发事件变化的第一手信息，为科学预警和及时采取有效措施提供重要的信息基础。监测是一项从源头上治理危害的保障工作。简言之，监测通过对某些可能引发不利事件的风险源进行观察和测量，预防不利事件的发生，是一个实时的动态过程。监测机制是指以监测活动为中心构建的工作机制。

监测是开展风险评估的基础，通过对风险源的安全状况进行实时监测，尤其是对那些可能使风险源的安全状态向非正常状态转化的各种参数的监测，快速采集信息，为灾害的预测预警提供条件。监测也包括监测事态变化过程，为应急处置方案的不断调整提供依据。概括起来，在突发事件应急管理的事前、事发、事中和事后四个阶段，监测都可以发挥重要作用。对危险源进行监测，及时了解危险源的安全状态。一般情况下，危险源在可控制的范围内是相对安全的，一旦条件发生变化，其状态超出了可控制的范围，则进入不安全状态。因此，通过风险监测方法可以实时监测风险源的安全状态，并通过一定的计算方法发出预警信息，为突发事件的预测预警提供决策依据。监测监控对于危险源的控制至关重要。突发事件发生后，通过实时监测，及时获取应急处置方案的实施效果。如果启动的应急决策方案尚未实现预期的目标，可根据监测的结果调整应急方案，并及时启动新的应急决策方案，因此实时监测监控为应急方案的不断调整提供了决策支持，为事后的评价分析提供了参考依据。监测将直接影响突发事件处理的速度和进程，并影响政府对应急处置工作的决策和公众对政府形象的评价。

二、监测的目标与原则

（一）监测的目标

监测的目标，是加强对各类突发事件发生、发展及衍生规律的掌控和研究。突发事件的监测首先就需要确定监测的目标和对象，对重大危险源、关键基础设施、重点防护目标进行实时监测，以获得这些单位、设施、目标的重要基础数据，如空间信息数据、固定的基本属性等。通过对空间信息数据的采集，可以为隐患分析和风险评估提供科学的依据。物理、化学、生物、信息等学科的不断发展，为突发事件的监测提供了先进的科学技术手段，如遥感技术、GPS定位技术、毒气监测技术、生物探测技术、信息监测技术等，上述技术与手段在风险监测中发挥了重要作用。重点防护目标应包含国家重要部门、国家骨干线路、能源储备库、核设施、航天基地、重要交通枢纽、国家重点工程，以及党政军机关要地、部队驻地、城市经济中心、电台、电视台等重点部门和重点单位，地铁、地下商场、人防工程等重要地下设施，以及供水、供电、供气、供热等生命线工程设施，主要有毒有害污染物生产或仓储地，城区易积水交通干道及危房、稠密居民区等，特别是与经济社会密切相关的场所，如金融机构、银行、商场、重要厂房等，在突发事件中都是重点防护目标。在社会安全事件中，对恐怖势力和社情、舆情等也必须加强监测监控，以确保社会的安全稳定。

（二）监测原则

加强突发事件监测机制建设，需要遵循以下工作原则：一是依法监测原则。要依据突发事件监测相关的法律、法规、规章开展监测工作。二是客观、公正原则。不断完善监测标准，如实、客观记录风险隐患情况，进行比较分析，真实反映突发事件趋势状况。三是重点监测原则。由于影响突发事件的因素繁多，因此，实际工作时应当主要对那些危害大、出现频率高的风险隐患实行优先重点监测。四是信息保密原则。对属于保密信息的监测数据，监测机构及其工作人员不得擅自泄露。五是专业监测与社会监测相结合原则。在重视基于科学基础的专业监测的同时，重视广大群众在风险监测中发挥的重要作用，构建全方位、立体式的监测体系。六是加强网络舆情监测原则。随着互联网特别是移动互联网的发展，社会治理模式正在从单向管理转向双向互动，从线下转向线上、线下融合，从单纯的政府监管向更加注重社会协同治理转变。

三、监测的机制

（一）构建突发事件监测网络

突发事件监测网络，包括各种类型突发事件的专业监测网络以及综合性的监测网络。根据自然灾害、事故灾难、公共卫生事件和社会安全事件的种类和特点，建立健全基础信息数据库，完善监测网络，划分监测区域，确定监测点，明确监测项目，加大监测设施、设备建设，配备专职或者兼职的监测人员，对可能发生的突发事件进行监测。

（二）完善突发事件监控系统

对危险源、危险区域采用实时监控系统和危险品跨区域流动监控系统。运用现代安全管理理论和现代科技手段，通过重大危险源、危险区域现场实时监测与视频监控系统以及危险品跨区域流动监控系统，对重大危险源、危险区域进行实时监控或远程监视、预警和控制，维护重大危险源和危险区域、关键基础设施和重点防护目标的数据，预防重大事故的发生，确保重大危险源、危险区域的安全运行。

（三）健全突发事件信息监测制度

加强应急值守，把加强应急值守作为常态和非常态工作的基础和保障。严格执行24小时值班制度和领导带班制度；明确领导带班职责和相应的考核奖惩办法；选调政治敏锐、责任心强、熟悉业务的人员充实到值班工作岗位上去；严格岗位责任制，值班领导和值班人员要恪尽职守，认真履行职责，做到不脱岗、不漏岗，确保值班的连续性、有效性，实现突发事件的快速应对。

（四）推进信息报告员队伍建设

各信息报告责任主体要指定专门信息报告员，负责应急管理有关信息的收集、整理、汇总、汇报；充分利用互联网、报刊等媒体信息资源优势，不断加强和完善社区、乡村、学校、企业等基层单位的专职或兼职信息报告员制度，扩大信息来源。每年组织信息报告员轮训，建立信息报告员培训机制，普及应急管理知识，提高信息报告质量。

四、监测的方法

监测的方法主要包括传统的群众监测方法和依靠科学技术的专业监测方法。传统的群众监测是一种发动广大群众，特别是受到威胁的个体或集体，采用简单设备通过观测直接参与潜在突发事件监测的监测方法。例如，发动当地群众报告崩塌滑坡地区出现的各种细微变化，通过定期的目测监测和简易的观测发现潜在地质灾害风险，及时进行防范，避免发生重大损失。目前，在许多地质灾害多发的农村，数万名兼职信息员第一时间发出灾害信息，为保障人民生命财产安全作出了重要贡献。

专业的监测方法是指利用3S（遥感技术RS、地理信息系统GIS和全球定位系统GPS）、视频、无线电、卫星等监测方法，对潜在风险进行测量和监控。在实际监测工作中，要注重专业监测与传统监测相结合，构建由各级政府、相关主管部门、专业机构、监测网点以及基层部门等构成的综合监测体系，通过多种途径及时、全面、准确地收集突发事件信息。

五、预警的定义与作用

（一）预警的定义

预警是指根据突发事件过去和现在的一些数据、情报、资料等，运用逻辑推理和科学预测的方法和技术对未来可能出现的风险因素、发展趋势和演变规律等作出估计与推断，并发出确切的警示信号或信息，使政府和公众提前了解事态发展的趋势，以便及时采取应对策略，防止或消除不利后果的一系列活动。预警必须依靠有关突发事件的预测信息和风险评估结果，依据突发事件可能造成的危害程度、紧急程度和发展趋势，确定相应的预警级别，通过公共媒体、政府内部信息渠道等，及时对特定的目标人群发布警示信息，灵敏、准确地昭示风险前兆，并采取相关的预警措施，从而把突发事件给特定的政府部门和潜在的受影响群体可能造成的损失降到最低。

（二）预警的作用

预警是应急管理的重要环节之一。通过科学的预警，可以使应急管理人员和公众及时了解和掌握灾害的类型、强度及演变态势，为抑制灾害的进一步发展，综合考虑突发事件的发生、发展等多方面因素，防范次生、衍生灾害的发生提供客观依据，为实现“预防为主，关口前移”的应急管理模式提供科学支撑。

六、预警的目标与原则

（一）预警的目标

开展预警的目标有两个：一是及时收集和发现信息，对收集到的信息进行快速分析处理，然后根据科学的信息判断标准和信息确认程序对突发事件发生的可能性作出准确的预测和判断；二是及时向有关人员或公众发布突发事件可能发生或即将发生的信息，以引起有关人员或全社会的警惕。预警的目标主要是多渠道设置规范而直观的预警标志，建立准确、快速、畅通的预报渠道，确定科学有效的预警措施，有效减少突发事件的危害。

（二）预警的原则

预警应遵循以下原则：① 时效性原则。突发事件具有高度的不确定性，事态演变极为迅速，因此预警工作的任何一个环节都必须建立在快速的基础上，失去了时效性预警就失去了意义。② 准确性原则。对于突发事件的预警，更重要的是要对复杂多变的信息尽可能作出准确的判断，这关系到整个应急管理的成败。③ 动态性原则。突发事件本身的动态性和预警信息采样的时点特征，使某一时点的预警仅针对当时的研判结果。然而突发事件是在不断变化的，因此预警信息必须根据动态的研判结论进行相应的调整。④ 多途径、全覆盖原则。突发事件预警是一个复杂的、综合的系统工程，涉及政府、企业、公民等多个组织和多个系统，因此预警机制的建设必须有效地考虑各种潜在的不稳定因素及其相互关联性，要通过多途径做到全覆盖。⑤ 多层次原则。预警机制的建设必须根据突发事件的不同层次设置不同层级的系统，形成从低层级到高层级、从简单到复杂、从小范围到大范围的系统圈。

七、预警的机制

（一）预警的分级

突发事件预警分级是指根据有关突发事件的预测信息和风险评估结果，依据突发事件可能造成的危害程度、紧急程度和发展态势，确定相应的预警级别，标示预警颜色并向社会发布相关信息。各类突发事件都应当建立健全预警分级制度，自然灾害、事故灾难、公共卫生事件应当划分预警级别。按照《突发事件应对法》的要求，可以根据突发事件发生的紧急程度、发展态势和可能造成的危害程度，将预警级别划分为四级，并分别用不同的颜色表示。由于不同突发事件的性质、机理、发展过程不同，难以对各类突发事件预警级别规定统一的划分标准，因此预警级别的划分标准由国务院或者国务院确定的部门制定。

《突发事件应对法》第63条规定："国家建立健全突发事件预警制度。可以预警的自然灾害、事故灾难和公共卫生事件的预警级别，按照突发事件发生的紧急程度、发展势态和可能造成的危害程度分为一级、二级、三级和四级，分别用红色、橙色、黄色和蓝色标示，一级为最高级别。预警级别的划分标准由国务院或者国务院确定的部门制定。"在总体预案中，采用一致的预警分级方法。预警分级综合考虑事故发生的概率以及可能造成的后果，对事件的严重程度进行评价和分级；一般预警分级方法主要以人、财、物的损失来判断，采用各部门独立预警的模式。

（二）预警的内容与流程

从预警目标来看，预警的内容应该包括突发事件类别、预警级别、起始时间、可能影响范围、警示事项、应采取措施和发布机关等。从预警工作流程来看，依次包含信息收集、信息筛选、信息评价、阈值设定和报警五个时间序列工作。

1. 预警信息处理与发布

这个阶段的任务是在各部门与各专业的专家参与下，根据特定的预警现象收集有关信息，对收集的全部信息进行多次分析研究，完成筛选工作，之后进行评价，来确定这些信息项的实际重要性。在确定信息的准确性与重要性后，会同有关专家，根据经验和理论来确定预警指标的临界值。当先兆的信息的某些参数接近或达到这个阈值时，就意味着将有突发事件发生。一旦特性参数接近或达到阈值，系统就在合适的时点发出某事件即将发生的警告，采用传统方法与科技方法相结合的手段，向相关工作人员和社会人员发出警报。

2. 预警级别的划分

完善现有的预警级别划分标准，对各类突发事件的预警级别加以细化和规范化。完善预警级别的动态调整、重新发布和预警解除机制，提高预警信息的连续性。规范预警标志，多渠道设置规范而直观的预警标志。将突发事件进行更加科学合理的分类并逐步实现数字化，提高根据综合研判结果、快速确定事件预警级别的能力，实现对分级指标进行检索、添加、修改、查看、删除等功能。

3. 预警发布制度的完善

根据即将或可能发生的突发事件的类型和特征，参照相关预案规定和预警级别，启动相应的预警信息发布流程。依据“属地管理为主、权责一致、接受上级领导统一指挥”三项原则，进一步明确预警警报的发布权和授权制度。规范预警信息的发布内容、扩大预警发布的渠道，充分利用广播、电视、报纸、电话、手机短信、街区显示屏和互联网等多种形式发布预警信息，确保广大人民群众第一时间掌握预警信息。建立针对特殊群体的预警发布渠道，如对老、幼、病、残、孕等特殊人群以及学校等特殊场所和警报盲区应采取有针对性的公告方式。

4. 落实发布预警信息后的预警措施制度

根据风险评估和预警措施评估结果，深入分析风险隐患产生的主客观原因，及时修订、完善相关规章制度，有针对性地制定和完善切实可行的预警措施，提高预警措施的针对性、可行性、规范性和科学性。完善预警措施实施后的反馈和评估机制，适时对预警措施进行监督检查和评估，建立预警措施更新调整机制，根据措施的实际效果不断完善预防预警措施。

八、预警的方法

目前，人们已高度重视对预警理论和方法的研究与应用。从微观的专业处置层面到宏观的国家公共安全领域，采取合适的预警方法已成为一项非常重要的课题。相关预警方法主要包括传统方法和技术方法。传统方法的预警是根据简单目测或观察所获得的突发事件信息，以口头、广播、电话等方式通知相关人员的预警方式。传统方法有快速、直观的特点。而相比于传统方法，技术方法具有更为准确、可考证的特点，但是由于预警需要时间，所以会在某种程度上损失一定的时效性。具体来看专业预警方法包括指数预警、统计预警和模型预警等。

指数预警是通过制定综合指数来评价监测对象所处状态，目前主要应用于宏观公共安全领域（如公共卫生指数、社会安全指数等），用来预测公共安全周期的转折点。统计预警是通过统计方法来发现监测对象的波动规律，其使用变量少，数据收集容易，操作比较简便，如多元分析法、Logistic 回归分析等。模型预警是通过建立数学模型来评价监测对象所处状态，因而在监测点比较复杂时广泛应用，大致可分为线性模型和非线性模型两类。主要灾害变量之间有明确的数量对应关系时，就可用线性模型预警，非线性模型则对处理复杂的非线性系统具有较大优势，但如何对监测对象的复杂表现状况进行有效预警评价是目前在预警方法领域的难点。

专栏5-1　我国地质灾害科研团队成功预警黄土滑坡

2019年3月26日5时，在甘肃省永靖县盐锅峡镇党川村黑方台党川6号和7号滑坡体附近，又发生了一起黄土滑坡事件。由于提前发出了预警信息，此次滑坡未造成人员伤亡。提前发出联合预警信息的是长安大学张勤教授研究团队和成都理工大学许强教授研究团队。

灾害发生的前两天，联合团队通过相关仪器发现当地地质变化存在异常。确认相关信息后，联合团队立即将黄色预警信息以短信、微信的方式发送给盐锅峡镇地质灾害应急中心和相关村干部，提醒他们密切关注滑坡的变形情况，做好防灾准备。灾害发生的前一天，联合团队通过仪器发现滑坡变形速率明显加快，于是立即发出橙色预警。当地政府迅速响应，安排工作人员及时疏散了滑坡体附近人员。灾害发生前40分钟，联合团队发出红色预警，并以短信、微信和紧急电话的方式提醒当地地质灾害应急中心和村干部，做好相应的防范工作。

这次突发性滑坡监测预警是研究团队最新研发的基于云平台的低成本千元级高精度监测预警系统实现的。该监测预警系统是研究团队承担的国家自然科学基金重点项目“基于空天地技术的滑坡识别与智能监测预警”和国家重点研发计划项目“特大滑坡实时监测预警与技术装备研发”的初步研究成果，为后续开展滑坡等突发性地质灾害的监测预警和技术装备研发奠定了基础。

资料来源：龚建军. 应急管理人员培训教材[M]. 北京：机械工业出版社，2019.

第四节　应急管理信息系统

一、应急管理信息系统分析

（一）应急管理信息流动分析

如只考虑省、市两级政府，省级应急管理信息服务平台主要涉及如下行为主体。如涉及区/县政府，则须相应地增加区县级应急指挥中心和区县级专业应急指挥中心。

（1）国务院。这是我国突发公共事件应急管理工作的最高行政领导机构。

（2）省级应急管理委员会。这是省级突发公共事件应急管理工作的最高行政领导机构。在省长的领导下，通过省常务会议和国家相关突发公共事件应急指挥机构，负责突发公共事件的应急管理工作。必要时，派出省应急工作组指导有关工作。

（3）省级应急决策指挥中心（应急管理办公室、值班室）。履行应急值守、信息汇总和综合协调职责，发挥运转枢纽的作用。

（4）省级专项应急指挥中心。省级各委、办、厅、局，负责专项突发公共事件的信息采集、应急处置等工作。

（5）市级应急指挥中心（应急管理办公室、值班室）。负责本地市的应急值守、信息汇总、上报和综合协调职责。

（6）市专业应急指挥中心。隶属于本地市的各委、办、局，负责专项突发公共事件的信息采集、上报和应急处置等工作。

（7）特大企业应急指挥中心。特大企业为预防企业内突发事件而建立的应急指挥机构，负责本企业范围内突发事件的信息采集、上报和应急处置等工作。

（8）专家组。提供决策建议，必要时参加突发公共事件的应急处置工作。

（9）公众。获取相关的突发公共事件信息以及其他应急信息，并对整个应急过程进行监督，同时也是应急队伍中的民间力量。应急信息及指令在上述行为主体间的流动以省级应急突发公共事件为例，如图5-1所示。

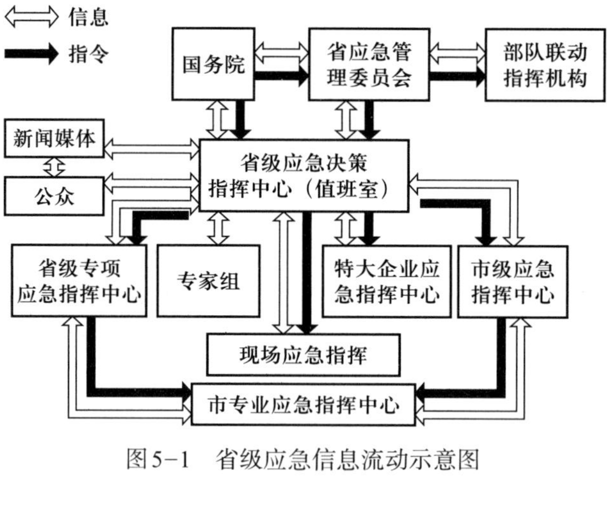

图5-1 省级应急信息流动示意图

（二）应急管理信息分类分析

应急管理信息主要分为“平”时信息和“战”时信息两大类，而这两大类信息又分布于突发公共事件应急处理生命周期的三个阶段之中，即预测预警阶段、应急响应阶段和应急结束阶段。然而，有些信息并不能用“平”时和“战”时来区分，其存在于突发公共事件应急处理的整个过程之中，如应急综合支撑信息、应急保障信息和基础信息。

（三）突发事件信息接报办理流程分析

以省级政府为例，省值班室、应急管理办公室在接到下级应急指挥中心的上报信息后，开展业务办理流程。下级部门上报应急信息的方式有四种：电子邮件、电话、传真和网络。因此，应急管理系统需提供相应的功能，负责处理上述四种方式报送的应急信息。信息导入模块负责处理通过邮件方式报送的应急信息，完成数据格式的转换和入库等功能；应急系统提供两类网络页面，一类供值班室应急管理办公室的工作人员使用，完成通过电话、传真报送的信息录入工作，另一类供下级用户直接通过网络页面报送应急信息。

值班室（应急管理办公室）接收到应急信息后首先要进行信息核实，确认无误后对其进行筛选分类。对于需要处理或上报领导的应急信息进行编号，然后录入应急管理综合信息数据库中，同时报送相关领导审批，按照领导的审批意见形成回执单交由下级（上报信息部门）单位进行应急处置。下级部门在应急事件处理过程中还要及时将相关信息以续报的方式报到省值班室（应急管理办公室）。对于需要省级相关厅、委、办、局协同处理的应急事件，要按领导批示交由相关厅、委、办、局，厅、委、办、局按领导批示意见作出相应的处理。值班室（应急管理办公室）基于应急综合信息库形成大事记并打印送相关领导审批，领导审批后需要部门处理的转相关厅、委、办、局，同时形成应急快报报送国务院办公厅。应急快报还应即时存档备查。

（四）应急信息分类及维护、采集要素分析

应急保障信息和基本信息包括多方面的内容，涉及各级政府及相关部门、具体单位和个人。有些信息是政府已普查、管理的信息，存储在各级政府及相关部门，如卫生部门管理的医疗机构相关信息、人防部门管理的避难所等相关信息。而另外有些信息存储在单位及个人手中。信息存储是一种分布式存储的结构。此外，某些信息还存在密级、涉及个人隐私等情况。应急保障信息与基本信息采集、维护的基本需求如下：根据具体情况，建立相应的信息采集与维护机制；基于多种采集与维护方式，实现多层级政府及相关部门、多行业单位以及大量人员所持有信息的融合与整合；保证信息采集与维护过程中信息的安全性，并保护个人隐私。

（五）应急管理信息系统的需求特点

1. 需要高效的实时信息处理与共享

建立社会应急管理系统的目的是建立一个能迅速收集、处理、传送突发公共事件中的各种信息和指令的人机系统。信息资源是应急指挥的基础，应急方案的制定是基于丰富的、实时的、准确的信息资源。因此，应急管理系统中，应重视信息资源的建设，特别是信息资源的实时更新与共享。

2. 需要动态组织人事管理

动态组织人事管理是基础。从一般意义上讲，信息系统的开发都是基于组织的且为组织服务的，所以组织管理信息化是信息系统有效运行和持续发展的基础。应急管理系统不论是“平”时还是“战”时都必须有严密的、职责明晰的、可审计问责的和可靠可信的组织信息化管理系统。应急管理系统需要全社会的信息资源的共享和整合，需要多级多部门的业务协同和指挥联动，特别是事后评估和总结都将需要组织管理信息化作为支撑保障。

3. 强调信息安全、审计问责和绩效评估

信息安全、审计问责和绩效评估是保障。突发公共事件应急处理大多是非常态的全社会性活动，资源动用面广，经济社会利益重大，而又具有一定的急促紊乱性等特征。有关突发公共事件各种类型、各时点势态的信息需要迅速通达，信息的准确性、时效性、责任性等至关重要。因此，必须有通信及信息安全技术支撑环境。

4. 需要有效集成常态化信息管理系统

突发公共事件应急处理是一项全社会活动，应急管理信息系统必须与常态下的相关业务系统相集成。如公安指挥信息系统、疾病预防控制信息系统、防汛或气象灾害指挥系统、战备指挥系统等。它们能进行专门的业务信息处理，并调动本业务系统的资源。在我国，这些业务系统还有个特点：许多业务系统（尤其是政府部门的系统）都有自己专用的信息基础设施，如电话专网或专用计算机内部网。要进行大面积的指挥调度，必须借助这些业务系统。

5. 需要标准化

标准化是应急管理资源共享应急联动的准绳。应急管理的最大特点就是“急”。突发公共事件势态信息需要迅速通达、快速理解和迅捷反应。规范化的业务流程、标准化的信息、自律型的管理运行模式是应急信息资源共享的基础，是应急指挥、业务处理联动的准绳。

二、应急管理信息系统的关键支撑技术

（一）地理信息服务平台

地理信息现今已成为能够集成其他信息的基础信息。突发公共事件应急的预测预警和决策指挥需要翔实的地理信息与公共安全相关信息。例如，城市生命线的管网数据、重大危险源的信息、应急组织机构及空间分布信息、救援力量及空间分布信息、重点场所和单位的信息、人口分布和避难区的规划等与公共安全应急相关的大量基础信息，以及城市的三维地形数据。公共安全应急涉及的数据空间分布广泛而且复杂，借助GIS系统，可以对公共安全应急的数据和应急过程进行直观的空间描述和体现，可以结合当前的道路状态进行最佳/最短路径分析和空间可视性分析等，为资源调配、力量部署、作战指挥提供直观的决策支持。

（二）应急管理综合数据库

应急管理综合数据库是信息资源的集成加工、交换发布、技术支持中心，负责对数据中心数据模型的维护、基础信息的更新与管理，根据业务需要在信息资源层辅助提取有价值的信息。同时，应急管理综合数据库与地理信息服务平台的集成为应急管理决策、指挥调度、培训演练提供了基础的信息服务。按照顶层设计思想和总体框架体系，从社会经济自然应急管理系统整体出发，面向应急管理决策指挥服务的全过程，综合应用数据库思想、元数据和XML技术，同时把面向对象的数据库思想与关系数据库相集成，遵循可信环境下的数据库开放连接标准，考虑易于重构、便于决策分析和GIS集成等特征。

（三）数据集成与交换技术

信息系统建设通常具有阶段性和分布性的特点，这就导致“信息孤岛”现象的存在，进而造成系统中存在大量冗余数据、垃圾数据，无法保证数据的一致性，降低信息的利用效率。而数据集成的核心任务就是将互相关联的分布式异构数据源集成到一起，使用户能够以透明的方式访问这些数据源。集成是指维护数据源整体上的数据一致性、提高信息共享的效率；透明的方式是指用户无需关心如何实现对异构数据源数据的访问，只需关心以何种方式访问何种数据。数据集成的数据源主要指DBMS，广义上包括各类XML文档、HTML文档、电子邮件、普通文件等结构化、半结构化信息。数据集成是应急信息系统集成的基础和关键。好的数据集成系统要保证用户以低代价、高效率使用异构的数据。

（四）应急信息目录服务技术

应急信息目录服务技术是按照统一的标准和规范，为发布、发现和定位政府信息资源和各类交换服务目录而建设的信息服务体系。它根据政务人员或社会公众的业务需求，按照统一的应急信息资源目录体系标准，对相关的应急信息资源进行编目，为应用程序提供准确的应急信息资源的发现和定位服务。应急信息资源目录体系建设主要满足电子政务两个方面的需求：一是满足跨地区应急信息共享的需求；二是满足部门间特定应急信息横向交换和共享的需求。它是目录信息与服务、保障与支撑组成的一个总体。目录信息与服务都基于包含应急信息资源核心元数据的、能够提供人机接口查询界面的各种浏览器和客户端应用，同时也包括提供计算机系统之间通信的元数据查询服务接口。在软环境方面，保障和支撑主要分为两个方面的内容：安全保障和标准与管理。安全保障指相关的技术要求、技术标准、法规等；标准与管理的核心是为建立应急信息资源目录体系而必须遵循的相关技术标准。

（五）组织授权管理系统

组织授权管理是任何信息系统都必不可少的安全防范措施。信息系统的开发都是基于组织，为组织服务的。所谓认证、授权、访问控制、责任认定都源于组织，并由组织来仲裁。组织间的信息资源共享和业务协同也都是以组织的协同为基础的。因此，信息系统的开发和应用集成，首先必须把信息系统所服务的组织人员和机构岗位信息化，并把其相对独立出来，以满足多应用系统的共享。这样，认证、授权、访问控制、责任认定等才能落到实处。基于角色的访问控制（role-based access control，RBAC）是实施面向企业安全策略的一种有效的访问控制方式。其基本思想是系统操作的各种权限不直接授予具体的用户，而是在用户集合与权限集合之间建立一个角色集合，可以向多个管理员分派超级用户功能，实现用户与访问权限的逻辑分离，并在应用系统建设中得到了广泛使用。

（六）模型库管理系统及其应用技术

模型库管理系统是对模型进行分类和维护，支持模型的生成、存储、运行和分析应用的软件系统。它包括模型库、模型库管理系统（model base management system，MBMS）、以模型库为基础的应用程序和模型库管理员四个部分。模型以文件形式存储，通过模型字典对模型文件进行管理。模型库是为一定目的服务的，以特定的结构存储的相关联的模型集合。模型库管理系统是为生成模型和管理模型提供一个用户友好环境的计算机软件系统。模型库管理系统包括模型属性库管理、模型生成、模型运行三个功能模块，工作原理如图5-2所示。它可以实现建立模型文件系统下的存取路径以对模型进行存取，对模型进行增加、删除、修改及查询，对模型文件进行编辑和编译等。用户可以通过该系统灵活地访问、更新、生成和运行模型。因此，该系统是联系决策问题、数据与模型的桥梁。

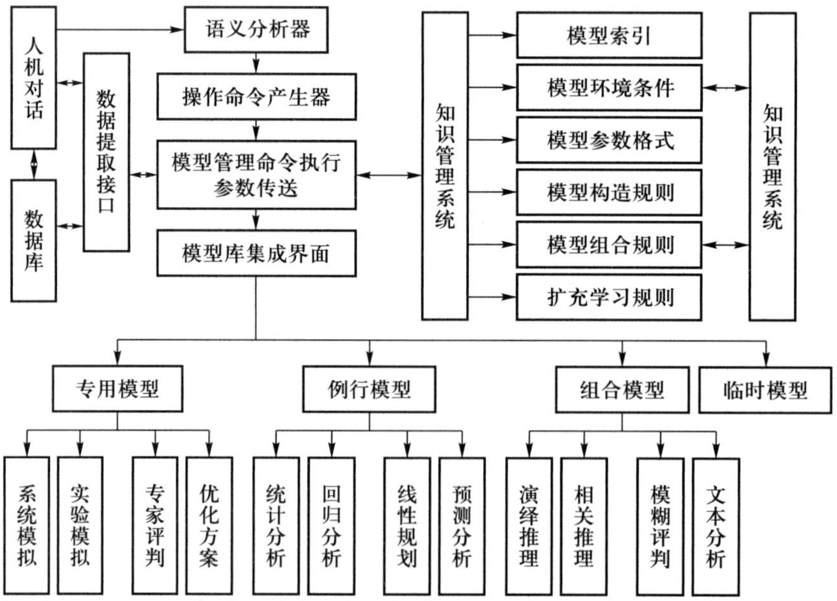

图5-2　模型库管理系统的工作原理

（七）案例库及其应用技术

根据案例推理的过程，案例库的功能主要包括案例库运行和案例库维护两个部分。案例库的功能结构如图5-3所示。案例库各模块主要功能有：案例展现，可以展现系统包含的案例、元事件及状态信息；案例匹配，选择待匹配的案例，系统将展现该案例的元事件及状态信息，点击“匹配”链接，与该案例状态相似的状态信息将以列表形式展现；模拟匹配，选择待匹配的元事件，输入状态信息，点击“匹配”按钮，与该状态相似的各状态信息将展现给用户；全文检索，在输入框中输入检索的关键词，系统将包含关键词的文档展现，用户可以根据需要选择查看或下载；案例导入，用户可以将符合XML标准的案例导入案例库中；案例录入，录入案例的基本信息，选择案例所包含的元事件，录入案例元事件的状态信息；案例删除，可以根据需要将案例库中的案例删除；案例修改，可以修改案例库中的案例、元事件及状态信息；问题变量管理，进行问题变量相关信息的编辑，并可以生成关于问题变量的XML文档。

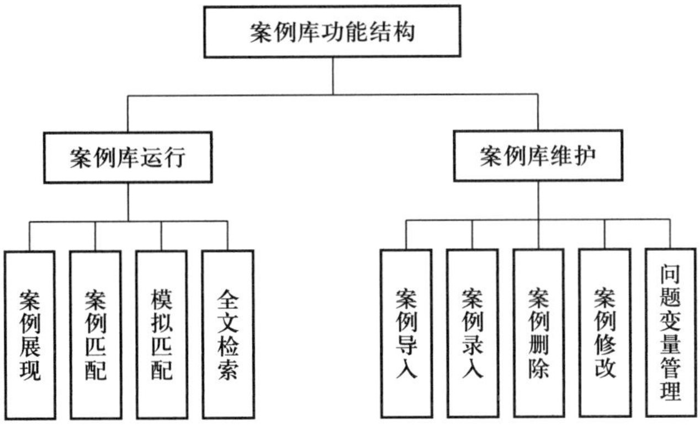

图5-3　案例库的功能结构

三、应急管理信息系统的总体架构设计

（一）应急管理信息系统体系架构

应急管理信息系统的体系架构从总体的角度自下而上包括技术支撑层、信息与知识层、服务支撑层和应用业务层。整个系统基于统一的技术标准规范和安全保障体系。基于应急组织管理与审计监察系统实现多层次、跨部门的应急信息系统互联以及授权与访问控制，以实现信息资源与服务的集成与互操作。最终，通过目录交换、综合应用集成与个性化目录服务，面向公众、政府决策中心、移动中心、专业指挥中心、应急办公室、值班室以及备份中心等提供应急信息发布、应急信息管理以及决策支撑等服务。其中，技术支撑层主要包括网络通信平台、数据库服务、数据交换平台。网络通信平台提供应急访问接入服务，包括计算机网络、有线通信网络、无线通信网络、视频监控、视

频会议、卫星图像传输、GPS定位等服务。具体架构如图5-4所示。

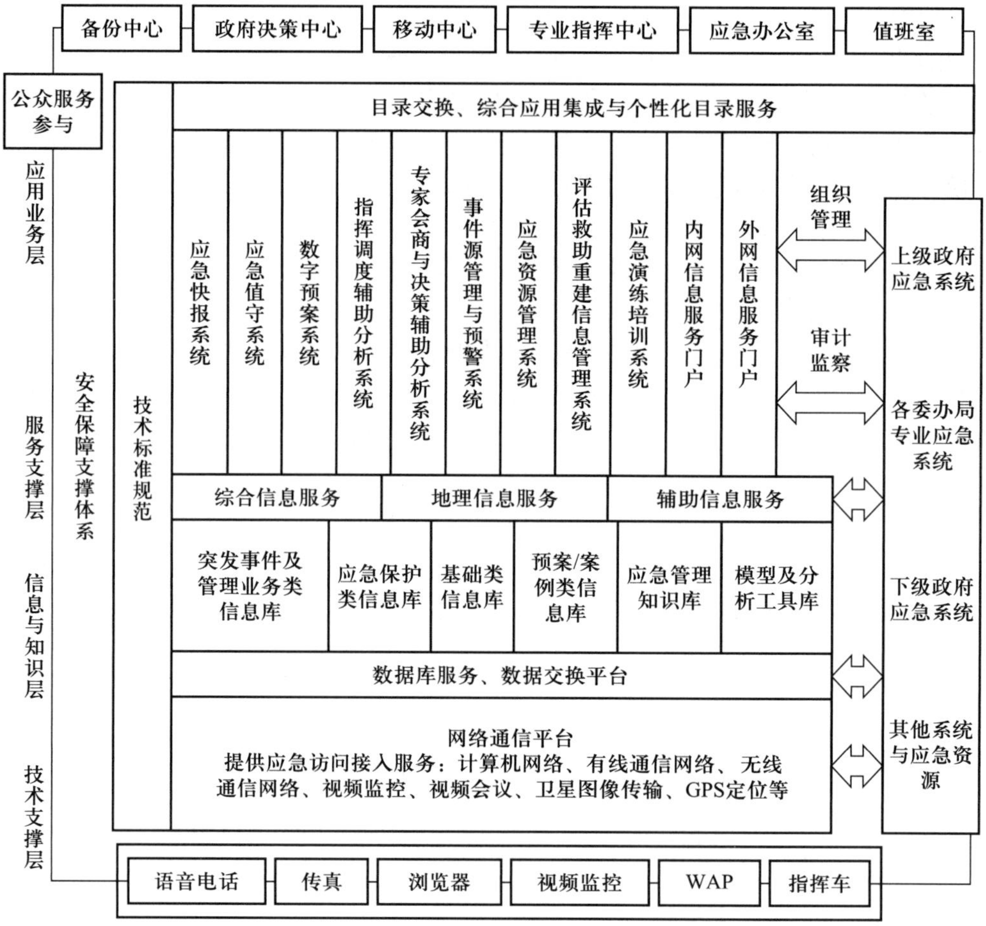

图5-4　应急管理系统平台体系架构

（二）应急管理信息系统部署方案

在电子政务网络建设的基础上，应急管理信息系统的部署方案如图5-5所示。其中，内网与外网之间物理隔离，内网与专网之间逻辑隔离。应急快报系统、应急值守系统、数字预案系统、指挥调度辅助分析系统、专家会商与决策辅助分析系统、事件源管理及预警分析系统、应急资源管理系统、评估救助与重建信息管理系统、应急演练培训系统，以及内网信息综合服务门户，都部署在内网中。内网信息综合服务门户通过目录服务，集成各相关应用系统。该内网信息综合服务门户一方面面向本级政府提供相关信息查询与处理、业务办理、辅助决策支持等服务；另一方面通过逻辑隔离数据交换系统实现与专网中的上级政府、所属专业部门以及下级政府的信息共享与互操作。外网信息综合服务门户部署在外网中，通过物理隔离数据交换系统实现与内网中的数据库及相关应用系统的数据共享及互操作，并面向企业/组织以及公众提供相关服务。

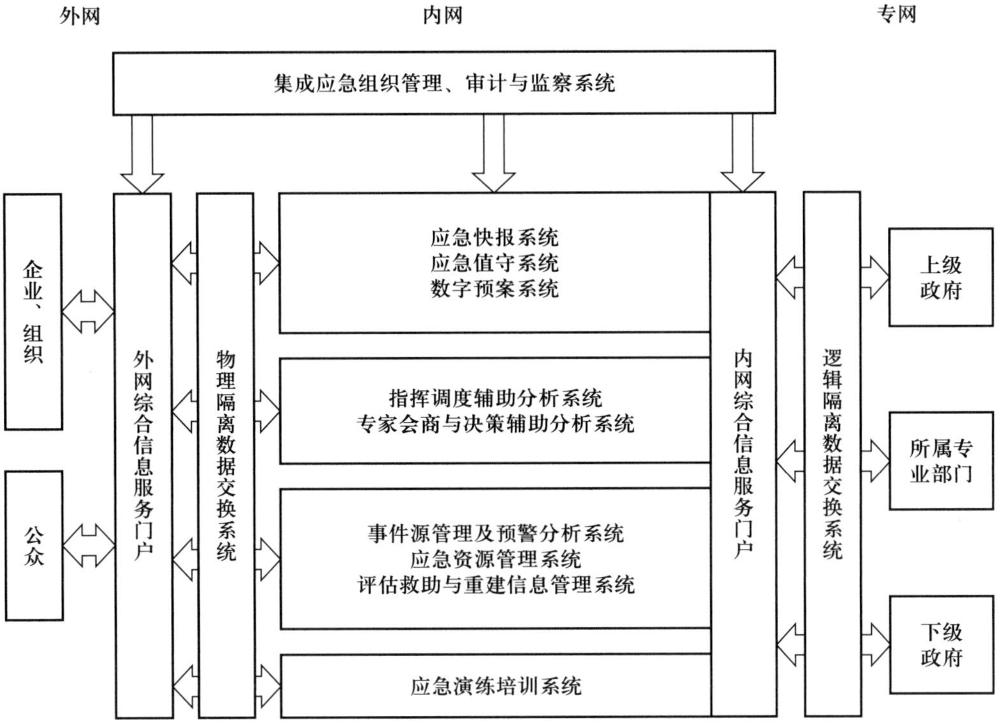

图5-5　应急管理信息系统部署方案图

（三）应急管理信息服务体系部署方案

应急管理信息服务体系部署方案如图5-6所示。以本级政府应急管理信息系统为中心节点，一方面实现与上级政府应急管理信息系统的互联互通；另一方面与分中心节点，即下级政府应急管理信息系统以及本级政府所属部门的专项应急管理信息系统实现互联互通。而分中心节点又分别与各下级分中心节点实现互联互通，从而实现纵横交错的应急联动体系。

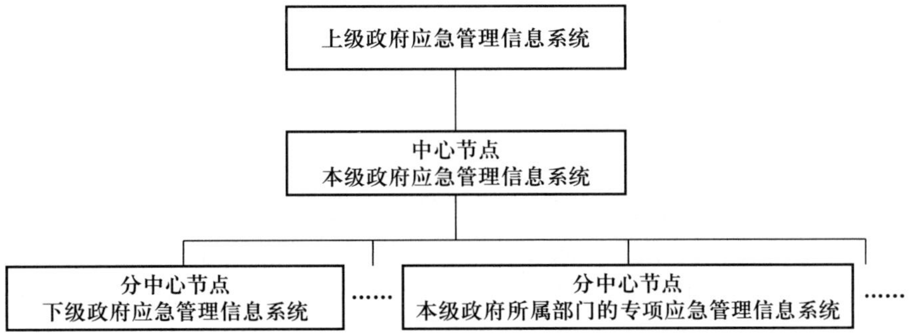

图5-6　应急管理信息服务体系部署方案图

（四）与其他管理信息系统的衔接

应急管理信息系统主要是面向本级政府，提供信息综合管理与查询、业务办理及辅助决策等相关服务，因此必须考虑与其他管理信息系统的衔接。

1. 各类信息采集、专业系统和新闻媒体系统

应急信息具有多来源、多渠道的特点，因此应急管理信息系统需要与各类信息采集、专业系统和新闻媒体系统进行衔接。应急信息除应急快报所包含的突发公共事件信息外，还包含各类监控、采集数据，各专业系统的分析处理结果数据以及新闻媒体采集的相关数据。应将这些数据采集、整合到应急管理信息系统中，进行信息融合与汇总分析，供领导与应急决策机构指挥决策时参考。

2. 应急研判系统

应急研判系统是应急指挥与管理的一个重要支撑系统，因此应急管理信息系统需要与应急研判系统进行衔接。基于国土资源、水利、环保、卫生、林业、地震、气象等相关部门的监测网络，汇总分析监测结果数据，并会同有关部门结合相关应急分析模型，预测可能发生的突发公共事件，对事态发展进行模拟分析，对事件的影响范围、影响方式、持续时间、危害程度、人员伤亡、经济损失等进行综合研判，并根据预案进行预警分级，供领导与应急决策机构指挥决策时参考。

3. 其他电子政务业务系统

应急管理信息系统几乎涉及社会的各个方面，是一个综合性的复杂系统。因此应急管理信息系统需要与其他电子政务业务系统进行衔接，如政府办公系统等。

四、应急管理信息系统的业务功能

（一）应急快报系统

应急快报系统主要面向下级政府应急指挥中心和本级政府所属部门的专业应急指挥中心，实现外网或政府专网环境下的基于GIS的相关突发公共事件信息的上报、续报等功能，以及简单的事态跟踪、审批等功能。考虑上报单位与本级政府应急指挥中心的网络环境，可酌情采用基于矢量地图或位图格式的信息上报技术。具体应包含信息上报、信息续报、上报信息查询、领导批阅、续报跟踪以及各个应急管理单位之间的信息通信等功能。

（二）应急值守系统

应急值守系统主要实现应急信息接报处理的业务流程，以及相关查询、统计等功能。具体应包括信息接报、紧急报警提醒、信息审核、信息处理、信息反馈、信息综合汇编、快报编辑、领导批阅、信息归档、信息发布和各个应急管理单位之间的信息通信等功能。

（三）数字预案系统

针对突发公共事件提供事前预案储备和数字预案管理功能。当发生突发公共事件时，提供快速灵活的操作和预案模糊匹配分析，以及储备预案的及时调用，按照自然灾害、事故灾难、突发公共卫生事件和社会安全事件四大类别，做到总体应急预案、专项预案、部门预案和下属地方政府预案的管理。具体应包括预案库管理模块、预案查询和检索模块、预案推理模块、预案辅助生成与更新升级模块和预案知识库管理模块等功能。

（四）应急指挥调度辅助分析系统

应急指挥调度辅助分析系统集成各相关专业的专家系统、相关研究成果，以及信息资源库、知识库和案例库等知识系统，提供辅助定性分析支持。综合应用系统科学、模糊数学、运筹学和相关专业科学方法，如数学规划、情景分析、决策评价等方法，优化资源配置和处置方案选择，基于相应的模型库、算子库，提供模型生成工具和分析展现支持。同时，基于GIS和战术标绘系统提供行动方案的模拟、推演和评估功能，如采用“Try-evaluate”方式，以获得更佳的处置流程等，辅助进行行动方案的制定、优化和演练等，以有效化解风险和防止失误，提高指挥的精确性和科学性。具体应包括指挥中心指挥调度、应急资源调度、执行与反馈、结案、监控、报表与反馈等功能。

（五）专家会商与决策辅助分析系统

突发公共事件涵盖了多学科、多专业领域。任何一个指挥团队不可能完全掌握所有领域知识，但是每个领域都会有专长于该领域的专家。因此系统需提供专家的专业领域知识及必要分析的系统功能。在应对突发公共事件时，指挥团队能通过专家的协商和辅助制定应对指挥方案，保障应急指挥方案的科学性、合理性及可行性。专家会商与决策辅助分析系统结合视频会议系统，同时根据信息上报的情况并记录专家建议，形成报告，转交指挥人员。该系统应包含专家信息查询、专家会商记录、专家会商报告等功能。

（六）事件源管理及预警分析系统

除了加强突发公共事件应急处置的科学性外，更重要的是在平时提高各类突发公共事件风险防范意识，防患于未然。即从源头开始加强突发公共事件源的识别、监控和预警等防范管理。具体基于综合数据库及网络通信环境进行构建。事件源管理及预警分析系统应包含自然灾害风险隐患及管理、事故灾难危险源管理及预警、公共卫生危险源管理及预警和社会安全隐患管理及预警等功能。

（七）应急资源管理系统

在建立应急保障资源数据库的基础上，按照应急资源分级管理的原则，实现对专业队伍、救援专家、储备物资、救援装备、通信保障和医疗救护等应急资源的数字化动态管理。具体功能包括各类应急资源的信息采集、各类应急资源的查询、相关应急资源调度情况跟踪、应急资源的关联查询等。

（八）事件评估、救助与重建信息管理系统

依据突发公共事件的监测系统监控信息，提供评估方法和工具支持，辅助响应应急管理机构，并本着积极稳妥、深入细致地做好善后处置工作的原则，为应急管理过程中各种信息提供综合管理，最后实现重建过程中的信息查询与记录功能。该系统主要包括以下功能：事件评估功能、救助信息管理功能和重建信息管理功能。

（九）应急演练培训系统

在预案管理的基础上，结合突发公共事件情境构建方法，基于GIS服务平台和计算机仿真技术对相应预案进行模拟演练，提供相应的仿真练习服务。基于预案演练和应急知识库，采用文字、图形、动漫和网络教育等方法和技术，提供多方式、直观形象的应急法律法规和各类突发公共事件预防、避险、自救、互救、减灾等常识的宣传和培训服务，从而增强公众的自救、互救能力和社会责任意识。主要包括应急演练与培训两大部分功能。

（十）应急组织管理及审计监察系统

应急组织管理是一种以战时指挥调度为主体的快速办公业务处理系统，涉及多部门、多角色协同工作，需要灵活的业务流程管理。依据角色、岗位的职责与义务，动态分配管理岗位职责，高效、明晰地进行指令发布和信息传达，集成相关业务部门的应急处置工作。对相应业务处理实施有效跟踪和审计，使得相应监督管理部门能够通过统计、查询、检索等方式掌握全局，督促各个应急处置业务环节的工作。审计监察系统功能分为机构维护、人员信息维护，以及机构与人员动态关联。

思考与练习

1. 突发事件信息报送的原则有哪些？一旦违背会带来哪些不良影响？
2. 为何不同突发事件类型所涵盖的信息报送内容不尽相同？
3. 请简述建设应急管理信息系统的关键支撑技术。
4. 请列举应急管理信息系统的主要业务功能，并简述各业务功能的要点。
5. 请列举两种网络舆情深度分析方法及它们的优缺点。
6. 自媒体和大数据技术为网络舆情的发展和处理带来了哪些机遇和挑战？
7. 突发事件监测和预警有哪些方法？各有哪些优缺点及适用条件？
8. 如何将互联网技术、大数据技术等现代科技与传统信息传递方法有效结合？

第六章 应急决策与救援

学习目标

通过本章的学习，应能够了解自然灾害、生产事故灾难、突发公共卫生事件和社会安全事件的应急指挥体系；理解应急资源管理、应急决策方法、应急防控指挥体制、应急避难与疏散相关概念；掌握应急资源储备调配的各种模式，区别应急决策与常规决策；了解应急避难场所选址原则与应急疏散方法。

导读

2008年汶川地震救援

2008年5月12日14时28分4秒，四川省阿坝藏族羌族自治州汶川县境内发生里氏8.0级地震，震中位于四川省汶川县映秀镇西南方，地震最大烈度11度，地震影响范围涉及全国10个省（区、市）的417个县（市、区），其中四川、宁夏、陕西、甘肃及重庆受灾最为严重，共有4 467个乡（镇）的48 810个村庄受灾，灾区总面积达50万平方千米。“5·12”汶川地震是新中国成立以来破坏性最强、波及范围最广、灾害损失最重、救灾难度最大的一次地震。

地震发生后，中共中央当即把抗震救灾确定为全党全国最重要、最紧迫的任务，国务院成立抗震救灾总指挥部和四川前方指挥部，周密组织、科学调度，形成上下贯通、军地协调、全民动员、区域协作的工作机制。四川各级党委、政府认真贯彻中央部署，担当工作主体责任。震后不到3小时，四川全省的省、市、县、乡抗震救灾组织指挥体系基本形成。

在中共中央、国务院、中央军委统一调度下，全国各路救援大军迅速赶赴灾区，片刻不停地展开了一场紧急的生死救援。四川省指挥部迅速组织协调各方救援力量赶赴灾区，紧急组织地方部队、公安民警、公安消防近4万人就地就近投入救灾；迅速组织四川全省多支地震救援队、矿山救援队、医疗救援队急驰灾区。省指挥部建立每天两次的会商制度，组织协调和部署各项具体工作；实行应急体制下的厅局工作机制，授权指挥部领导按照分工直接发布指令、调度职能部门；与市（州）指挥部建立点对点快速处置机制，直接协调解决紧急救援事项和特殊困难，确保指挥体系高效运转。四川省指挥部先后邀请了上百位在川各方专家召开各方面的救灾分析会、咨询会，咨询研讨抢险救灾良策；支持人大代表和政协委员履职尽责，积极为抗震救灾献计献策；紧急组织开展法律问题调研，开展应急地方立法，出台有关政策文件。

四川省指挥部及时作出一系列重大决策，如在震后立即实行交通管制和交通保障，集中力量打通救援生命线，政府补贴经费帮助受灾农户搭建简易过渡房，尽快恢复受灾居民家庭生活，实行按照“就地、就近、分散安置”原则安置受灾群众等。随着各方救援力量和资源进入四川，统筹整合各方力量、高效利用救灾资源极为重要，四川省指挥部积极协助国务院抗震救灾总指挥部和四川前方指挥部，合理部署救援部队和专业力量，采取军地协调、以地方为主，军种协调、以驻军为主的办法，形成军地协同救灾合力，最大化地发挥各方救援力量。积极协调四川省内省外、前方后方物资支援，做好物资筹集、管理和调拨，保障应急通信联络，筹措安排救灾运力，为各方救援队伍提供有力后勤保障。灾区各市（州）、县（市、区）、乡（镇）党委、政府也依法全面履行属地应急责任，依托内外救援力量和资源，实施各项决策，开展工作，确保抢险救灾工作最短时间达到有序状态。

面对突如其来的特大地震灾害，全党、全军、全国各族人民众志成城，迎难而上，顽强奋战，坚强、依法、科学应对地震巨灾，奋力夺取抗震救灾伟大胜利；大力培育和弘扬了万众一心、众志成城，不畏艰险、百折不挠，以人为本、尊重科学的伟大抗震救灾精神。

资料来源：汶川特大地震四川抗震救灾志编纂委员会. 汶川特大地震四川抗震救灾志 · 总述大事记[M]. 成都：四川人民出版社，2017.

第一节
应急资源管理

一、应急资源的分类

应急资源是指在突发事件的应急管理中，能够短时间内被迅速调度或积极响应的各类资源的总称，既包括防灾、救灾、恢复等环节所需要的各种救灾物资、应急设备与设施，也包括突发事件应急救援中所需的技术和人才等资源，如表6-1所示。在应急准备活动中，对应急资源进行协调储备以保障对受灾区域的资源供应，是应急资源协调管理的关键问题之一。

合理储备应急资源是应急准备环节中首先要完成的协调保障工作。鉴于突发事件具有不确定性和突发性强、涉及面广、破坏力大的特征，很难预测突发事件的发展态势，事先做好各种救灾的综合应变措施、加强各种资源的合理储备至关重要。充足的应急资源是实施紧急救助、安置灾民的基础和保障。

表6-1　应急资源分类表

类型	内容
救灾物资	救生类：救生船（艇）、救生圈（衣）、生命探测仪器、小型起重设备等； 生活类：衣被、方便食品、救灾帐篷、净水器械等
设备与设施	基本装备：通信装备、交通工具、照明装备和防护装备等； 专用救援装备：检测装备、医疗急救器械和急救药品、应急救援设备等
技术资源	卫星遥测、通信和高精度对地观测技术，以及计算机网络技术等空间和属性数据
人才资源	对各种突发事件进行研究的人才；进行突发事件应急救援的人才；各级政府、气象、公安消防、医疗和军队人员等

资料来源：曹杰，朱莉. 现代应急管理[M]. 北京：科学出版社，2011.

（一）救灾物资

为切实保障救灾物资的供应投放，在常态下应建立若干救灾物资储备中心，即救灾物资仓库，专项储存用于紧急抢救、转移、安置灾民和安排灾民生活的各类物资。在救援物资的准备过程中，需要注意以下事项。

1. 编制救灾物资分类目录

救灾物资一般分为两类：简单的救生类，如救生船（艇）、救生圈（衣）、生命探测仪器、小型起重设备等；生活类，如衣被、方便食品、救灾帐篷、净水器械等。

2. 救灾物资的科学储存管理

为保质保量供应救灾物资，要按照“分类管理、管理科学、进出规范”的原则，引入现代化管理手段，做好物资的购置、入库、保管、出库、维护等方面的储存管理工作。

3. 救灾物资的合理调拨

必须严格按照相关制度和程序，做好救灾储备物资的调拨管理，严防意外事件或贪污挪用现象的发生。建立救灾储备物资的使用审批程序，明确救灾储备物资的调运接收要求。

4. 救灾物资的使用和回收

为提高物资的使用效率、节约成本费用，需要加强救灾物资的使用和回收工作。明确救灾储备物资发放使用要求，做到公开发放；订立回收物资合同，以明确责任；确定救灾储备物资使用回收期限以及报废处理办法，及时处理报废物资，避免造成不良影响。

（二）设备与设施

应急设备与设施的储备是开展应急救援工作必不可少的前提，为保障应急救援工作的有效实施，各应急部门需要在应急准备阶段做好应急设施设备的配备。其中装备资源尤为重要，只有依靠精良的装备才能更有效地发挥应急救援能力。根据实用性、功能性、耐用性、安全性以及客观条件配置，应急装备通常可分为两大类：基本装备和专用救援装备。

1. 基本装备

基本装备通常是指应急救援工作所需的通信装备、交通工具、照明装备和防护装备等。通信设备分为有线和无线两类。在应急救援工作中，常常是两类装备配合使用，如移动电话、固定电话、对讲机、传真机等。良好的交通工具是实施快速救援的可靠保证，在应急救援中可配合运用车、船、飞机等交通工具，以提高救援行动的快速机动能力。照明装备的种类较多，在配备照明工具时除了应考虑照明的亮度外，还应该根据突发事件现场的特点，注意其安全性能。如工程救援所用的电筒应选择防爆型电筒；个人防护装备包括防毒面具和防护服。应急救援行动中的各类救援人员均须配备个人防护装备，如救援指挥人员、医务人员和其他进入污染区域的救援人员应配备密闭型防毒面罩。

2. 专用救援装备

专用救援装备主要指各专业救援队伍所用的专用工具或物品，这些装备需要符合实用、耐用和安全的原则，也可利用救援经验及时动手研制一些简易可行的救援工具。首先，探检装备具有快速准确的特点。例如，应急救援中采用的专用检测车，车上不仅配有取样器、检测仪器，还装备了计算机处理系统，能够对水源、空气、土壤等样品就地进行分析处理，以提供应急管理所需的各种救援数据。其次，医疗急救器械和急救药品是指当有任何意外或急病发生时，施救者在医护人员到达前，按医学护理的原则，利用现场适用医疗器械和药品临时及适当地为伤病者进行的初步救援及护理。为便于紧急调用，需要编制突发事件医疗急救器械和急救药品配备标准，且需根据不同突发事件，对应急器械和药品按标准、按需合理配置，如应急救援中按标准数量配备救护车、担架、氧气、急救箱等医疗支持设备。最后，应急救援所需的常用应急救援设备和工具包括消防带、消防枪、空气呼吸器、防毒面具、灭火器、警戒标识牌、松紧绳、担架、急救箱等。

（三）技术资源

科学技术的发展为突发事件应急救援提供了有效手段。随着卫星遥测、通信和高精度对地观测技术的发展，以及计算机网络技术的日益增强，利用地理信息技术、全球定位系统可以迅速获得突发事件信息，并及时启动应急管理措施来实施应急救援。在应急管理过程中，要加强前期科技开发与转换能力，利用现有一些成熟应急技术进行技术沉淀，扩充技术资源，为突发事件的科学化应急管理提供技术保障。

1. 应急技术的基础性研究

主要是对各种突发事件的内在机理、群发和伴生特性以及它们在时间和空间上的变化规律等方面的研究。

2. 应急技术的应用性研究

主要是以现代航天、通信、遥感以及信息处理技术为基础，对各类突发事件的发生、发展、消亡以及影响它们的各种因素进行连续观测和监视。

3. 应急安全信息

在技术资源中，通常需要重点关注一些与安全相关的信息，它们是在实现安全规划、应急指挥、事故分析模拟等过程中所必需的数据，这些数据一般与地理信息相关联，主要包括空间数据和属性数据。尤其在应急准备过程中，应突出安全信息的收集、协调和共享，建立应急信息协调系统，以提高突发事件的应急处置效率。

（四）人才资源

应急人才资源主要分为两类：对各种突发事件进行研究的人才和进行突发事件应急救援的人才队伍。提高应急人才资源的储备水平，不仅需要建立应急救援人力资源库，方便平时的管理、核查和灾时调用，还需注重加强基层救援技术专业队伍的建设，以不断提高救援的能力。在应急救援工作中，往往需要来自以下各部门不同方面人才的协调。

1. 各级政府部门

常态下由政府制定应急预案，明确责任，依据应急任务需求进行编组及任务分配，并根据作业流程组织协调实施操作演练。若遇突发事件，由政府统一指挥、立即进行灾情的搜集与研究判断，并下达各项应急救援命令。

2. 气象部门

在发生自然灾害突发事件时，能够及时发布灾害地区的气象预报。

3. 公安消防部门

在突发事件发生时，公安消防部门及时出警，进行第一时间的救援工作，对事故现场或灾区实施交通与道路管制，进行通信和治安的维护。

4. 医疗部门

建立紧急医疗救护系统，将伤者及时送至医院，并对灾区进行防疫工作。

5. 军队

将受过各种特种训练的官兵投入应急救灾工作，如打通灾区对外联系通道、就地救助伤者等，以争取应急救援时效。

二、应急资源的储备

为了最大限度地降低突发事件造成的损失，保障人们的生命财产安全，需要建立各级应急资源储备体系。一方面，可通过做好预防工作避免和减缓突发事件的发生；另一方面，可保证当突发事件发生时能够及时控制发展的势头。当自然灾害等突发事件发生时，短时间内需要供应大量应急资源，这要求在应急准备时期做好充足的资源储备。以应急资源中的救灾物资为例，目前我国常用的应急物资储备模式包括政府储备、协议企业实物储备、协议企业生产能力储备，以及其他储备方式。

（一）政府储备

政府储备是指国家及各级地方政府为了应对突发事件，对一些至关重要的应急物资在各级应急物资储备库进行储备的活动。政府储备分为中央储备和地方政府储备，是应急物资最主要、最直接、最可靠的来源。重大突发事件发生后，首先从当地政府应急物资储备库运送和分配应急物资，当不能满足救援需求时，会从邻近区域地方应急物资储备库、中央级救灾物资储备库调拨，甚至在全国范围内进行应急物资调运。

政府储备的优点主要有：物资供应迅速、保障能力强。政府应急物资储备基本形成了点面结合的仓储网络，有利于全方位地对储备物资进行统一规划管理；政府储备库管理具有高度的组织性和纪律性，可确保应急储备物资的大规模异地调运。

政府储备的缺点主要有：政府独自承担应急物资的储备任务，管理压力较大、管理成本较高，不利于应急物资的轮换。这种储备模式通常是针对非常重要、紧缺且紧急供应的物资，如国内蕴藏量少、产量低、依赖国外供应、可靠性差的矿产品，生产水平低、缺少替代品、运输线长的工农业产品等战略物资。

（二）协议企业实物储备

协议企业实物储备是指国家及各级政府在实物储备之外，通过与相关企业签订储备合同，将一部分应急物资交由企业储备管理，以保证应急物资供应的方式。协议企业以实物形式进行应急物资储备主要是为了应对突发事件，是应急资源储备管理体系中一个重要的有机构成。政府部门在与相关企业签订协议时，可以通过应急物资储备补贴的方式对协议企业实物储备进行一定额度的补偿，使协议企业愿意持有适量的应急储备物资，以确保应急物资可迅速被调用。

协议企业实物储备的优点：一方面，可以有效利用企业储备的规模优势，降低应急物资储备成本；另一方面，便于储备物资的轮换，有利于提高应急储备物资的品质。尤其对于保质期较短的物资，由协议企业进行储备是一种较好的方式。例如，地方政府往往会与辖区内的几家大型生产企业和商贸流通企业签订储备协议，进行食品类、生活用品类物资及部分救生器材的储备，以满足突发事件中应急物资的需求。

但需要注意的是，企业毕竟以营利为目的，其保障能力较政府要低。故在协议企业储备模式中，政府要加强对协议企业的监管，以保证协议企业应急物资实物储备的数量和品质。

（三）协议企业生产能力储备

协议企业生产能力储备是指政府选择具有一定生产能力的企业作为储备企业，由储备企业保有一定的富余生产能力。当突发事件发生时可根据实际需要，在短时期内迅速提高其生产能力，进行紧急生产，提供足够应急物资满足应急需求的模式。在实践中，一般可通过政府与企业签订紧急供货协议、紧急征用合同或采用期权的方式予以实现。协议企业生产能力储备主要针对因实物储备过少而影响应急救援或者因实物储备过多而增加成本的情况。这种储备模式通常适用于不易长期储存或储存需占太多空间、转产时间短、生产周期短的物资，主要有以下三种类型：医药或食品等保质期相对较短、不易做实物储备的物资；物资需求量小、本区域资源相对丰富且获取容易的物资；物资生产周期短、扩大生产容易的物资。但由于物资生产毕竟需要一定时间，因此该模式较协议企业实物储备模式的保障能力更弱，不适用于时效性强的应急物资储备。

（四）其他储备方式

面对突发事件，除上述三种储备模式常被用来保障应急物资的需求外，政府还会采用直接征用、紧急采购、社会捐赠和国际援助获取应急物资。

1. 直接征用

政府依据应急法律法规，在事先不履行物资筹措程序的情况下，对一些生产流通企业所生产或经销的物资进行征用，以满足应急需要。事后，政府再对所征用物资的品种、规格、数量以市场平价与企业进行结算和补偿。

2. 紧急采购

对于食品、生活必需品、部分建材工具等来源广且易获取的普通物资，政府可以直接向制造商进行紧急采购，以减少流通环节、降低采购流通成本、加快应急资源筹措速度。

3. 社会捐赠和国际援助

重特大突发事件发生后，社会各界会自发或有组织地捐款捐物，捐赠的物资在一定程度上也能缓解应急资源的紧缺。一般而言，社会捐助物资的数量与突发事件大小及政府、媒体的宣传号召力度呈正相关。“5・12”汶川地震激发了国内外社会各界空前的捐赠热情，半个多月就募集了数百亿元捐赠款物，极大地推动了抗震救灾工作的开展，也为灾后重建工作打下了基础。

三、应急资源的调配

应急资源的调配可分为非紧急调配和紧急调配。非紧急调配是指与突发事件响应无关的应急资源调配，其调配方式与一般资源调动类似。紧急调配是指与突发事件响应有关的应急资源调配。应急管理部门根据应急指挥的要求，确定调配的应急资源数量、制定应急资源的运送方式和路线，在限定时间内调集到特定的需求点，以发挥其应急功能。本节所详述的应急资源调配统指紧急调配。

（一）应急资源调配的特点

由于突发事件具有紧急性、信息的高度缺失性、危害性等基本属性，使得突发事件应急资源调配不同于一般事件中的资源调配，具有以下几个特点。

1. 时间最少

应急管理中的资源调配以时间最少为首要原则，这是由突发事件本身紧急性特点所决定的。突发事件发生后，需要在第一时间救援，否则灾情扩大，很有可能造成不可估计的损失。故应急资源调配的首要原则就是最快地将救援资源运送到灾害现场，此刻时效的重要性明显优先于低成本的重要性。

2. 社会资源的整合与协作

突发事件的应急救援工作与全社会息息相关，它不是单个部门或者单个机构的任务，而是需要全社会共同承担的责任。在救助过程中，当现有资源不能及时、有效地满足应急需求时，有关部门可以积极与社会其他部门建立协作关系。

3. 动态时效性

应急资源调配不是单一阶段工作，需要根据突发事件势态的实时变化或前一阶段的应急效果，进行动态的多阶段的资源调配，直至应急救援活动结束。

（二）应急资源调配的方式

应急资源调配的基本要求是确保应急资源及时、准确、安全地到达指定地点，以保证应急活动有序进行。一般来说，应急资源调配方式有以下几种。

1. 定时调配

定时调配是指按照一定的时间间隔对同类应急资源进行的调配。这种调配一是时间比较固定，便于应急指挥机构统筹安排工作；二是大部分为应急消耗品，如防护救助类、食宿消毒类和动力照明类资源等。

2. 定量调配

定量调配是指每次都按照固定数量对同类应急资源进行的调配。这种调配多针对不易消耗的工程建材、工程设备、运载工具和防护用品等资源。该调配方式可对集中调往不同地方的应急资源实行统一调配，以提高应急调配效率。

3. 定时定量调配

定时定量调配是指按照固定时间间隔、固定数量，对同类应急资源进行的调配。这种调配是定时调配与定量调配的结合，计划性极强，需精心组织、合理筹划，多用于日常易耗品的调配，如食品、药品、油料等。

4. 及时调配

及时调配是应急资源最重要的调配方式，这种调配根据突发事件的发生、发展以及应急救援活动情况来实时响应，其操作难度较大，需要各部门密切配合、共同协作来完成。采用及时调配方式必须做到对调配时间和数量把握准确，过早或过晚、过多或过少都不利于应急活动的开展。及时调配的应急资源多为紧急类资源，如疫苗、药品、专用物资、急需设备和器材等。

5. 超前调配

超前调配是指在对极有可能引发突发事件的潜在危险实施监测的基础上，为做好应急事件应对工作而进行的事前准备性的应急资源调配。这种调配带有事前控制的性质，可大大增强对突发事件的应急保障能力。超前调配的应急资源多为抗灾减灾物资，如工程设备、工程材料、救援工具、防护品等。

依据不同应急资源特点，针对性采用合适的调配方式，做到及时、准确、安全地调配，这样可以减少调配环节造成的资源浪费，提高应急救援活动的效率。

四、应急资源的协调储备和调配

（一）应急资源的协调储备

考虑应急物资种类的多样性、需求环境的复杂性，单纯采用一种储备方式对某种应急物资进行储备，有可能产生保障能力不足、储备成本过高、资源得不到有效利用等诸多问题。根据不同储备方式在保障能力和储备成本上的差异，应急管理中可以多样化某些应急物资的储备主体，即以多种储备方式联合的模式进行协调储备。依照科学性、互补性、应急需求保障、储备成本节约化的原则，将政府储备、协议企业实物储备、协议企业生产能力储备这三种储备方式进行不同的组合，可构成多种应急资源协调储备模式。以不同模式协调储备适当种类的应急物资，能够在保障应急需求的前提下节约储备成本、提高资源利用效率。

（二）应急资源的协调调配

面对重大突发事件（如重特大自然灾害），应急资源调配就需要不同属地的应急储备库、应急配送中心尽可能打破地域的限制，对应急资源进行协调调配，实现应急救助的最大协同效应。应急物资的协调调配与一般物资调配过程最大的不同在于，应急物资调配尤其强调对应急需求的快速响应和准确满足。但通常在应急物流产生的初期（灾害事件发生后的最初搜救期），物资需求相关信息并不是很明朗，且无法利用历史数据作直观的判断。因此，为了实现应急物资的协调调配，首先必须分析清楚应急需求变化与物资调配响应之间的关系，尤其对于一些灾害动态变化的情况，如疾病传播、气象灾害扩散等。关注以扩散为特征的灾害动态变化过程具有普遍意义。即使灾害不具有扩散特性，重大突发事件发生后也往往会导致疾病传播，从而使得药品、水和食物等日常消费品的需求不断发生变化。

第二节 应急决策方法

应急管理决策在应急准备、监测、处置和善后各个阶段，不论应急管理者是政府、非政府组织、利益集团还是社会公众，都涉及在紧急环境下如何进行快速决策的问题。应急管理决策是一种非程序化决策，要求决策者在相当有限的时间和资源下作出快速、准确的应对，这就需要采取特殊的决策流程和决策方法。

一、应急决策的特点

应急决策是一种非常规状态的决策，它要求发生紧急情况后，管理者尽快地作出有效应急响应，在有限的时间、资源、人力等约束条件下采取具体的应急处理措施。由于决策背景和决策问题的特殊性，与常规决策相比，应急决策的特点主要体现在目标取向、约束条件和决策程序三个方面的不同。

（一）目标取向不同

在危机下，决策的首要目标是控制事态的蔓延，把危机控制在一定范围内，从而最大可能地保护公众的生命和财产安全。这就要求权力高度集中的应急决策。应急决策的紧急性使得决策者没有充分的时间和条件去广泛征求意见。此时，决策民主化可能延误决策时机，导致灾难性后果。与之相反，常规决策通常建立在广泛充分的民主之上，经常采取讨论、民意调查、投票等各种规范性程序，决策者在充分民主协商的基础上决定最后方案。

（二）约束条件不同

管理者在应急决策时面临的约束条件主要有以下三个方面。

1. 时间紧迫

常规决策中，正式的决策方案出台之前，决策者往往有充足时间对所制定的决策草案进行反复修正。而对于突发事件的应对和处理只能在有限的时间内响应，时间的紧迫性要求决策具有果断性。决策者应掌握时间第一的原则，具有应对各种危机应有的敏锐洞察力，恰当估计形势，快速应变，果断地依法处理。

2. 信息有限

应急决策信息的有限性体现在三个方面。首先，信息不完全。由于突发事件本身的随机性和不确定性，信息会随着事态的变化而演变，因此决策者需要实时更新所获信息。其次，信息滞后性。事态发展具有急剧变化性，信息要从灾害事故现场到指挥决策中心，中间可能需要经历多个职能组织的传输运作，因此最高决策者对危机信息的掌握和控制难免会有滞后。最后，信息不准确。应急决策从发现问题、确定目标、拟订方案、评估选优，到决策的执行和监督，是一个信息的输入输出过程。但在信息的反馈和处理过程中，极易失真，其正确性和有效性很难得以保证。

3. 资源紧缺

由于时间紧迫，相关人力、物力和技术等资源都极其有限。人力资源紧缺可能体现在高水平应急决策者和专业技术人才缺乏；物力资源紧缺体现在短时间内筹集到足够多的应急物资具有一定难度；技术支持紧缺主要指常态下控制事态蔓延的专业技术设备（如交通工具、通信设备、计算机辅助系统等），在灾害事故情境下往往会失灵，这给应急决策工作带来很大的困难。

（三）决策程序不同

决策程序是决策规律的概括和总结，决策科学化有赖于决策程序化。常规决策通常具备一定的流程，近乎标准化的操作使得整个常规决策过程通常遵循特定的例行程序和行为模式。应急决策属于典型的非程序性决策，由于决策时间、信息、备选方案、人力资源等极其有限，要求决策程序应在不损害决策合理性的前提下适当简化。

二、应急决策的流程

应急决策机制，是指基于突发事件的应急响应工作，为尽快化解和消除突发事件产生的根源、减缓和控制突发事件造成的损失和负面影响，在时间紧迫、资源有限、信息不完全的情况下，确定并选择行动方案的过程中所制定一系列应急活动的行为规程。

应急决策的一般工作流程可分为问题界定、目标设定、方案制定、方案选择、贯彻落实和跟踪反馈六个程序。

1. 问题界定

首先要发现和确定问题。问题的识别过程要求决策者在规定时间内尽可能地收集突发事件相关信息。其次要找出引起问题的根本原因。最后评价问题的重要性，用有限的资源保证解决最重要和最紧迫的问题。

2. 目标设定

应急决策目标的内容应当明确、具体，要能够反映决策者所期望达到的问题的解决程度。明确的目标有助于找到更具体、更实际的应对方案。

3. 方案制定

制定方案的主要任务是对所获的数据和情报进行系统分析，并在此基础上制定出备选方案。

4. 方案选择

方案选择是应急决策过程中的核心环节。专家小组要通过定性、定量、定时的分析，评估各预选方案的效能，分析方案的后果及其影响，权衡各个方案的利弊得失。

5. 贯彻落实

在方案选定后的贯彻落实步骤中，要做好以下工作：传达应急决策的目标、价值标准及整个方案；动员各应急成员为实现目标而共同努力；围绕目标和整体方案，制定具体的实施方案，明确各部门的分工、职责和任务；明确各级各部门应急人员的责任；确立规范、严明的制度；落实过程中若发现偏离目标行为，应随时纠正偏差，以减少落实偏离对实现应急目标的不利影响。

6. 跟踪反馈

在贯彻落实应急决策的全过程中，由于主客观情况的变化，会发生实际行为与目标相偏离的情况。因此，要做好反馈和追踪检查工作，准确、及时地把方案实施中出现的问题和执行情况等相关信息反馈给应急决策者，以便及时调整和修订应急决策方案。

三、应急决策的方法

应急决策的方法是应急管理的核心，决策方法科学与否直接影响着决策方案的质量。因此需要积极研究与探索快速有效的决策方法，有效地应对突发事件，减少灾害和事故造成的损失。随着应急管理理论研究和实践应用的深入开展，有关应急决策方法的探讨也日益完善，如群体决策方法、基于认知的决策方法、直觉决策方法、基于预案的应急决策。这些方法各有优缺点。群体决策法能很好地吸收专家意见，体现决策的民主性和广泛参与性，但有时群体成员之间的意见很难达成一致，出现议而不决的局面，反而错过了有利决策时机。认知决策法侧重于决策者的心理模拟和联想。直觉决策方法强调决策者的经验和灵敏思维，比较适合于一线应急指挥者采用。基于预案的应急决策是在认知决策模式的基础上，融入预案知识，减少决策者在模拟和联想过程中的随意性和盲目性。本节主要介绍三种常用应急决策方法：快速决策分析、专家群体决策法和基于预案的危机决策方法。

（一）快速决策分析

应急决策需要在特殊环境下解决特殊的决策问题，危机的突发性、破坏性和无序性给决策者造成了高强度压力。为将灾害造成的损害降到最低程度，决策者必须在有限时间里迅速作出重大决策，在最短时间内控制事态的蔓延。快速决策分析就是指能够迅速运用相关决策理论帮助决策者制定危机应对方案的一类方法，其关键点是需要对将要决策的问题进行详尽的确认和分析。

（二）专家群体决策法

在灾害突发情境下，决策者不太可能具有决策状况相关的所有信息，例如，事件的规模、形式、强度、发展趋向等，并不能完全认清危机的导因和根源，即其处理信息的能力比较有限。而且，危机情境下某些特殊环境会使决策团体存在内在群体压力，以致出现群体盲目，严重影响决策的质量。为保证对灾害状况、备选方案的正确考察，对信息的科学收集与处理，决策者必须充分利用各领域专家外援，充分发挥智囊机构的作用。现代专家智囊机构在应急管理各阶段为应急决策提供专业性支持服务。

（三）基于预案的危机决策方法

预案是针对未来可能发生突发事件的构想，预先制定的应对或处置方案。这种预定的策略来源于人们对过去发生的灾害事件的认识和成功应对经验。预案具有针对性、体系性、科学性、灵活性、可操作性等特点。当出现诱发突发事件的苗头或者灾害已经暴发，就可以迅速启动相应预案，以最快速度控制灾害的蔓延，将可能造成的损失降至最低。基于预案的应急决策法是决策者通过将决策目标与预案相匹配而得到执行方案的一种新型决策方法。利用这种方法，决策者不需要在危机下从头开始设计方案，而只需要结合决策目标在预案库中匹配相应的预案。

第三节 应急指挥与救援

应急指挥要充分发挥各级各类应急指挥机构的统一指挥和协调作用，强化各方面的协同，形成有效处置突发事件的合力。国务院发布的《国家突发公共事件总体应急预案》，明确提出了应对各类突发公共事件的6条工作原则：以人为本，减少危害；居安思危，预防为主；统一领导，分级负责；依法规范，加强管理；快速反应，协同应对；依靠科技，提高素质。

应急指挥的工作内容包括启动应急响应、专业化现场指挥、资源调配与征用、专家参与和临时救助安置等。现场指挥部一般下设现场指挥组、信息保障组、后勤保障组、对外宣传组、综合协调组、治安交通管理组、社会面工作组、医疗救援组和事故调查组等。现场指挥部承担的主要职能包括：① 根据突发事件的进展、相关工作预案和领导指示，组织指挥参与现场救援的各单位迅速控制局势，力争把损失降到最低程度；② 实施属地管理，组织公安等相关部门，做好交通保障；③ 做好人员疏散和安置工作，维护社会秩序；④ 协调各相关职能部门和单位，做好调查、善后工作，防止出现次生、衍生灾害，尽快恢复正常秩序；⑤ 及时掌握和报告重要信息，研究制定紧急处置方案并报上级部门。

在紧急应对突发事件的过程中，应急管理者需要立即组织相关力量开展应急救援行动。应急救援包含两个方面的工作：一是突发事件之后，为挽救生命财产而进行的搜索与营救；二是为灾难事件所影响地区运送急需的应急资源。灾害应急救援是为减轻灾害造成的人员伤亡和财产损失，减少灾害引发的伤残、心理危机和传染病，建立有效的灾害应急救援体系和提高灾害应急救援能力。应急救援需要遵循生命第一、快速反应、科学救援的基本原则。

一、自然灾害的应急指挥和救援

自然灾害可以表述为：人力无法支配和控制的、具有一定破坏性的、通过非正常方式进行能量的释放而给人类造成严重危害的各种自然力。自然灾害具有表现形式多样、分布面广、多数突发性强、破坏力大、对人类的物质生活和精神生活伤害较大的特点。人类面临的主要自然灾害包括地震、海啸、水灾（洪涝）、泥石流、滑坡、火灾、风灾、雪灾、旱灾、雷电以及火山爆发等。其实人类生存环境中的灾害远不止这些。另外，由于人类改造自然的一些盲目行为，如滥伐森林、毁坏草原、围湖造田等，造成的诸如酸雨、沙尘暴、土地沙漠化等自然灾害，也使人类付出了惨重代价。

（一）自然灾害的救援原则

1. 生命第一

在各种资源中，人是最宝贵的资源。“生命第一”是灾害救援的基本原则和策略，尽最大的努力把受灾人员的生命抢救出来是政府的要求，也是公众的期待。落实“生命第一”应急救援原则要完善法律制度，健全快速反应体系，提升应急救援能力，加强对公众自救宣传教育，确保尊重生命原则隐含在灾害救援的每一个细节中。国家应通过灾害应急救援立法保障，建立健全各种灾害应急救援体系；专业机构应加强快速反应科学研究和队伍培训。在灾害发生时，救援人员应尽快抢修生命救援通道，保障第一时间到达受灾地区，确保72小时黄金救援时间的生命搜救，始终遵循营救生命过程中“有1%的希望尽100%的努力”。

2. 快速反应

自然灾害具有突然性、群体性、严重性特点，可能短时间内就会造成大量的人员伤亡和生命财产损失。要在第一时间到达现场，了解灾害情形，制定救灾策略，快速组织伤员搜救、院前急救、伤员转运；同时，抓紧抢修受灾的基础设施，输送救灾物资，确保灾民基本生活需求。灾害救援快速反应体现在政府层面的快速反应体系建设与公众主动参与灾害救援两个方面。灾害快速反应体系包括应急指挥机构、社会动员、领导责任、专业救援和专家咨询队伍的统一协调。我国按照统一领导、综合协调、分类管理、分级负责的原则，已初步形成了以政府统一指挥，专业机构、社会组织和公众广泛参与的快速反应体系。加强灾害救援快速反应，应进一步强化灾害应急体系中不同部门和组织的协调联动，建立国家应急管理委员会与成员单位、地方政府及相关部门和组织的协调机制，健全动员社会力量广泛参与灾害应急救援的制度体系，确保快速反应落实到行政领导和不同机构组织的行动细节中。

（二）自然灾害的科学救援

人类最新科技成果广泛应用于灾害应急救援，在防灾减灾工作上取得了长足进步。但是，面临全球自然灾害和人为灾害事件发生频度高、种类多、危害大的新形势，进一步加强灾害应急科学研究，制定有针对性的灾害救援策略，成为灾害应急救援工作亟待解决的课题。第一，制定科学的应急预案。不同类型灾害和不同地区灾害呈现自身的危害特征，应在广泛调查研究的基础上，制定科学可行的灾害应急预案，保证灾害监测、预警、预防、救援、处置、恢复重建等应急救援工作的运行效率。第二，应加强灾害应急救援基础理论和关键技术研究，将研究成果尽快应用于灾害应急救援实际，全面提升灾害事件的监测、预警、预防、应急、救援能力。第三，应注重专业救援人员的科学演练，提高专业人员灾害应急救援工作实际中的现代化指挥设施、通信工具、救援设备使用效率。第四，要强化灾害医学现场应用，提高院前急救、检伤分类、伤员转运、专科治疗和多学科协作救治的专业水平。第五，应加强社会公众灾害科学知识普及教育，提高公众自救互救的知识技能。

二、事故灾难的应急指挥与救援

（一）生产事故管理的概念与目的

在生产或劳动过程中发生的事故或与生产过程有关的事故，简称为生产事故，包括生产过程中发生的设备事故、火灾事故、交通事故、人身伤害事故、职业中毒事故和所有与生产有关的事故。本节重点讨论的是生产事故和与此相关的各类伤亡事故。

生产事故管理是指对事故的抢救、调查、分析、研究、报告、处理、统计、建档、制定预案和采取防范措施等事故发生后的一系列工作与管理的总称。根据国内多年来事故管理的经验，其主要内容可概括为以下几点。

第一，通过对发生事故中人员和财产的抢救，了解事故的发生因素，为制定事故应急救援预案提供经验，对于防范事故与人员的逃生避难有了借鉴与教训。

第二，根据事故的调查研究、统计报告和数据分析，从中掌握事故的发生情况、原因和规律，针对生产工作中的薄弱环节，有的放矢地采取避免事故的对策，达到"吃一堑，长一智"，防止类似事故重复发生的目的。

第三，通过事故管理，为制定或修改有关安全生产法律、法规和标准以及安全操作规范提供科学依据和真实数据。

第四，通过事故管理，可以使广大人民群众或员工受到深刻的安全教育，吸取事故教训，提高遵纪守法和按章操作的自觉性，使管理人员提高对安全生产重要性的认识，明确自己应负的责任，提高安全管理水平。

第五，通过事故的调查研究和统计分析，可以反映一个企业、一个系统或一个地区的安全生产水平和工作成效，找到与同类企业、系统或地区的差距。伤亡事故统计数字是检验其安全工作好坏的一个重要标志。

（二）生产事故的应急处置措施

生产事故发生后，事故当事人及现场有关人员应立即向单位领导报告，保护事故现场，为抢救受伤人员需要移动现场物体时，应记录现场原始状况，并做好标记。单位领导接到事故报告后，应立即派出事故调查人员赶赴事故现场，积极抢救伤者，并控制事故进一步扩大。同时，还应该向上级部门和安全生产监督管理机构报告事故发生情况。本节着重从安全组织管理的角度介绍事故应急处置措施。

1. 应急救援的组织措施

根据我国最新制定的有关法律和法规，任何生产经营单位都应该制定事故应急救援预案，成立相应的应急救援组织，确定抢险救援人员、救生设备、运输车辆、医疗器械和救护医生，以便在事故发生后，马上启动救援系统。救援组织应由单位领导挂帅。对于特大、重大和较大事故，一方面要积极组织抢救，另一方面要及时向上级部门和当地人民政府报告，并取得政府主管部门和专业救援机构的指导和支持，以尽量减少人员伤亡和财产损失。

2. 事故现场的控制措施

事故救援人员和事故调查人员进入事故现场后，在积极组织救援的同时，应对事故现场进行局部封闭，如设置路障、圈定事故现场边界、布置现场警戒等。事故发生后，有的事故可能会再生或继续发展，为此事故现场管理人员应当做好充分准备。救援指挥人员应当具有应对紧急情况的能力和较为丰富的指挥经验，做到科学果断，危而不乱，调动一切力量控制事故或灾情，防止扩大或蔓延。

3. 应急救援的技术措施

事故的发生本质上是能量不正常转移或不希望的能量意外释放所造成的结果。由于不同形式的能量突然释放所酿成的事故不同，事故的后果也就不同，即通常人们所说的事故大小、事故范围不同。一些波及范围较大、性质严重、复杂的事故，在实施救援的过程中往往存在继续发生事故的可能。如较大的坍塌事故、煤矿瓦斯爆炸事故、火灾事故、化学事故等，这些事故显然性质不同，但又相互联系，因此必须采取技术控制措施阻断事故连锁反应的渠道，如用通风稀释、应急照明、临时支护等安全技术手段，控制事故再次发生的危险或可能。同时要加强对参加现场救援人员的保护，做到承担救援风险而不盲目冒险。

4. 负伤人员的紧急救护措施

事故发生后，救护车辆和医护人员应及时到达现场，对伤员实施紧急救护。在负伤人员撤离现场前，救援人员应根据负伤人员的伤势情况做好简易处置，如人工呼吸、止血、骨折临时固定等，并注意救护姿势和使用担架，尽量避免拖拽，以免加重伤情。危重人员在送往医院途中，应有医护人员护理陪送。

三、突发公共卫生事件的应急指挥与救援

（一）突发公共卫生事件的应急决策

突发公共卫生事件应急决策是指突发公共卫生事件发生时的决策，即在突发公共卫生事件刚刚发生，或出现某些征兆时，在极短的时间内收集、处理有关信息，明确问题与目标，应用决策理论拟定各种可行方案，经分析评价后选择一个满意的方案，组织实施并不断地跟踪检验，及时纠正决策过程中的失误，直至问题彻底解决的一个动态过程。突发公共卫生事件应急决策实质上是应急决策理论、模式或方法等在突发公共卫生事件应对中的一种决策形式。

1. 突发公共卫生事件发生前的预防工作

建立突发公共卫生事件的应急管理系统和合理的管理机制，做好监测、预测、预报，预防突发公共卫生事件发生。

① 制定应急预案。制定应对突发公共卫生事件的预案并实施监控、培训和演练，判断事件发生的可能性，采取有效的化解与缓解措施。

② 保障疫情信息体系。建立畅通的疫情信息和卫生信息网络体系。

③ 完善医疗救治体系。建立应急救援队伍，包括心理医生、法医和院内感染科护士等。

④ 健全疾病预防体系。健全疾病预防控制体系与卫生监督体系，并建立应急卫生防疫队伍。

⑤ 储备应急救援物资，如药品、医疗器械、消毒药品、杀虫剂，设备齐全的还配备急救车辆、救护车、防疫车、卫生检测车等。

⑥ 加强公众危机教育。采用多种形式加强对公众的危机教育。

2. 突发公共卫生事件发生时的应对工作

做好各部门协同作战的指挥，协调各系统、各部门的救援力量，迅速、有效地控制事态扩展。

① 启动应急预案和落实各项应急措施，回应民众愿望，满足社会需求，减少事件对社会的危害。

② 迅速派遣医疗应急救援队和卫生防疫应急救援队，设立现场急救站或野战医院，就地及时处置危重伤病人员。时间就是生命，以第一时间抢救伤病员为首要任务，使受到危害的群众获得及时、正确的急救、治疗和照料，迅速合理转送。做好医院内感染的预防，妥善做好尸体处理。

③ 开展现场流行病学调查和公共卫生学评估，制定现场紧急卫生防疫方案，组织力量，开展疫情收集与报告、疾病的预防与控制和各项卫生监测检验、监督与评价工作；进行健康教育与促进，发动群众，开展群众性卫生运动。

3. 突发公共卫生事件发生后的恢复工作

尽快恢复正常生活秩序，重建医疗卫生服务体系。

① 最大限度地减轻突发公共卫生事件的后果，把损失降到最低。

② 严防事态蔓延或衍生灾害。

③ 总结经验，对事件应对工作的全过程进行评估。

（二）突发公共卫生事件的应急管理体系

突发公共卫生事件应急管理是一项复杂的系统工程，需要一个科学、合理、协调的运行体系来保证应急管理高效、有序展开。突发公共卫生事件应急管理体系是为应对突发公共卫生事件而建立的组织结构，是保证应急管理工作有效运行的一系列组织安排和条件保障，是应急管理的基础和核心。按照《国家突发公共卫生事件应急预案》的规定，应急指挥部按两级结构组建，分全国突发公共卫生事件应急指挥部和省级突发公共卫生事件应急指挥部。

1. 全国突发公共卫生事件应急指挥部

依照《国家突发公共卫生事件应急预案》的规定，国家卫健委在国务院统一领导下，负责组织、协调全国突发公共卫生事件应急处理工作，并根据突发公共卫生事件应急处理工作的实际需要，成立全国突发公共卫生事件应急指挥部。

2. 省级突发公共卫生事件应急指挥部

实行属地管理的原则，负责对本行政区域内突发公共卫生事件应急处理的协调和指挥。

3. 专家咨询委员会

国务院卫生行政部门和省级卫生行政部门都必须组建突发公共卫生事件专家咨询委员会。

4. 应急处理专业技术机构

医疗机构、疾病预防控制机构、卫生监督机构、出入境检验检疫机构等都是突发公共卫生事件应急处理的专业技术机构。

（三）突发公共卫生事件的监测预警系统

通过长期不间断地监测公众健康和公共卫生问题，发现危机的蛛丝马迹或突发事件的苗头、迹象，迅速、准确地作出突发公共卫生事件预警报告，制定防范的具体措施，做好应对突发公共卫生事件的准备。科学的监测是有效预防和控制突发公共卫生事件的基础，也是做好突发公共卫生事件应急处理工作的前提。监控系统的建设包括全国医院传染病监控、全国疾病报告系统、食源性疾病动态监控、全球新发传染病监控等。

1. 突发公共卫生事件的监测

国家建立统一的突发公共卫生事件监测、预警与报告网络体系，各级医疗机构、疾病预防控制机构、卫生监督机构和出入境检验检疫机构负责开展突发公共卫生事件的日常监测工作；省级人民政府卫生行政部门要按照国家统一规定和要求，结合实际组织开展重点传染病和突发公共卫生事件的主动监测；国务院卫生行政部门和地方各级人民政府卫生行政部门要加强对监测工作的管理和监督，保证监测质量。

2. 应急信息共享

在充分利用现有资源的基础上建设医疗救治信息网络，实现卫生行政部门、医疗救治机构与疾病预防控制机构之间的信息共享。突发事件一旦发生，各系统都应根据事先制定的计划和相关法律法规进行程序化运作，快速启动反应系统，从而使各项救援工作有条不紊地进行。要充分发挥现有医疗机构、疾病预防控制中心与卫生监督所的应急救援作用，与此同时，根据应急工作的需要，可派遣或临时组建医疗应急救援队伍和卫生防疫应急救援队伍。医疗救治体系按照“中央指导、地方负责、统筹兼顾、平战结合、因地制宜、合理布局”的原则，逐步在全国范围内建成包括急救机构、传染病救治机构和化学中毒与核辐射救治基地在内的，符合国情、覆盖城乡、功能完善、反应灵敏、运转协调、持续发展的医疗紧急救治体系。

3. 实验室检测体系

当突发公共卫生事件出现时，为了能及时确诊病源及确认生物或化学恐怖物质，必须建立一套综合的、多层次的实验室应急网络，保证先进、快速的生物鉴别和诊断能力，及时为应急工作提供准确的科学依据。国家和省级的疾病预防控制中心卫生监督机构指定的专业检验检测单位，在地方专业机构的配合下，按有关技术规范采集足量、足够的标本，分送省级和国家应急处理功能网络实验室检测，查找致病原因。

4. 疾病预防控制体系

国家建立统一的疾病预防控制体系和疾病控制专业队伍，各省（区、市）、市（地）、县（市）加强疾病预防机构和基层预防保健组织建设，强化医疗卫生机构对疾病预防控制的责任，健全快速畅通的疫情信息网络，改善疾病预防控制机构基础设施和实验室设备条件。国家建立统一的卫生执法监督体系，落实责任，规范执法监督行为，加强卫生执法监督队伍建设。对卫生监督人员实行资格准入制度和在岗培训制度，全面提高卫生执法监督能力和水平。

5. 信息发布系统、透明

应急处理体系中必须有一套准确、透明的信息发布体系。国家建立突发公共卫生事件应急决策指挥系统的信息、技术平台，承担突发公共卫生事件及相关信息收集、处理、分析、发布和传递等工作，采取分级负责的方式实施。

四、社会安全事件的应急指挥与处置

（一）社会安全事件的概念和特征

社会安全事件一般包括重大刑事案件、重特大火灾事件、恐怖袭击事件、涉外突发事件、金融安全事件、规模较大的群体性事件、民族宗教突发群体事件、学校安全事件，以及其他社会影响严重的突发性社会安全事件。

社会安全事件应急管理是通过一系列有效管理行为来预防和处理社会安全事件，以使公共组织及其成员摆脱危机的行为过程。

1. 社会安全事件发生前的有效预防

重在加大政策调整力度，促进社会化保障体系和法律制度的建立、完善，减轻群众负担和保障权益，做好就业、劳动及福利保障、救济扶困等；建立社会预警机制，提高快速反应能力；畅通公众参与渠道，拓宽公众参与途径，完善科学民主决策机制；不断提高各级干部的危机意识，科学决策和及时控制、有效处理社会矛盾的能力。

2. 社会安全事件发生时的及时应对

社会安全事件一旦暴发，就应积极处置，并把握以人为本、及早化解、依法处理、慎用警力、当地领导负责五大原则。在处置过程中，具体采取七种基本方法：一是迅速控制事态。争取由大变小，由热变冷，由强变弱，防止其蔓延扩大。二是提出整体方案和对策。了解事态起因、参与人群情况，有针对性地作出应对策略。三是统一行动。要精心组织部署，明确责任分工，各方联合行动，才能全面解决问题。四是政府及有关领导直接对话，进行解释，消除误解和对立情绪。五是主导舆论导向。利用主流媒体做好正面宣传报道，减少和消除谣言和不实传闻造成的负面影响。六是组织纪律约束。利用归属组织做教育工作，进行纪律约束，最大限度地减少参与事件的人数规模和越轨言行。七是法律措施。利用执法机关依法处置，保护公民合法权益，打击违法犯罪行为。

3. 突发社会安全事件发生后的修复重建

事后要对社会安全事件进行评估，总结经验教训，改进管理和工作方法，采取有效措施做好社会安全秩序的恢复重建，在机制、管理、设施等方面进行改进和修复，并继续利用各种渠道对社会安全事件参与人员进行教育、疏导和善后工作，从根本上防止事件再次发生。

（二）社会安全事件的应急指挥与处置流程

社会安全事件发生后，组织处置工作的人民政府应当立即组织有关部门并由公安机关针对事件的性质和特点，依照有关法律、行政法规和国家其他有关规定，采取下列一项或者多项应急处置措施。

（1）强制隔离使用器械相互对抗或者以暴力行为参与冲突的当事人，妥善解决现场纠纷和争端，控制事态发展。

（2）对特定区域内的建筑物、交通工具、设备、设施以及燃料、燃气、电力、水的供应进行控制。

（3）封锁有关场所、道路，查验现场人员的身份证件，限制有关公共场所内的活动。

（4）加强对易受冲击的核心机关和单位的警卫，在国家机关、军事机关、国家通讯社、广播电台、电视台、外国驻华使领馆等单位附近设置临时警戒线。

（5）法律、行政法规和国务院规定的其他必要措施。

严重危害社会治安秩序的事件发生时，公安机关应当立即依法出动警力，根据现场情况依法采取相应的强制性措施，尽快使社会秩序恢复正常。

第四节 应急避难场所与应急疏散

一、避难场所选址

（一）应急避难场所

应急避难场所是应对突发公共事件的一项灾民安置措施，是现代化大城市用于民众躲避火灾、爆炸、洪水、地震、疫情等重大突发公共事件的安全避难场所。紧急时避难，闲时利用应急逃生模拟平台宣传应急逃生知识。避难场所是世界各国政府和社会面对各种突发性灾害事件时，紧急疏散及临时安置灾民的主要场所，是灾害期间的一种重要灾民安置设施。与个人家庭中设置的避难空间不同，应急避难场所是为了人们能在灾害发生后一段时期内，躲避由灾害带来的直接或间接伤害，并能保障基本生活而事先划分的带有一定功能设施的场地。应急避难场所具有应急避难指挥中心、独立供电系统、应急直升机停机坪、应急消防措施、应急避难疏散区、应急供水等11种应急避险功能，形成了一个集通信、电力、物流、人流、信息流等为一体的完整网络。

2003年我国建成了第一个应急避难场所——北京元大都城垣遗址公园，填补了我国大城市应急避难场所的空白。到目前为止，我国已有很多城市建有应急避难场所，除北京外，还有唐山、成都、天津、南京、邢台、松原、威海等，这些应急避难场所多为市民平日休闲活动的广场、公园和学校的操场等。

（二）应急避难场所的规划和选址

1. 规划选址原则

应急避难场所是城镇居民灾前和灾时应急避难的重要场所，是灾后救援和恢复重建的重要组成部分，也是城镇平时功能的主要构成部分。它是依据城镇建设的特点、人口分布及避难场所的应用和发展等相关法规、标准，通过统筹规划、设计并建设，实施科学管理，用于突发灾害事件发生时居民安全避难、协助人员宿营和救灾指挥中心设置的多功能场所。合理规划、设计、建设避难场所是城镇总体建设规划和综合防灾规划中不可忽视的内容，是城镇防灾减灾工作的重要举措。

防灾避难场所的规划要遵循：以人为本、就近布局、保证安全、容易操作、方便通达、资源整合等几个方面的原则。防灾避难场所应统筹规划，即一个城镇只有一个防灾避难场所管理系统，避免多头、重复建设；一个城镇设置一个防灾避难指挥中心，统一指挥，统一协调，统一行动。科学制定日常管理、防灾设施维护与更新及灾时开启、利用与关闭的管理体制。未发生灾害时，这些场所具有日常的使用功能，如公园、休闲广场等，灾害来临时能够立即启用各种防灾设施，快速转换为避难场所。

根据应急避难场所建设规定的要求，应进一步增强城市综合防护功能，提升城市应急避险能力，以应对地震等自然灾害为主，适当兼顾其他突发公共事件，科学合理地建设应急避难场所，满足灾时避难需求，保障市民生命安全。城镇防灾避难场所的规划、设计、建设既要遵循相关法规、标准的规定，符合避难疏散的基本原则，又要综合利用、优化组合城镇避难场所的资源，同时还要考虑城镇人口资源、公共设施资源（特别是城镇生命线系统、医院、公安和消防部门）以及它们在城镇的分布，推进城市应急避难场所标准化、规范化建设。

2. 城镇防灾避难场所类型

城镇防灾避难场所按照不同的标准，可以分成不同类型。

（1）按服务对象划分。城镇防灾避难场所可以为支援灾区的部队、工程技术人员、医疗队、志愿者和救灾指挥服务机构等服务，可以为城镇居民服务，还可以同时为两者服务。据此，可划分为：避难型，提供城镇居民避难服务；指挥宿营型，为支援灾区的人员和指挥机构服务；集合型，同时为城镇居民、援助人员及指挥机构服务。

（2）按规模与功能划分。避难场所的规模是指避难场所的避难服务面积。面积大于50公顷的是中心避难场所，一般城镇只有1个。特殊的大城市也只有少数几个，多为指挥宿营型。10公顷左右的是固定避难场所，1公顷左右的是紧急避难场所，其中固定避难场所有可能是集合型的。

（3）按避难时间长短和服务半径划分。对应《地震应急避难场所场址及配套设施》（GB 21734—2008），根据避难时间长短可把避难场所划分为三类，考虑临时应急避难的特殊性和重要性，增加一类临时避难场所，即四类避难场所。Ⅰ类避难场所提供避难时间为一个月以上，服务半径3 000米，步行0.5~1小时到达，主要为市级公园；Ⅱ类避难场所提供避难时间为10~30天，服务半径1 500米，步行0.5小时内到达，主要为区级公园、省市体育用地、大专院校操场等；Ⅲ类避难场所提供避难时间为10天以内，服务半径800米，步行15分钟内到达，主要为居住区级公园、区体育用地；Ⅳ类为临时避难场所，服务半径300~500米，步行5~10分钟内到达，主要为中小学操场、小型绿地广场、居住小区级公园。

（4）按使用空间划分。可分为开放空间和封闭空间两种类型。一是避难场地，像公园、绿地、城镇空地、广场、体育场和操场、露天的停车场和集贸市场等，利用开放空间搭建帐篷、简易房或过渡安置房供避难人群栖身；二是避难所，像体育馆、学校教室等各类房屋建筑，利用既有的封闭空间供避难。

二、现场隔离及疏散危险区域确定

（一）现场危险区域的确定

灾难事故现场隔离与疏散区域应适当考虑污染物和危险源等因素综合确定，一般可根据危险物危险程度由高到低的分布，将现场危险区域划分为重度危险区、中度危险区和轻度危险区。

（二）事故现场分区隔离

为避免人员被污染，对事故现场要实行分区隔离。国际惯例常用如下分区。

1. 热区，即危险区域

紧邻事故污染现场的地域，一般用红线将其与其外的区域分隔开来。在此区域救援人员必须装备防护装置以避免被污染或受到物理损害。

2. 温区，即缓冲区域

围绕热区以外的区域即温区，在此区域的人员要穿戴适当的防护装置，避免二次污染的危害。一般以黄色线将其与其外的区域分隔开来，此线也称为洗消线。所有出此区域的人必须在此线上进行洗消处理。

3. 冷区，即安全区域

洗消线外称为冷区，患者的抢救治疗、支持指挥机构设在此区。

（三）事故现场工作注意事项

事故现场工作注意事项主要有：① 现场采样、监测人员必须服从现场负责人和安全管理人员的指挥。② 现场采样、监测工作人员要熟悉工作程序，保证现场采样、监测工作安全开展。③ 进入现场前要充分向安全管理人员了解所进入现场的基本状况，包括各种危害因素的状况如物理性质、化学性质、生物特性等。根据上述情况采取穿戴相应的防护服、口罩、安全帽或隔离衣等防护措施。④ 进入现场需用交流电源时，必须由电工接线，严禁自行接线。⑤ 进入需要防爆处理的工作场所，必须使用防爆仪器进行采样、监测，不得带入火种等危险物品。⑥ 需进入急性化学性中毒事故、放射性事故现场时，除采取相应防护措施以外，必须进行剂量、停留时间等参数估算，还必须得到现场负责人和中心领导的批准。经两名及以上工作人员相互检查确认所采取的相应防护措施合适有效时，方能进入现场，并严格控制停留时间。⑦ 遇到意外事故，立即采取紧急处理措施，并分别以口头和书面形式报告领导或安全管理部门。

三、应急疏散的影响因素

应急疏散过程极其复杂，总体来说，受到个体特质、人群行为、建筑设计和应急管理四个方面的相互影响。

（一）个体特质

个体特质不同的人对于灾害迹象的反应存在很大的差异，年龄、性别、体质、生理缺陷、受教育程度、风俗习惯、信仰和经验、疏散现场熟悉度、睡眠状况等都可能影响人员的反应。因此，人员应急疏散必须综合考虑个体特质因素。

（二）人群行为

一般可将群体划分为正式群体和非正式群体。正式群体有一定的规章制度，有既定的目标，有固定的编制和群体规范，如政府机关、学校、工厂等。非正式群体的人们只在空间和时间上结成群体，如偶然性人群、过激性人群，这类人群在群体形成的最初阶段，疏散安全问题较为严重。从安全疏散角度讲，人群的特征与组成人群的个体之间同样有着很大的差异。灾害发生时，如果建筑内的人们在无救援的条件下已无法逃生，需要寻找避难场所，等待救援人员到达。

（三）建筑设计

建筑设计的疏散影响因素包括建筑结构的抗灾等级、装饰材料、抗灾分区、特征、布局、安全出口、疏散走廊、楼梯以及疏散系统的应急照明系统、指示系统、通信系统、防排烟系统、自动报警系统、灭火系统、救生器材等。建筑物中影响人的行为心理因素主要是其复杂程度，尤其是建筑中的疏散通道、楼梯和疏散出口等与安全撤离密切相关。

（四）应急管理

应急管理涉及应急疏散预案、疏散演习和培训等。规范化的应急疏散预案编制，能充分有效地发挥疏散应急预案的作用，最大限度地降低灾害造成的人员伤亡和财产损失。一个完备的疏散预案应包括组织机构职责、灾害报告、启动程序、控制事故措施和培训、演练，尽可能明确应急监测、应急预警、通信广播和信息保障，细化疏散救援、疏导人员等现场应急内容，只有这样才能在发生灾害时按部就班地实施安全疏散计划。

四、应急疏散模拟

应急疏散模拟关于人群疏散的研究主要体现在建筑消防设计上，是为建筑物性能化消防设计提供技术支持，其对人群疏散理论的研究始于20世纪30年代，首先是建立起了人流速度与人群密度之间的关系式，之后各国分别对大型商场、地铁站、体育赛场人流进行了分析研究，建立了不同类型的聚集人群的水平投影的平均尺寸，并分析了行人流量与人流速度和人流密度之间的关系。人员疏散分析方法主要包括经验公式法和动态模拟法。

（一）经验公式法

经验公式法包括基于单位出口宽度概念的计算方法、Pauls的经验公式、英国Melinek和Booth公式、俄罗斯关于高层建筑疏散的计算方法等。在北美地区、英国、瑞典以及大洋洲地区普遍采用基于有效宽度和密度速度模型的疏散分析算法；日本《避难安全检证法》提出基于有效流动系数的疏散分析算法。经验公式法的特点是：计算速度快、易于掌握和使用，适用于结构简单场所的疏散容量分析和疏散时间预测，但无法描述疏散过程中人的行为细节，对于建筑结构复杂的场合计算结果较实际情况偏差大。

（二）动态模拟法

在建筑设计中，疏散通道上的回转和拐角、楼梯的级数和坡度对疏散分析结果都会产生影响。复杂结构的建筑，其房间、大厅与通道之间相互连通与交汇，疏散过程中自由度大大增加，导致疏散分析变得十分复杂，有些情况下通过逻辑分析得到令人满意的疏散分析结果几乎是不可能的。借助计算机软件可以对疏散过程中人们的行动过程进行模拟，模型中考虑了建筑结构因素、人员自身类型条件、人群相互作用因素，甚至心理因素和环境变化因素，综合多种因素可以实现人员疏散在具体场景下的模拟，得到更为可信的疏散分析。

专栏6-1　建筑物火灾疏散时间计算

建筑物发生火灾后，居民疏散时间计算分为两个部分：着火房间的疏散时间计算和着火层的疏散时间计算。在每一部分中将疏散分为三个阶段，相对应三个阶段的时间分别为疏散准备时间、到达出口时间和排队通过出口时间。

1. 着火房间的疏散时间计算

疏散准备时间：$t_1=\frac{\sqrt{A}}{30}$。式中：A为房间面积（m^2）。

到达出口时间：$t_2=\frac{I}{V}$。式中：I为房间距门口最远距离（m）；V为步行速度（m/s）。

排队通过出口时间：$t_3=\frac{P}{NB}$。式中：P为出口聚集的人数（人）；N为流动系数（人/m·s）；B为门的宽度（m）。

2. 着火楼层的疏散时间计算

疏散准备时间：$t_1=2\sqrt{A}+\alpha$。式中：A为楼层面积（m^2）；α为住宅建筑参数，宾馆设定$\alpha=300$ s，其他建筑设定$\alpha=180$ s。

到达出口时间：$t_2=\frac{I}{V}$。式中：I为从楼层最远处到楼梯间距离（m）；V为步行速度（m/s）。

排队通过出口时间：$t_3=\frac{P}{NB}$。式中：P为出口聚集的人数（人）；N为流动系数（人/m·s）；B为门的宽度（m）。

思考与练习

1. 应急资源包括哪些种类？准备救灾物资需要注意哪些问题？
2. 应急物资储备主要分为哪几种模式？各自的优缺点是什么？
3. 应急资源的调配有哪些特点？调配方式有哪些？
4. 应急决策与常态决策的差别是什么？应急决策的工作流程是什么？
5. 常见的应急决策方法有哪些？
6. 四种类型突发事件的应急指挥与救援分别需要注意哪些特殊的问题？
7. 应急避难场所的规划选址应注意哪些原则？
8. 影响应急疏散的因素有哪些？

第七章 恢复与重建

学习目标

通过本章的学习，应能够了解灾害损失的类型、补偿的方式，应急管理绩效的特征及评价意义，恢复重建的目标与原则，多周期性灾害和衍生次生灾害的特征及危害；理解巨灾保险的运行体系，应急管理绩效评价的要素及应急管理问责制的原则，灾后区域规划的要点；掌握灾害损失核算方法，应急管理绩效评价的具体要求和处置程序，多周期灾害和衍生次生灾害的应对措施，救灾指挥机制的建立及恢复重建的具体任务。

导读

汶川地震灾后重建

汶川地震是新中国成立以来破坏性最强、波及范围最广的一次地震。汶川地震灾后恢复重建是一项十分艰巨的工作。国家、地方各级政府和规划建设主管部门在做好抗震救灾工作同时，紧急启动了灾后恢复重建规划工作。灾后重建规划坚持以人为本，优先恢复重建受灾群众基本生活和公共服务设施；坚持尊重科学、尊重自然，充分考虑资源环境承载能力，科学民主决策；坚持统筹兼顾，与推进工业化、城镇化和新农村建设相结合，与主体功能区建设和产业结构优化升级相结合，与保护弘扬中华民族的人文精神相结合；坚持以地方为主，充分发挥灾区干部群众自力更生、艰苦奋斗的精神，在国家和兄弟省（区、市）的支持下建立灾后恢复重建对口支援机制，实现灾后重建和发展目标。

国家汶川地震专家委员会进行现场调查研究、科学论证、地质地理条件评估和建设项目科学选址，同时做好相关方面的专项评估。首先，灾害范围评估。对汶川地震的灾害范围提出评估报告，明确划分标准，区分严重受灾地区和一般灾区，为确定规划范围提供依据。其次，灾害损失评估。对城乡住房、基础设施、公共服务设施、农业生态、工商企业等灾害损失进行全面、系统的评估。最后，资源环境承载能力评价。根据对水土资源、生态重要性、生态系统脆弱性、自然灾害危险性、环境容量、经济发展水平等的综合评价，确定可承载的人口总规模，提出适宜人口居住和城乡居民点建设的范围以及产业发展导向。

汶川地震后，地震重灾区的次生灾害将进入新一轮高发期。根据有关专家预测，震后2~3年，崩塌灾害将逐步减少；地震5年后，滑坡灾害将十分严重；震后10年内，滑坡—泥石流灾害链将进入高度活跃期。泥石流灾害将是恢复重建中的严重灾害，这些次生灾害将长期影响灾后重建和群众生产生活。因此全面细致的地质勘查工作亟须加快跟进，以避免新建的乡镇和村庄又处于地震断裂带、滑坡、崩塌、泥石流等地质不安全区域。将地震安全性评价纳入灾区重大建设工程的基建程序，避免重建项目在没有规划指导和场地地质调查的情况下盲目动工，仓促上马，使重建规划经得起历史的检验。

在党中央、国务院的领导下，面对艰巨繁重的灾后恢复重建任务，四川全省人民，特别是灾区人民自力更生、艰苦奋斗。从2008年10月到2010年9月，两年时间的呕心沥血，700多个日夜的艰苦奋战，纳入国家重建规划的29 700个重建项目已开工99.3%、完工85.2%，概算总投资8 613亿元已完成7 365.9亿元、约占85.5%，圆满完成中央“三年重建任务两年基本完成”的目标。

资料来源：尹强，张莉.汶川地震灾后重建规划回顾，规划中国网站，2018-05-13.

第一节
灾害损失核算与保险赔偿

一、灾害损失的类型

灾害损失，是指由于灾害而引起的各项财产损失，又称非常损失。灾害造成的损失主要包括经济损失、社会损失和环境损失。

（一）经济损失

灾害造成的经济损失按照受灾主体通常可以划分为个人经济损失、企事业单位与其他社会组织经济损失和公共服务系统经济损失三类。

1. 个人经济损失

灾害对个人造成的经济损失主要包括对个人的生活用品、生产资产、不动产等个人财产造成的直接或间接损失。

2. 企事业单位与其他社会组织经济损失

灾害对企事业单位与其他社会组织造成的损失主要包括货币资产损失、存货及工程物资损失、固定资产损失。货币资产损失是指灾害造成的现金及现金等价物的丢失或破损。存货及工程物资损失是指各类材料、在产品、半成品、产成品或库存商品以及包装物、低值易耗品、委托加工物资等流动资产的损失。固定资产损失是指房屋、建筑物、机器、机械、运输工具以及其他与生产经营活动有关的设备、器具、工具等非流动资产损失。

3. 公共服务系统经济损失

公共服务系统是指为社会生产和居民生活提供公共服务的物质工程设施和用于保证国家或地区社会经济活动正常进行的服务系统，是社会赖以生存发展的一般物质条件。灾害对公共服务系统造成的损失主要包括对供电供水供气系统、公共交通系统、通信系统、市政工程等基础设施的直接破坏所造成的经济损失。

（二）社会损失

灾害造成的社会损失主要包括社会群体身心创伤、社会秩序失衡和社会发展障碍。社会群体身心创伤是指灾害造成的人身损伤和心理障碍。社会秩序失衡是指由于灾害造成的短期政府领导力下降，从而导致的违法犯罪活动激增的现象。社会发展障碍是指灾害对受灾地区未来发展的长期负面影响，一场灾害对一个地区社会发展的影响往往是十几年，甚至几十年都难以完全消除的。

（三）环境损失

灾害造成的环境损失主要包括自然资源短缺、环境污染及生态破坏。自然资源短缺是指由于灾害造成的人类赖以生存发展的由自然界直接或间接提供的资源的短缺，如地震造成的水资源短缺。环境污染是指灾害引发的向环境中添加某种物质超过环境的自净能力而产生危害的行为，如火灾造成的空气污染。生态破坏是指灾害引起的生态退化及由此衍生的环境效应，导致了环境结构和功能的变化，对人类生存发展以及环境本身发展产生不利影响的现象，如森林火灾造成的荒漠化问题。

二、灾害损失核算方法

灾害损失核算是指通过某种技术或人为手段对灾害损失进行的经济衡量。灾害损失核算是实现灾害补偿的前提和依据。在社会实践中，常用的灾害损失核算方法有灾难级别评估法、专家判断法和受灾主体申报法。

（一）灾难级别评估法

灾难级别评估法适用于具有明确级别划分的灾难类型。例如，震级是表示地震强弱的量度，是划分震源放出的能量大小的等级，地震按照震级可以划分为1~9级，灾害损失评估步骤如下：首先，在地震发生后，政府需要根据气象部门报送的结果确定震级。其次，根据震级—损失系数对照表直接得出灾害造成的经济损失系数。最后，将损失系数与受灾主体权重相乘求得某主体的灾害损失。

在使用该方法时一定要秉持客观和公正的原则，尤其是地方政府对受灾主体权重的赋值具有相当程度的主观性，因此一定要慎重估测。对于没有明确级别划分的灾难类型（如网络安全突发事件）则不可用此方法。

（二）专家判断法

专家判断法是由见识广博、知识丰富的专家根据多年的理论基础、实践经验和判断能力对灾害损失进行判断和估算的一种方法。

1. 专家个人意见集合法

专家个人意见集合法首先向各个专家征求意见，要求他们对本次灾害损失作出独立的个人判断，然后再对此加以综合，确定估算值。

2. 专家小组法

专家小组法是指由多个专家组成几个估算小组，分别以小组为单位进行估算，再进行综合论证。

3. 德尔菲法

德尔菲法的做法是通过函询方式向若干专家分别征求意见，各专家在互不通气的情况下，根据自己的观点和方法进行估算，然后政府将各专家的判断汇集在一起，并采用不记名的方式反馈给各位专家，请他们参考别人的意见修正本人原来的判断，如此反复数次，最终确定估算的结果。

（三）受灾主体申报法

受灾主体申报法是指在规定的时间内受灾主体通过政府专设的救灾服务窗口进行申报以确定灾害损失。申报流程如下：首先，受灾主体携带个人有效身份证件、受损证据（影像资料）及原始票据（含买价及完税凭证）到指定窗口提出申报。其次，有关部门3~5个工作日审核。最后，审核完成后书面通知申报人审核结果，若申报通过则备案归档。

受灾主体申报法适用于企事业单位等账证齐全、票据完备、便于核查的机构或组织，对于个人则通常不适用此法。

三、灾害补偿类型

灾害补偿是指以灾害损失为依据，对受灾主体进行的经济补偿。灾害补偿按照资金来源主要可以划分为政府补偿、保险赔偿和社会援助三种类型。

（一）政府补偿

政府补偿的主要形式有财政拨款、财政贴息、税收返还、无偿划拨非货币性资产。其中对于个人的补偿通常采用财政拨款方式直接给予货币资金以援助灾民重建家园。如果遇到重大自然灾害，受灾地区县级人民政府民政部门将根据灾情、受灾面积等情况对农民、农业专业合作社、农业企业等给予适当的救灾资金扶持。

（二）保险赔偿

灾害保险，是以财产本身以及与之有关的经济利益为保险标的的保险。保险人对所承保的财产负赔偿责任的范围包括：因遇保险责任范围内的各种灾害而遭受的损失、进行施救或抢救而造成的损失以及相应支付的各种费用。依据灾害类别，灾害保险规定有不同的险种，如火灾保险、雹灾保险、地震保险、洪水保险等。

（三）社会援助

灾害社会援助可细分为社会民众援助、国内政府援助和国际援助，其特点表现为捐助人的自愿性、援助的无偿性、援助来源的广泛性和方式的多样性。灾害援助物资一般通过政府部门和一些非官方慈善机构转到灾民手中。灾难援助主要用于减少损失、灾后恢复和重建家园三个方面。

四、巨灾保险

我国是一个灾害频发的国家，灾害造成的损失呈逐年递增的趋势。如何应对这些损失成为我们面临的一个难题，仅仅依靠政府救助和社会捐赠在巨灾面前是远远不够的。巨灾保险作为转移风险的有效方式，是我们面对巨灾的必要选择。如何发展巨灾保险是值得我们探讨的问题。近年来，在国家和各大保险机构的大力推动下，巨灾保险在我国逐步发展起来。

（一）巨灾保险的含义

巨灾保险是指对因发生地震、飓风、海啸、洪水等自然灾害，可能造成的巨大财产损失和严重人员伤亡的风险，通过巨灾保险制度，分散风险。巨灾是指对人民生命财产造成特别巨大的破坏损失，对区域或国家经济社会产生严重影响的自然灾害事件。这里的自然灾害主要包括地震与海啸、特大洪水、特大风暴潮。

（二）建立我国巨灾保险体系

1. 建立巨灾管理委员会

巨灾管理委员会由政府代表、商业保险公司代表和学术界权威人士组成。巨灾管理委员会的主要职责应为：重视事前防范，开发和修建防灾的公共设施；吸纳优秀人才，完善我国巨灾方面的研究技术和数据收集；管理巨灾风险基金，该基金由投保人缴费、政府补贴；成立巨灾测评专项小组并制定巨灾保险管理办法。

2. 完善巨灾保险的立法

第一，巨灾保险的适用范围，即巨灾保险仅对财产损失予以赔付还是将人身伤亡也纳入保障范围。第二，巨灾保险的定位，即巨灾保险是政策性保险还是商业保险。第三，巨灾保险的实施形式，即巨灾保险是采取强制保险还是自愿保险，抑或二者结合的方式。第四，巨灾保险基金的内容，即巨灾保险基金的来源、运作和管理等方面须立法予以明确。第五，巨灾保险的理赔，其要解决的是巨灾风险发生后，保险人如何履行责任的问题，如无保单理赔、被保险人和受益人均死亡时保险金的给付和理赔应急机制的建立。

3. 对于灾害发生可能性比较大的地区限额承保

设置免赔额上限和下限，一方面可以减轻受灾以后的赔偿负担，也因此降低了保费，以扩大保险范围；另一方面督促公众做好防灾防损工作，避免道德风险的发生。

4. 发行巨灾债券

在巨灾债券交易过程中，再保险公司与保险公司签订再保险合同，同时在资本市场上向投资者发行巨灾债券。再保险也称分保，是保险人在原保险合同的基础上，通过签订分保合同，将其所承保的部分风险和责任向其他保险人转移的行为。如果事先确定的巨灾事件没有发生，投资者将收回他们的本金和利息，作为使用他们资金及承担风险的补偿。反之，如果巨灾事件发生了，那么投资者就会损失利息、本金或者全部，特殊目的再保险公司将筹集资金转给保险公司来兑现再保险合同。

5. 建立巨灾风险基金

其资金可以从四条渠道筹集：一是通过国家财政，每年按照当年GDP的一定比例直接拨付，此项拨付应该优于其他需要；二是商业保险公司从每年收取的保费中按一定比例提取，提取的部分可以参照保险保障基金的方法进行管理；三是利用财政拨付和从保险公司提取的资金进行投资，以促进资金的保值增值，该部分资金的投资宜集中于低风险甚至无风险的领域；四是国家可以利用财税杠杆，实施减税政策，降低现行保险公司的整体税率或者对巨灾险营业额的部分税负。随着技术的成熟，保险体系会更加完善，保险公司和其他部门的合作也会更加有效。巨灾保险的实践及推广有利于将灾害的损失降到最低，并更快地促进灾后重建和经济发展。

专栏7-1　宁波市自然灾害的巨灾保险体系

2014年11月11日，在国家有关监管部门的支持下，宁波成为全国首批试点巨灾保险的城市之一，首创既保人身又保财产的巨灾保险机制。宁波市民因为台风、雷暴等天灾，导致人身或家庭财产损失，都将获得由政府财政购买的政策性保险的理赔救助，受益人口1 000万人。巨灾险的保费全部由宁波政府财政资金承担，其中第一年斥资3 800万元，购买总额6亿元的巨灾风险保障。

2015年7月11日16时，“灿鸿”以强台风级别在浙江省舟山朱家尖登陆，宁波全市受灾乡镇109个，受灾人口60.5万人，直接经济损失27.37亿元。宁波市保险公司在短短的一周就完成了6.7万户受灾居民的查勘和5.1万户的定损，保险赔偿2 900多万元。巨灾保险为宁波地区灾后重建提供了有效的帮助。

宁波市的巨灾保险体系由公共巨灾保险、巨灾基金和商业巨灾保险三个部分组成。第一部分是公共巨灾保险。宁波市是全国首个为市民提供人身和财产同时保障的巨灾保险的城市，保障范围涵盖台风、强热带风暴、龙卷风、暴雨、洪水和雷击（雷击仅针对人身伤亡）自然灾害及其引起的次生灾害造成的人身和财产损失。赔付标准为：居民人身伤亡抚恤最高赔偿限额为每人10万元，家庭财产损失救助最高赔偿限额为每户2 000元。对居民在灾害期间的见义勇为行为导致死亡、残疾的，由保险机构额外再赔付最高每人10万元的见义勇为增补抚恤。

第二部分是巨灾基金。宁波市巨灾基金按照政府财政投入与发动社会各方共同参与的原则建立，主要来源包括财政注资，慈善机构及企业、民众等捐助，向保险公司提供风险分担保障对应的保费转入、投资收益等，形成一个全社会共同参与、应对巨灾风险的公共平台，成为政府应对巨灾的“资金储备池”。初期由政府拨付500万元设立，主要用于补偿超过保险公司赔偿限额的居民人身伤亡抚恤和家庭财产损失救助。

第三部分是商业巨灾保险。由商业保险公司开发提供相关巨灾保险产品，居民自愿购买，以满足居民更高层次、个性化的巨灾保险需求。

目前，宁波巨灾保险已经形成“1+N”运营模式，以自然灾害为主体，叠加突发公共安全事件、突发公共卫生事件应对等内容，不断增强城市管理“韧性”。

资料来源：根据宁波巨灾险：为城市管理添“韧性”，潇湘晨报，2021-05-08整理。

第二节
应急管理绩效评价与问责制

绩效可以简单地理解为“成绩”加“效果”。绩效评价是指运用一定的评价方法、量化指标及评价标准，对被评价主体绩效目标的实现程度，以及为实现这一目标所安排预算的执行结果进行的综合性评价。在应急管理绩效评价中，被评价主体通常指突发事件所在地的相关政府机构，应急管理绩效评价工作是应急管理问责的前提。

一、应急管理绩效的特征

（一）效益的单一性

应急管理绩效是政府非常态下的一种绩效，是政府管理绩效的重要组成部分，但又明显区别于其他政府管理绩效。政府管理绩效包括经济效益、社会效益、政治效益和文化效益等，而应急管理绩效只产生社会效益。在突发事件中政府发挥的作用就是快速恢复被破坏的公共服务、社会秩序，解决民生疾苦，应急管理绩效评价的是政府行为的直接绩效，因此不包含后续衍生出来的其他效益。

（二）效果的难测量性

应急管理的对象是突发事件，突发事件具有突发性、不确定性、强社会性等特征，加之我国当前应急管理绩效评价机制仍需要完善，各类突发事件的评价标准不统一，导致应急管理效果往往难以测量。上级主管部门在进行绩效评价时，很大程度上只能按照经验及主观判断进行决策，评价很可能难以真实反映被评价主体。

（三）内容的全面性

应急管理绩效不仅考察灾情的控制、搜寻与救援、受伤民众的救治、受灾群众的紧急疏散与安置等，也包括社会秩序的控制、政府形象的塑造等，甚至还包括各类基础设施的恢复、灾民重建家园等内容。在评价时不仅要考虑单一因素的情况，还要考虑各因素之间的相关性及抵消作用，避免虚减或虚增评价结果。

（四）目标的公益性

应急管理绩效不同于以往简单的效率管理，而是将效率、效果及政府公信力等结合起来，以公共利益为出发点，实现快速救人、维护社会安全与稳定，通过科学制定方案、合理配置应急资源以最少的投入获得最大的效益。

二、应急管理绩效评价的意义

对政府应急管理绩效进行有效且科学的评价，是提高应急管理工作效率、效益最直接、最有效的手段。应急管理绩效评价的意义主要有以下几个方面：

首先，对政府应急管理绩效进行评价有利于树立“成本—效益”意识。随着我国对应急管理的日益重视，尤其是将应急管理纳入政府绩效考核以及问责以来，在一些突发事件应急响应过程中出现了不讲成本、不计代价的过度应急现象，造成公共资源的巨大浪费，甚至影响了政府的日常工作和社会正常的生产和生活秩序。开展以成本—效益为基础的应急管理绩效评价可以强化应急管理者的责任意识和成本意识，科学应急和适度应急，最大限度地减少应急响应中的盲目行动，进而推动应急管理的发展。

其次，对政府应急管理绩效进行评价有利于提高应急响应效率。对突发事件进行应急管理不仅需要注重救援工作的效益和效果，更重要的是注重其效率。完善政府应急管理绩效评价，有利于明确各项应急活动的重要程度，以便于政府在突发事件应对时做到既全面又能抓住重点、主次分明，提高应急工作的效率。

再次，对政府应急管理绩效进行评价有利于完善应急管理问责制。绩效评价是政府失责行为的发现工具。对政府应急管理进行全面、综合、科学的绩效评价，有利于发现政府在应急管理的各个方面、各个环节是否存在失责现象，从而为突发事件应急管理问责提供科学依据，不仅使突发事件问责更加客观、公正，而且有利于进一步完善突发事件问责制。

最后，对政府应急管理绩效进行评价有利于提高政府应急管理能力。对政府应对突发事件的活动结果进行评价，可以使政府看到自己在应急管理过程中哪些方面做得好、哪些方面还存在不足，明确当前的应急管理水平有待完善的方面，找到政府应该重点加强和改进哪方面应急能力，根据实际情况制定改进措施，提高应急管理能力。

三、应急管理绩效评价要素

在突发事件发生后，政府仅组织应急救援行动是不够的，还必须通过对应急救援活动进行有效管理，以确保决策科学、资源配置与调度合理、应急救援的科学与高效、受灾民众安置的社会效益和效果。需要对应急管理进行全方位、全过程绩效评价，既要注重政府开展应急响应资源投入的科学性与合理性，又要兼顾应急资源使用效率和效果及其产生的社会效益和环境效益等。因此，本节按照突发事件处置阶段将应急管理绩效评价要素分为事前要素、事中要素和事后要素。

（一）事前要素

1. 宣传培训

应当充分发挥社区宣传能力，采用集中宣传、入户走访等方式，建议每个家庭储备一些可以应对自然灾害等突发事件的必备应急物资。举办应急避险培训讲座，社区宣传志愿者用接地气的语言和生动的案例向社区居民讲授应急常识、家庭应急储备、用电安全、用气安全、消防安全等知识以及应急避险、自救互救技能。

2. 演练值守

要切实增强责任感和紧迫感，科学分析本地区突发事件风险形势和安全生产形势，在风险隐患分布集中的地区或领域开展跨部门、跨行业、跨区域的综合性应急演练；要科学严密组织，提升演练效果，在科目设置、参演主体、组织形式上紧贴实战、注重实效，充分检验各有关地区和部门以及各专业救援力量应急响应、应急处置的能力与水平；要高度重视演练组织与实施全过程中的安全保障，严格遵守有关疫情防控要求，确保演练参与人员人身安全和身体健康；要做好总结评估工作，针对演练中暴露的不足以及总结评估发现的问题，制定整改措施，及时完善相关预案，强化各项应急准备。

应急值守系统是各级政府应急平台建设的第一步，主要解决政府应急部门最常遇见的协调调度工作。应急值守中包含了信息接报、信息上报、信息处理、处理监控、回见处理、初步研判、启动预案、信息简报的报送及查看、应急值守报送、应急排班管理等。应急值守工作也是确保政令畅通、信息及时报告的关键环节，是有效应对和处置突发事件、维护社会稳定的重要保障。随着我国各级政府应急管理工作的深入推进，越来越多的领导充分重视应急值守工作的重要性，站在全局和战略的高度，切实增强责任感和紧迫感，正在树立"应急值守责任重于泰山"的观念，优先做好应急值守各项工作。

（二）事中要素

1. 应急响应灵敏度

应急响应机制是由政府推出的针对各种突发公共事件的各种应急方案，通过该方案使损失减到最小。应急响应机制强度由一级至四级依次减弱。被评价主体是否能够按照突发事件的演变迅速确定适合的响应级别（应急响应灵敏度）是对其应急管理绩效评价的关键要素。以突发公共卫生事件为例，根据《国家突发公共卫生事件应急预案》，突发公共卫生事件根据其性质、危害程度、涉及范围，划分为一般（Ⅳ级）、较大（Ⅲ

级）、重大（Ⅱ级）和特别重大（Ⅰ级）四级。

（1）Ⅰ级响应。Ⅰ级响应属于最高级别的响应，是指发生特别重大突发公共卫生事件，省指挥部根据国务院的决策部署和统一指挥，组织协调本行政区域内应急处置工作。

（2）Ⅱ级响应。发生重大突发公共卫生事件，省级指挥部立即组织指挥部成员和专家进行分析研判，对突发公共卫生事件影响及其发展趋势进行综合评估，由省级人民政府决定启动Ⅱ级应急响应，并向各有关单位发布启动相关应急程序的命令。

（3）Ⅲ级响应。发生较大突发公共卫生事件，地级以上市、省直管县（市、区）突发公共卫生事件应急指挥机构立即组织各单位成员和专家进行分析研判，对事件影响及其发展趋势进行综合评估，由地级以上市人民政府决定启动Ⅲ级应急响应，并向各有关单位发布启动相关应急程序的命令。

（4）Ⅳ级响应。发生一般突发公共卫生事件，县（市、区）①突发公共卫生事件应急指挥机构立即组织各单位成员和专家进行分析研判，对事件影响及其发展趋势进行综合评估，由县级人民政府决定启动Ⅳ级应急响应，并向各有关单位发布启动相关应急程序的命令。

2. 人员伤亡率

人员伤亡率是指在突发事件中的伤亡人数占突发事件总影响人数的比重。人员伤亡率是应急管理绩效的核心要素，是地方政府救灾效果的直接反映。“生命重于泰山”，努力降低人员伤亡率不仅体现了政府的应急管理绩效，更体现了对人民群众生命安全的重视。高伤亡率会造成严重的社会负面影响，极大地损害政府公信力。人员伤亡率是相对数，适合对于不同突发事件的比较。

3. 财产损失量

财产损失量是指突发事件造成的财产损失总量，是应急管理绩效的重要因素。在保证人民群众生命安全的前提下，也要尽可能保障群众、企业及社会公共财产安全。财产损失量是绝对量，不同级别、不同类型的突发事件造成的财产损失量往往不具有可比性。因此，财产损失量不可以作为政府应急管理绩效评价的唯一判断标准。

（三）事后要素

1. 灾后安置社会满意度

灾后安置社会满意度是指受灾群众对政府灾后异地安置工作的满意程度。满意是一种心理状态，是一个人对一段关系质量的主观评价，因此适宜采用调查问卷的方法来获取相关信息。调查问卷的设计主要包括：

（1）居住环境。人均住房面积、住房内部功能（卧室、客厅、餐厅、卫生间等）配置、住房格局合理程度、住房建筑质量（质量不好如漏水、掉灰、外墙瓷砖剥落等）情况、住房美观程度、小区环境卫生条件、小区景观绿化面积及质量情况、小区内的治

---

① 不含省直管县（市、区），下同。

安情况、住房抗灾水平、应急避难场所（公园、绿地、广场、体育场等开阔场地）通达度、物业维修服务（对房屋、水、电、网络等）水平、水电气和网络的供给情况、小区内提供儿童活动空间、小区内提供便利残疾人的设施、社区管理机构提供人文关怀（如对残疾、贫困群体的关心）。

（2）配套生活条件。当地就业机会、当地医疗水平、当地教育水平、政府办事效率、公共交通系统（公交车、出租车等）、各档次需求的购物场所（菜市场、超市、百货商场等）、文化活动场所（博物馆、图书馆等）、运动休闲场所（运动设施、公园、广场、街区等）、当地物价水平。

2. 多周期和衍生次生灾害的防范效率

全力防范次生灾害，关键是要有科学、合理、细致的避险抢险应急预案。一旦危险出现，不安全地方的群众从何处转移、到哪里避险？突发事件会对公路、电力、通信等设施造成什么影响，对重点地区会造成什么险情？只有把困难估计得足一些，把不利因素考虑得全面一些，把避险方案设计得周全一些，把责任分解落实得具体一些，才能确保人民群众生命安全。因此对次生灾害防范效率的评价也是应急管理绩效评价的重要一环，具体的次生灾害管理将在本章第三节详细叙述。

四、应急管理问责制

（一）应急管理问责的原则

1. 依规依纪，实事求是

问责工作主要针对各级领导干部。由于领导干部是应急管理行动的主要决策者，也是责任的主要承担者，因此必须依照法律规范及党章党纪进行责任追究。在责任追究的同时必须注意坚持实事求是的原则，只有经过科学的、合理的、全面的应急管理绩效评价，才能开展问责工作。切不可为了问责而问责，把责任追究建立在主观臆断和片面证据之上。

2. 失责必问，问责必严

权力对社会的溢出效应往往超过权力本身的影响范围，对于绩效评价不合格的领导干部，说明权力的行使造成了远超其能力范围的社会损失，因此必须对其进行责任追究。在问责的时候既要保持客观公正，又要严格按照相关规定进行问责，杜绝包庇、隐瞒现象。

3. 权责一致，错责相当

权责一致是指在一个组织中的管理者所拥有的权力应当与其所承担的责任相适应的准则。错责相当贯穿问责处理的始终，坚持一把尺子量到底，是谁的责任就严肃追究谁，是什么错误就承担什么责任。

4. 严管和厚爱结合，激励和约束并重

坚持严管和厚爱结合、激励和约束并重。新时期既要选好、用好干部，更要管好干部，进一步落实和完善从严管理干部机制，做到政治上激励、工作上支持、待遇上保障、心理上关怀，充分调动干部的积极性、主动性、创造性。

（1）从严管理干部，要把功夫下在平时。严管就是厚爱，干部日常管理监督，坚持抓“关键少数”和管“绝大多数”相统一，注重抓早、抓小，抓苗头性问题、抓预防，充分运用好提醒、函询和诫勉，坚持从严要求，落地、落细、落实，让干部心畏言戒行止。

（2）从严管理干部要敢于动真碰硬。干部管理要“严”字当头，注重把巡视（察）、审计、信访举报、任前联审联查发现的问题核实准、查到位、问责追责动真碰硬。对“少数”施以重拳、加以严处，以儆效尤。增强党纪存在感，提高制度执行力，让党员将党纪内化于心、外化于行。

（3）从严管理干部要体现激励、关怀。严格实施干部轮岗交流机制，特别是对长期在偏远乡镇踏实工作的干部，要轮岗交流到市直单位或城区周边乡镇工作。选配一批年轻干部挂职锻炼、增长才干，认真落实公务员职务与职级并行制度，有计划地调训一批因岗位特殊等原因未能经常接受培训的干部，旗帜鲜明为敢于担当、踏实做事、不谋私利的干部撑腰鼓劲。

5. 惩前毖后，治病救人

惩前毖后、治病救人，是我们党从丰富的实践经验和深刻的历史教训中总结出来的。惩治，惩是为了治，治是根本。要贯彻惩前毖后、治病救人的一贯方针，把纪律和规矩挺在前面，强化日常管理监督，抓早抓小，及时谈话提醒，使党员干部不犯或少犯错误特别是严重错误，这才是党组织对党员干部真正的关心和最大的爱护。

6. 集体决定，分清责任

分清责任要求党组织和党的领导干部把自己摆进去，不得向下级党组织和干部推卸责任。坚持问题导向，注重精准问责，分清责任、规范程序，增强问责工作的科学性和严肃性。强化责任担当，防止向下推责，要求党组织和党的领导干部注重从自身找问题、查原因，勇于担当、敢于负责。

（二）应急管理问责的具体要求

1. 划分责任主体，分级问责

要根据突发事件的类型和特征以及应急管理的决策过程，对责任主体进行划分，对不同级别的责任主体进行分级问责。

2. 公开公正、过程透明

在问责工作中要有足够的民众参与度，让人民大众能够知情并且参与进来，既是民主监督的体现，也是人民当家作主的社会制度的体现。同时，公开透明的问责方式可以起到示范效应，不仅可以惩戒被问责主体，也可以对其他领导干部起到警示作用。

3. 具体问题具体分析

不同的突发事件的烈度、特征及社会影响往往大相径庭，因此不可以只用一套标准进行“一刀切”问责。要充分考虑突发事件的性质，具体问题具体分析。

（三）应急管理问责的程序

1. 启动问责程序

问责主体应当及时启动问责程序。对于应当启动问责程序未及时启动的情况，上级党组织可责令启动、直接启动或者指定其他党组织启动。主要涉及三种情形：一是责令启动，是指责令有管辖权的党组织启动问责调查程序；二是提级管辖，主要是指上级党组织可以根据问题性质或者工作需要，对本应由下级党组织管辖的问责事项直接进行问责调查，比如社会影响较大、重大复杂的事件；三是管辖权平行转移，即上级党组织可以根据情况，将下级党组织有管辖权的问责事项，指定给上级党组织所辖的其他党组织，由其启动问责调查，比如可能涉及本地区、本部门利益或其他原因，由其他党组织调查更为适宜的事件。

2. 进行调查工作

问责调查主要任务是查清失职失责事实，并在此基础上提出处理建议。问责调查为问责决定的作出提供直接依据，对于问责是否精准起着关键作用。《中国共产党问责条例》明确要求对党组织、党的领导干部失职失责问题，必须依规依纪依法开展问责调查，做到事实清楚、证据确凿、依据充分、责任分明、程序合规、处理恰当。这些规定对于推进规范、精准、科学开展问责调查工作，防止问责不力、泛化、简单化等问题具有重要作用。

3. 执行问责决定

作出问责决定的党组织责任贯穿决定执行的全过程，包括向被问责党组织、被问责领导干部及所在党组织及时宣布并督促执行问责决定，向纪委和组织部门通报有关问责情况，向相关单位通报需要作出政务处分或者其他处理的情况，督促检查整改落实等。作出问责决定的党组织要强化决定执行工作，做好各相关部门之间的协调衔接，加强监督检查，确保问责的板子真正落下去、落到位。此外，纪委要认真履行监督职责，强化对问责决定执行情况的监督。

4. 接受申诉

问责对象对问责决定不服的，可以自收到问责决定之日起1个月内，向作出问责决定的党组织提出书面申诉。作出问责决定的党组织接到书面申诉后，应当在1个月内作出申诉处理决定，并以书面形式告知提出申诉的党组织、领导干部及其所在党组织。申诉期间，不停止问责决定的执行。

5. 复查、复议

在接到被问责主体的申诉后，有关部门应当在规定的时间内实施复查和复议工作。复查、复议期间，不停止问责决定的执行。

第三节
多周期和衍生次生灾害管理

在主要灾害事件发生后，应急管理决策者需要有足够的风险防范意识，尽最大努力减小可能发生的二次伤害。可能造成二次伤害的灾害事件有多周期性灾害、次生灾害和衍生灾害。

一、多周期性灾害

灾害活动周期性是暴雨、洪涝、干旱、地震、风暴潮等许多自然灾害的重要特征和规律。这些自然灾害受地球运动以及太阳、月球等天体运动的影响，发生不同程度的强弱交替变化，因此形成多种时间尺度的周期性变化规律。

（一）多周期性灾害的含义

多周期性灾害是指某一时间段周期性循环发生的灾害，循环时间段的长短因灾害不同而不同，短则一天之内可能发生数次，长则几天、数月甚至数年发生一次。灾害活动周期性是灾害研究的重要内容。例如，火山活跃期一天之内可能喷发数次，长江中下游特大洪灾5~10年发生一次。

（二）多周期性灾害的活动周期及时间变化规律

1. 多周期性灾害的活动周期

不同自然灾害以及同一种自然灾害有多种活动周期：短的周期表现为日变化或更短的周期变化；较长的周期表现为月变化、季变化、年变化；长的周期表现为多年变化，甚至行星周期变化。

2. 多周期性灾害的时间变化规律

灾害活动周期性决定了灾害的时间变化规律：在灾害活跃期或多发期，灾变强度和灾害活动频次高，甚至出现多种自然灾害并发现象，为重灾期；在灾害平静期或相对微弱期，灾变强度和灾害活动频次较低，为轻灾期。掌握灾害活动周期规律，对于预测灾害发展态势、制定减灾对策和防治规划、部署减灾工程，具有重要意义。

（三）多周期性灾害的特征

1. 区域性

多周期性灾害通常仅在某一区域内重复发生。组成地理环境的各要素存在着明显的地区差异，地区的差异性决定了多周期性灾害的区域性。

2. 可预测性

由于多周期性灾害具有较为固定的循环时间段，因此当某次灾害发生后可以大致预测下次灾害发生的时间，从而进行有效的预防。

3. 重复性

多周期性灾害往往是重复发生的，只要特定的地理环境或生态状况没有发生根本性改善，此类灾害就不会停止发生。个别灾害活动也存在强弱交替的重复性变化特征。

二、衍生次生灾害

许多自然灾害，特别是等级高、强度大的自然灾害发生以后，常常诱发一连串的其他灾害，这种现象叫灾害链。灾害链中最早发生的起作用的灾害称为原生灾害（也称主灾害）；而由原生灾害所诱导出来的灾害则称为衍生次生灾害。随着我国经济高速发展，城市化进程加快，人口和财富向城市集中，城市危险源的数量不断增加，规模也越来越大，次生灾害的危险性大大增加，因此，对于次生灾害应对一定要予以足够的重视。

（一）衍生次生灾害的含义

次生灾害是指在气象灾害与地质灾害领域由原生灾害诱导出来的灾害。次生灾害多发生在气象灾害与地质灾害领域，具有隐蔽性和突发性的特点，危害性大。衍生灾害是指由于人们缺乏对原生灾害的了解，或受某些社会因素和心理影响等，造成的盲目避灾损失，以及人心浮动等一系列社会问题引起的灾害。

（二）衍生次生灾害的特征

1. 衍生次生灾害的隐蔽性

衍生次生灾害的性质导致其本身就具有不易被察觉的隐蔽性。主灾害发生后，应急管理行动往往会聚焦在本次灾害上，社会关注被主灾害吸引。因此，在客观上也造成了次生灾害隐蔽的特点。

2. 衍生次生灾害的突发性

虽然衍生次生灾害是由主灾害直接或间接导致的，但成灾过程具有高度不确定性，因此衍生次生灾害发生的时间和空间通常都难以估计。衍生次生灾害不具有时空规律性，在大多数情况下是突然发生的，很难被预测。

3. 衍生次生灾害的多发性

等级高、强度大的灾害发生后，通常会引发多次衍生次生灾害。例如，一次强烈地震往往伴随着多次较小等级的余震。

4. 衍生次生灾害的多样性

主灾害引发的衍生次生灾害会出现不同类型的情况。例如，地震可能引发堰塞湖、泥石流、火灾、水灾和传染性疾病等衍生次生灾害。

（三）衍生次生灾害的类型

1. 自然灾害

衍生次生自然灾害主要包括主灾害余波（地震余震、海啸余潮等）、火灾（建筑物火灾、森林火灾等）、水灾（海啸、水库垮坝等）、其他自然灾害（滑坡、泥石流、飓风、暴雨、暴风雪等）。

2. 基础设施故障

衍生次生灾害可能导致故障的基础设施有交通系统、邮电通信系统、供水系统、供电系统、供气系统、供暖系统、地下水系统、污水处理系统、垃圾回收系统。

3. 社会危害

衍生次生灾害可能导致的社会危害主要有传染性疾病（如疟疾、病毒性感冒、红眼病等）、毒气泄漏与扩散（含放射性物质）、生产活动停滞（含文化、教育事业）、公众心理健康问题、社会动荡（哄抢物资、避灾踩踏、大规模逃亡、暴力犯罪活动等）、环境污染、经济与社会发展受阻。

三、多周期和衍生次生灾害的防范与应对

多周期和衍生次生灾害的防范与应对是应急管理的一项重要任务，不同突发事件的多周期和衍生次生灾害类型是不同的，本章以地震滑坡和泥石流灾害为例来讲解多周期和衍生次生灾害的防范与应对措施。

我国是一个多山的国家，山地、丘陵和比较崎岖的高原占全国总面积的三分之二。一个地震区的地震活动有高潮期和平静期，呈现明显的周期性。地震的周期性带来了滑坡和泥石流活动的周期性。这些地区地震时一般都伴随不同程度的崩塌、滑坡和泥石流灾害，它是一类严重的地震多周期和衍生次生灾害。地震滑坡和泥石流灾害的主要的防范与应对如下。

（一）长期的防范与应对

为防治地震滑坡和泥石流的危害，从战略角度考虑应科学地开发山区和建设山区，保护山区林业。

1. 合理地进行震区工程建设

震区工程建设，如修建铁路、公路、桥梁、工厂、矿山、水库、城镇等，应合理地进行。工厂、城镇尽可能选在开阔的盆地和平原上，绝不能建在滑坡体上；铁路、公路、桥梁、车站应尽量避开滑坡和泥石流的活动范围。

2. 植树种草，保护植被

植树种草、保护植被是防止水土流失的一种有效方法。它不仅可以防止滑坡和泥石流，还可以改善生态环境。植树造林应贯彻乔木林和灌木林相结合，各地方政府统一规划，分区、乡、村包干的政策措施。

（二）中期的防范与应对

中期预报的地震危险区内应进行滑坡、泥石流的调查勘测，圈定危险区，制定防治规划，对一些重要的危险区采取必要的工程措施。

1. 蓄水、引水工程

一般在水体补给区修建调洪水库、引水渠和截流沟等。调洪水库的设计标准要比灌溉水库高，适当考虑提高设计烈度，以防地震时水库溃决，形成特大的泥石流和水灾。引水渠可按一般水渠工程设计。截流沟的设计同滑坡的截流沟，在施工中保证质量，严防漏水。

2. 拦挡工程

拦挡工程包括拦沙坝、谷坊、挡土墙和护坡，按一般土建工程设计施工。

3. 排导工程

排导工程包括排导沟、渡槽、急流槽、导流堤、顺水坝等，多数建在流通区和堆积区。

4. 停淤工程

停淤工程包括停淤场和拦淤库。一般建在下游开阔平坦的河床段或平坦低洼的堆积扇上。通常由导流堤、拦淤堤和溢流堰共同组成。导流堤和拦淤堤的设计与排导沟、导流堰的设计大体相同；溢流堰的设计与拦沙坝及溢流口的设计相似，但应注意溢流堰的位置与两侧拦淤堤（或沟岸）的衔接。

5. 改土工程

改土工程包括改田改土和轮耕等。一般泥石流的沟坡上不宜造梯田，尤其在崩塌地区，当作出地震预报之后绝对禁止耕作。梯田、道埂需要用块石加固，沟渠洼地里修梯田时，留有宽度和深度足够的排水沟。

（三）短期的防范与应对

当滑坡、泥石流发生时，现场人员应紧急发出危险性警报，并因时、因地进行躲避。

1. 滑坡的躲避

当滑坡体下滑时，应垂直滑坡前进方向逃跑，在滑坡堆积区应向两侧高处跑，不能向滑坡正对面山上跑；滑坡体上的人应尽快跑到安全地段。

2. 崩塌和滚石的躲避

崩塌体积小，距离不远，崩塌往往伴随滚石造成灾害，躲避时也要往两侧跑。若躲避不及，可以躺在地沟或陡坎下。

3. 泥石流的躲避

泥石流的流速与地形坡度有关。坡度越陡，泥石流的比降就越大，流速越快。在泥石流的流经区和堆积区只要听到泥石流的声音和发出的泥石流警报时，立即向主河道两岸的高山地区安全地带逃跑。

4. 人员救护

在滑坡体上，由于滑动，房屋倒塌，可造成人员伤亡。在泥石流的流经区或堆积区内，钢筋混凝土结构的房屋下部被摧毁，但上部可能保存，这些房屋内的人员尚可存活，应组织人员搜寻这些毁坏的建筑物，救护人员。

5. 清除堆积物

清除交通要道上的堆积物，恢复交通。同时，清理工厂、矿山的重要机器设备。

6. 防治后发型滑坡和泥石流

为防治后发型滑坡、泥石流，震后应进行紧急调查，确定近期危险区和震后雨季危险区，根据情况，实施紧急工程、搬迁等措施，把后发型滑坡和泥石流灾害减小到最低限度。具体对策，详见本节临震对策。

7. 重建家园的选址

应总结滑坡、泥石流灾害的教训，科学地选择重建家园的地址，要避开沟谷两岸以及滑坡体、泥石流流通区，选择开阔、较高的平地或在完整的基岩上建房。

第四节 恢复重建及区域规划

恢复重建是消除突发事件短期、中期和长期影响的过程。恢复重建主要包括以下四种活动：第一，最大限度地限制灾害结果的升级；第二，弥合或弥补社会、情感、经济和物理的创伤与损失；第三，抓住机遇，进行调整，满足人们对社会、经济、自然和环境的需要；第四，减少未来社会所面临的风险。也就是说，恢复重建要尽量减轻灾害的影响，使社会生产生活复原，推动社会进一步发展，提高社会的公共安全度。

一、恢复重建的目标和原则

（一）政府主导，公众参与

在突发事件的恢复与重建过程中，政府要起到主导作用，组织、协调有关部门，调动各种资源，尽快恢复灾区的生产、生活秩序，消除灾害所带来的影响。同时，政府在恢复重建阶段要积极开展社会动员，鼓励灾区社会公众展开灾后的自救互救，号召其他地区的社会公众向灾区捐款捐物。

要积极探索恢复重建新思路、新机制、新办法。用好中央各项支持政策，发挥财政重建基金的引导和放大作用，拓展市场化、社会化融资渠道。充分发挥灾区干部群众的主体作用，同时组织好省（区、市）内省（区、市）外对口援建重灾县（市、区），调动市场和社会力量参与恢复重建，形成强大的合力。

（二）全面恢复，关注弱势群体

恢复重建不仅要整体规划，全面消除灾害对社会、环境、经济乃至社会公众心理的影响，也要分步实施，着重恢复对灾区复原至关重要的生命线系统。在恢复重建中，要遵循公平公正的原则，对灾区社会公众进行救助。不同的地区、不同的人群面对同样的灾害，由于脆弱性的不同，其受损程度也不同。因此，老人、儿童、残疾人等弱势群体，经济欠发达地区，受灾严重地区在恢复重建中得到的救助应该更多。

（三）生产自救，多样补偿

在恢复重建中，灾害损失补偿是非常必要的。一是通过经济补偿来保证受灾人民的基本生活权益，避免灾民因灾陷入困境；二是通过经济补偿来保障社会再生产顺利进行，避免生产因灾中断；三是通过经济补偿来恢复被灾害打乱的生活与工作的秩序，避免社会失控；四是通过经济补偿进一步增强抵御各种灾害的能力，以鼓励灾区民众自力更生，自觉地展开生产自救，避免一味依赖政府救助的倾向。同时，要启动社会化的补偿机制，通过商业保险、社会保险等多样化的补偿形式，使灾区尽快地恢复生产、生活秩序。

（四）防灾减灾，寻求发展

在恢复重建的过程中，不能仅仅消除某一次突发事件的消极影响，还应该总结经验、吸取教训，增强社会防灾、减灾的能力，同时，要善于抓住机遇、放眼未来，使恢复重建成为灾区经济社会发展的新起点。

（五）科学重建，安全第一

要立足灾区实际，遵循自然规律和经济规律，统筹当前与长远、生活与生产、经济发展与生态保护，促进灾区经济社会全面协调可持续发展。要严格按照规划，高水平组织实施重建，坚决克服盲目性和随意性。要合理确定重建标准，把钱用在刀刃上，绝不盲目攀比，绝不贪大求洋，绝不搞华而不实的形象工程和政绩工程。

要合理布局，科学选址，有效避让地质活动断层和地质灾害易发区域、泄洪通道等，确保安全。住房和公共设施该迁建的必须下决心迁建。要突出综合防灾的要求，加强防灾减灾设施建设，增强抵御各种自然灾害的能力。要严格执行国家建设标准和技术规范，实行农村居民住房强制性设防标准，遵循建设规律，防止盲目抢工期，做到进度服从质量。

（六）保障民生，保护生态

民生是重建的根本，必须用心把握保障改善民生的基本立足点，把灾区群众的期待和安危冷暖体现在每一项重建工作中。要合理安排重建时序，将城乡居民住房恢复重建摆在突出和优先位置，加快恢复、完善公共服务体系，提升群众生产生活水平。要充分尊重民意、集中民智，把灾区群众满意作为最终标准，多办群众得实惠的事情。

要牢固树立尊重自然、顺应自然、保护自然的生态文明理念，更加充分考虑生态恢复的要求，把发展可持续产业、治理灾害作为重要内容和突出特色。要强化世界自然遗产、自然保护区、风景名胜区、森林公园保护力度，构建生态安全屏障，打造富有特色、宜居宜业宜游的生态家园。

二、恢复重建机制的建立

（一）建立恢复重建指挥系统

受灾地区人民政府要全面落实救灾和灾后恢复重建的主体责任，成立相应层级的组织架构，如救灾抢险领导小组、应急救援指挥部和恢复重建管理委员会等总体负责的机构。建立灾后恢复重建的相关工作体系，科学开展灾情评估，统筹规划安排灾后恢复重建项目建设，多渠道筹集重建资金。恢复重建指挥系统的核心任务是保障受灾地区的恢复重建与经济社会发展这两种工作并行不悖、相互协调的局面。

（二）恢复重建的工作部署

在继续抓实抓细防灾救灾各项措施的同时，精心谋划灾后恢复重建。要结合本地区基础设施受损情况，明确灾后恢复重建的主要领域、重点任务和重建项目，制定资金筹集和建材、运输、施工等保障措施。要优先安排群众住房和学校、医院等公共服务设施恢复重建，抓紧恢复基础设施功能。统筹灾后恢复重建和脱贫攻坚工作，对贫困地区和受灾困难群众给予优先扶持，支持恢复生产、重建家园。

（三）恢复重建的工作机制

要发挥防灾减灾救灾体制改革优势，加强统筹协调，强化协同配合，精心谋划和组织实施灾后恢复重建项目。按照《政府投资条例》，对灾后恢复重建项目开辟“绿色通道”，抓紧落实项目建设条件，尽快组织开工建设。优化灾区政府的考核评价机制，引导灾区集中力量抓好灾后恢复重建。

（四）恢复重建项目的安排和资金使用的监督管理

严格执行相关法律法规，规范使用中央财政补助资金以及地方各级财政重建资金。加强对灾后恢复重建相关政策措施落实情况的监督考核，不折不扣地把党中央、国务院的决策部署落到实处。

三、恢复重建的具体任务

（一）积极妥善安置受灾群众

把妥善安置转移群众、保障其基本生活作为抢险救灾和灾后恢复重建的首要任务。利用学校、体育馆、公园等开阔场所设置安置点，集中安置受灾群众。科学调拨救灾物资。组建专班日夜值守，负责救灾物资采购、调拨、统计、发放，确保救灾物资随要随调。强化救灾督查指导，对集中安置点生活保障、救灾物资发放、日常管理等进行全覆盖、不间断巡查指导，保证安置点规范有序运行。

（二）防止衍生次生灾害

在恢复重建的初期仍然存在衍生次生灾害发生的可能性。衍生次生灾害有时比原生灾害的危害还大。因此，防止衍生次生灾害发生与蔓延也是恢复重建的重要内容之一。主灾害引发的衍生次生灾害会出现不同类型的情况，如地震可能会引发堰塞湖、泥石流、火灾、水灾和传染性疾病等衍生次生灾害。必须综合分析可能发生的衍生次生灾害类型，采取全面有效的手段防止衍生次生灾害的发生。

（三）修复公共基础设施

各类公共基础设施恢复重建是恢复重建工作的首要任务，公共基础设施包括交通、移动通信、供水、供电、供气、供热、排水及排污、电视及广播、学校及医院等。公共基础设施的恢复应当按照轻重缓急进行划分，按照规划及步骤有序地开展。其中水、电、气、热等与人民生活密切相关的公共基础设施（又称为生命线设施），应予以优先恢复。

（四）恢复社会秩序

突发事件尤其是重大及以上级别的突发事件，不但对人民生命财产造成极大损失，而且破坏了原有的生活、生产和社会正常秩序，容易引发违法、犯罪乃至群体性事件等社会安全问题，使社会秩序处于不稳定状态。这种情况不仅会出现在应急处置和救援阶段，也可能延续至恢复重建阶段，所以即便在应急处置措施结束之后，公安部门及其他相关部门依然需要根据突发事件影响区域的实际情况加强治安管理和安全保卫工作，预防和制止各种破坏与犯罪活动，并及时有效地组织相关力量，确保救灾和重建物资特别是生活必需品的调拨、运输、存储及发放安全、有序进行。

（五）恢复经济与生产

灾区经济和社会等方面的重建，是恢复重建工作的中心内容。但在此基础上，还需要强调灾区生产和经济的恢复。社会生产和经济活动是一个社会最基础的运行活动。在救灾阶段，一切社会活动都给救灾工作让路，社会生产和经济活动基本处于停滞的状态，相应地，人们的心理也持续处于灾难的状态中。从救灾进入恢复重建阶段后，要加快推进工业生产恢复，落实纾困惠企政策，切实加大帮扶力度，帮助企业解决好生产恢复中遇到的各种困难和问题，全力以赴稳生产、保市场，引导企业用好当前各项支持政策，加快技术改造和设备更新步伐，提升发展质量和效益，千方百计稳住工业增长“底盘”，推动经济平稳健康发展。

四、灾后区域规划

大型自然灾害可能会对人类聚居场所造成毁灭性破坏，原有的行政区划及区域架构可能无法适应灾后重建工作，在这种情况下往往需要对灾区的区域规划进行调整。灾后区域规划是一项复杂的系统工程，主要措施有如下方面。

（一）帮助和鼓励灾民向未受灾地区移居

如果政策允许灾区居民向非灾区的乡镇和城市进行永久性移居，尤其是那些在地震以前其家庭成员已经迁居或永久居住在外地的灾民，就可以减少震灾地区的重建压力。对于这些自愿迁居、自行安置的受灾家庭应给予安置补贴，而不再发放国务院颁布的给予灾后农村家庭每户重建损毁倒塌住房的补助。政府可以给予那些接收灾民的当地政府一定的资助，以补贴它们因为接收灾民而新增的教育和其他社会公共服务费用。对于在灾区以外没有其他家庭成员的灾民，政府可以采用类似的自愿移居模式，但迁居地点仅限于原地级市的行政区划范围内邻近的城镇。这种自愿性迁居的方式与我国政府长期以来一直倡导的农村人口向中小城镇集中的城镇化政策相符。

（二）废弃高风险居民点，实行异地搬迁

灾害发生后，有些乡镇遭到了毁灭性的破坏，这些存在高风险和不具备长期居住条件的居民点可能不得不被放弃。这是一个难度较大的政策抉择，需要慎重考虑。过去的经验表明，异地安置会带来社会问题，导致灾民就业与生活困难。但为了确保高风险地区幸存灾民的安全，有时不得不考虑对他们进行异地安置。在村镇异地建设过程中，政府应考虑采取村镇合并的方式来适应新居民点的整体布局。

（三）重点城镇的优化与整合

一些受灾乡镇所处的地区，几十年来一直属于经济落后地区。对重点乡镇的优化与整合要与高灾害风险居民迁移工作协调进行。重点乡镇和城市应具备以下条件：首先，能为被安置家庭提供就业或非工资性经济活动机会；其次，具有提高现有医疗、教育和社会保障等公共服务水平的财力和机构能力。挑选出具备上述条件的城镇会是一项艰巨的挑战，需要有准确和最新的信息资料，以便从区域经济发展的角度对这些城镇的吸纳能力进行评估。

（四）保障土地供给

自然资源部对汶川灾后重建给予特殊土地政策支持，解决了重建规划的关键问题，保证随时随地和足量提供灾区恢复建设急需用地。国际经验表明，震灾地区土地信息及时更新至关重要，可以促进各类功能用地纳入灾后重建土地市场。作为灾后重建工作的一个组成部分，政府应开展土地信息资料调查更新和规范化，并以数字化形式对土地资料进行安全存档。

（五）将灾害风险管理纳入灾后城镇规划

国务院颁布的《汶川地震灾后恢复重建条例》明确要求将灾害评估纳入重建规划。为此可能需要专门的技术援助和培训，其中应该邀请已经将灾害评估纳入城镇规划的其他国家的专家提供培训。

（六）社区的积极参与

国际经验表明，重建规划的编制方式和重建规划的内容，对灾后重建规划成功与否，起着同样重要的作用。重建目标的实现取决于利益相关者的参与和承诺。重建规划制定过程中，广泛的社区参与能够强有力地凝聚震灾地区的民众。地方政府需要很好地协调，既满足规划编制的时间要求，又充分考虑受灾社区参与而带来的巨大的社会效益问题。

（七）保障区域规划的实施

若地方政府层面和社区层面没有强有力的实施机构和财力，城镇规划将无法得到实施。国务院作出的对灾区对口支援的安排是一项重要的举措，其年限暂定为三年。作为灾后重建工作的一个组成部分，政府可制定长期的综合性规划，帮助提高灾区的村落、乡镇和区级基层政府的规划制定、监控和重建管理水平。

思考与练习

1. 灾害损失主要包括哪几类？一些常用的核算方法适合于哪些具体的场景？
2. 灾害补偿可以分为哪几类？为什么我国有必要建立巨灾保险制度？
3. 应急管理绩效评价的基本要素有哪些？
4. 应急管理问责的基本原则是什么？具体要求有哪些？
5. 多周期性灾害、次生灾害和衍生灾害具有哪些特点？可以采取哪些防范和应对措施？
6. 突发事件恢复重建的主要目标是什么？有哪些具体任务？
7. 灾后区域规划的主要任务有哪些？
8. 影响应急疏散的因素有哪些？

下篇

应急管理的交叉学科领域

第八章
应急管理的体制与法制

学习目标

通过本章的学习，应能够了解我国应急救援力量构成、我国应急管理体制与法制建设的发展历程；了解我国在应急管理体制与法制建设方面存在的问题；掌握我国应急管理的“一案三制”框架，以及我国应急管理体制的基本特点。

导读

应急管理最能彰显我国国家制度和国家治理体系优势

作为国家治理的一项重要内容，应急管理是最能彰显我国国家制度和国家治理体系优势的领域，因为重大突发事件衡量着执政党领导力、检验着政府执行力、评判着国家动员力、体现着民族凝聚力。

第一，坚持党的集中统一领导。中国共产党可以凭借“横向到边、纵向到底”的缜密组织网络，打破僵化的部门壁垒和层级壁垒，形成有效应对重大突发事件的强大合力，解决西方社会所谓的“棘手问题”（wicked issues）。从1998年抗洪到2003年非典疫情应对，再到2008年汶川地震救灾，巨灾的高效处置无不得益于党的集中统一领导。

第二，坚持人民当家作主。治理高度复杂性、高度不确定的突发事件，必须调动社会多元主体有序、有效参与。重大突发事件经常会表现出突生性与新奇性，令试错成本高、创新能力弱的科层组织捉襟见肘。人民当家作主、走群众路线最能激发公众的首创精神，为突发事件应对贡献民智、民力。

第三，坚持全面依法治国。依法治国必然要依法治理应急管理事务，依法应对突发事件。依法应急要遵循法治理念、精神与原则。我国要在继续完善应急法制体系的同时，加强立法前对突发事件演化规律与应急政策的研究，以提高应急法律适度的前瞻性、针对性、可操作性。

第四，坚持全国一盘棋。我国社会主义制度可以协调、调动各方资源和力量，集中力量办大事。我国应急管理要继续坚持全国一盘棋的思路，进一步厘清中央与地方的责任，注重夯实地方应急管理基础，使资源下沉、力量下倾。

第五，坚持各民族一律平等。我国56个民族共同繁荣发展，“像石榴籽一样紧紧抱在一起”。民族平等在应急管理中得以充分体现。我国应急管理政策应该重点向民族地区，特别是西部民族地区倾斜，将扶贫与减灾相互结合，提升其抗风险能力和灾害韧性。

第六，坚持公有制为主体。公有制为主体是我国一项基本经济制度，为应对巨灾提供强大的物力与财力保障。我国应急管理应更加注重发挥市场机制作用，调动民营企业广泛参与的积极性，使多种所有制成分形成应急管理的伙伴关系。

第七，坚持共同的理想信念、价值理念、道德观念。每当大灾大难来临，我国“一方有难，八方支援”，社会各界踊跃捐款、捐物，志愿者组织积极参与救灾，短时间内形成共克时艰、同舟共济、迎难而上的磅礴之力。我国应急管理应加强对应急伦理的研究，将中华民族的宝贵精神财富升华为对人类应急伦理的贡献。

第八，坚持以人民为中心的发展思想。发展为了人民，发展依靠人民。我国应急管理遵循“以人为本、减少危害”的基本原则，着重提升社会公众的安全感。我国应急管理应更加注重通过学校、社区、媒体，加强对公众的防灾减灾教育，提升全社会的应急避险和自救互救能力。

第九，坚持改革创新、与时俱进。突发事件是随着社会形态的变更而不断演化的。应急管理“没有最好、只有更好”，必须坚持改革创新、与时俱进。党和政府具备勇于创新和自我革命的精神，也有立足长远和主动塑造安全的前瞻性。我国应急管理应更加注重对后工业社会技术变革的研究，更多地应用大数据、云计算、物联网、人工智能、区块链等技术，寻求应急管理跨越式发展。

资料来源：根据王宏伟. 彰显制度优势 提升应急管理效能[N]. 中国应急管理报，2019-11-15整理。

第一节 我国应急管理体制

一、我国应急管理体制概况

在“一案三制”的基本框架下，应急预案体系、应急管理体制、应急管理机制、应急管理法制共同构成了我国应急管理体系的基本轮廓。其中，应急预案体系是应急管理体系建设的前提，应急管理体制是应急管理体系建设的核心，应急管理机制是应急管理体系建设的关键，应急管理法制是应急管理体系的有力保障。

“体制”是一系列关于特定主体内组织结构、运作方式以及制度规范的总称，管理机构的设置、权责关系的分配以及机构间管理规则的确立是体制构成的核心要素。应急管理体制是针对预防、预警、处置、响应、救援、恢复等应急管理过程而形成和建立的组织形式和管理规则。目前，我国在应急管理领域逐渐形成了中国特色的应急管理体制，即政府统一领导、综合协调、分类管理、灾害分级负责和属地管理为主，事发地人民政府和企事业单位负总责。

应急管理体制是一种包含横向机构和纵向机构的综合性管理机构，是一种政府机构之间、政府机构与社会力量之间以及社会力量之间的相互管理。根据《突发事件应对法》，我国把突发事件分成四类，并规定了相应的牵头部门。2018年4月16日，我国应急管理部正式挂牌。新组建的应急管理部整合了9个单位相关职责及国家防汛抗旱总指挥部、国家减灾委员会、国务院抗震救灾指挥部、国家森林防火指挥部职责。我国应急管理主体机构为：中央国家安全委员会办公室+应急管理部（整合自然灾害类应急管理和事故灾难类应急管理）+国家卫生健康委员会（公共卫生类应急管理）+公安部（社会治安类应急管理），最后由国务院办公厅总协调，建立起一套涵盖四大类突发事件的管理体系。在应对突发事件时，有效协调各部门之间关系，并不断完善应急管理体制建设是应急管理领域的重要内容。

应急管理体制决定了应急管理体系的静态结构，规定了应急管理体系的潜在功能。中国应急管理组织体系包括国家行政机构、军队、企事业单位、社会性组织和公众等所有利益相关者，还包括可利用的各种资源。中国应急管理体制的特点之一是整合化。中国充分利用现有行政管理资源，利用政府的中枢作用，形成综合协调的应急管理新体制。中国应急管理体制还有一个特点是横纵结合，应急管理体制通常会涉及组织纵向与横向两个不同维度。纵向包括中央、省（区、市）以及县（市、区）、乡镇政府垂直组织结构，强调不同层级政府间以及不同部门间的权限分配关系，反映的是中央与地方、上级与下级管理权限的集中与分散状况；横向包括针对各种类型、各种程度的突发事件的不同部门或组织，主要关注同级政府内不同部门间以及政府与社会、市场等其他社会主体间的权限分配关系，反映的是水平方向上各主体间的关系状况。协调好组织纵向与横向不同主体间的权力关系，促进部门力量整合，加强有效沟通，减少掣肘，是构建灵敏、高效应急管理体制的关键。

我国突发公共事件地方应急指挥系统的组织构成可以分为三个层次。

1. 第一层为最高决策层

在市委、市政府领导下的应急管理委员会，其应急指挥职责是研究决定突发公共事件应急指挥总体规划，决定社会公共安全建设重大问题协调，处理跨地区、跨行业、跨部门重大等级突发事件，组织指挥处理重大等级社会安全事件。

2. 第二层为指挥管理层

作为整个应急指挥系统的中心，应急指挥中心的职能是：在正常状态下，应急指挥系统通过应急指挥中心进行城市安全状况监测，收集整理该地区各方面的安全动态信息，并督促相关职能部门检查安全事故隐患、组织应急预案演练活动、开展市民安全素质教育等；在紧急状态下，应急指挥中心变成应急管理委员会进行应急指挥工作的场所。根据突发事件等级的高低，启动相应应急预案，协调当地各企事业单位、驻地部队、市职能部门等的应急救援行动。

3. 第三层为职能实施层

履行日常公共安全应急管理职能，执行突发公共事件应急管理委员会的决定事项。在重大等级突发公共事件发生时，为市应急管理委员会依托应急指挥平台进行统一指挥提供保障，组建专业救援队伍，配备专业处理装备等。

二、健全综合性应急管理体制

应急管理体制建设是一个不断发展的动态过程。新中国成立以来，伴随着内外部环境的变化，我国应急管理体制在不同时期有着不同的表现形式。2018 年，我国组建应急管理部。党的十九届四中全会指出，要构建统一指挥、专常兼备、反应灵敏、上下联动的应急管理体制。近年来，应急管理部门坚持改革与应急同行，取得了有目共睹的成效。然而，应急管理部门的组建只是应急管理体制改革的大幕一角，改革尚有许多困难需要克服，甚至还伴生、次生、衍生了一些棘手的问题，如统与分、防与救、上与下、地方消防与应急的关系，基层力量由于职能扩充带来的力量被摊薄问题等。健全综合性应急管理体制建设包括以下三个方面的工作。

（一）打破部门分割，实现统一指挥

在传统单一灾害应对的应急管理体制向综合性应对的应急管理体制转变过程中，有变，也有不变，不变的是坚持中国共产党的领导、坚持社会主义制度。在各项事业发展过程中，只有坚持党的领导和社会主义制度，我们才能整合各方资源、汇集八方之力，

形成攻坚克难、无往不胜的伟力。基于突发事件具有的复杂性与关联性等特性，政府在行使应急管理职权时，应该实现应急管理工作的综合性与全过程管理，而非限于事件的应对工作。转变设计理念，全方位地对应急管理工作进行应对，结合大数据和相关的管理模式，构建出更加符合新时期应急管理规律的体制。在日常的应急管理中把握一般规律，设计一套可以应对不同类型突发事件的管理机制，在面对重特大突发事件时，可以有效规避传统机制的不足，以机制的完善和能力的提升来推进体制变革，促进各部门协同。

（二）多方力量协同，明确主体责任

新中国成立以来的应急管理经验表明，单一的应急管理体制难以满足复杂的社会需求，发动来自企业、社会组织、公民的力量是十分有必要的。各主体应在党和政府已经完备的大平台上充分发挥各自的力量，形成多主体协同治理的大趋势。应急管理部自组建以来，积极探索政府、企业、社会组织和公民个人等多方力量的整合治理之道，重视社会组织参与应急救援能力建设，与铁路、民航等部门，以及安能、京东等企业签订合作协议，不断强化公共安全文化建设，以实现从“应急管理”向“应急治理”的转变。但是，符合新时期特点的社会多元力量参与平台建设还有待进一步完善，要处理好政府与市场、政府与社会的关系，坚持以政府尽职履责为主导，统筹组织协同市场、社会及国际力量和资源，发挥各自优势。社会参与的有序性、有效性与及时性、快速性之间应形成完美的平衡。同时，要在体制建设中明确各部门职责问题，所以需要为协作模式完善政策和法律保障，以避免政策不一、相互推诿以及权利义务不对等等问题。

（三）上下级联动，促进信息共享

应急体制建设需要解决与应急管理相关的组织机构之间的架构安排和职责分布问题，一类是具有上下层级关系的国家机关等公共组织之间的结构关系，另一类是政府与社会、政府与市场、政府与企业之间的结构关系。首先，完善法律法规，强化政府的综合协调、统一指挥能力，促进各级地方政府之间的相互衔接和信息共享。比如，在应对突发公共卫生事件时，需细化《突发事件应对法》《传染病防治法》等法律规范。具体而言，明确突发公共卫生事件的政府信息公开的宗旨是预防、控制和消除公共危机，坚持及时公开、主动公开、准确公开、全面公开、持续性公开等基本原则，明确信息公开的主体、方式和步骤，以及根据突发公共卫生事件的潜伏期、突发期、蔓延期与善后期的不同阶段特征，细化公开的内容和时限。其次，为了更有效地使用数据信息，促进政府部门之间的信息流通和共享，应当破除技术壁垒，冲破部门利益，建设新的应急管理系统，使得应急管理工作得到及时有效的开展，实现最佳救援。最后，社会公众也是应急管理体制中的重要组成部分，通过构建新的应急管理数据库并向社会公众开放该类数据，使得公众得以了解相关信息，政府公信力得到强化。社会力量的注入也会增强应急管理工作的专业性与科学性。

第二节
应急管理法律体系

一、应急管理法制概述

法制一般分为广义与狭义两种。狭义的法制是指建立在民主制度基础上的法律制度和普遍手法，严格依法办事的原则。广义的法制是静态和动态的有机统一。从静态来看，广义的法制是指法律和制度的总称，包括法律规范、法律组织、法律设施等；从动态来看，广义的法制是指各种法律活动的总称，包括法的制定、实施、监督等。应急管理法制同样具有广义与狭义之分。狭义的应急管理法制是指应急管理相关的法律、法规、规章，是一种以宪法为核心的突发事件应对法；广义的应急管理法制还包含各种具体的制度，比如工作、学习、会议制度等。应急管理相关法律、法规是非常时期实现法治的基础，能够防控突发事件对生产秩序、生活秩序以及法律秩序造成严重冲击，并调整紧急情形下的相关社会关系。依靠应急管理法制行使权力有助于规范行政紧急权力、确保公民权利与政府权力的平衡、确保法律法规的完整性以及保障公民合法权利。

应急管理法制指的是人们为了防范和应对各类突发事件而制定的各种法律制度所形成的法律体系，适用于紧急状态下应急活动的行为规范，与正常社会状态的法律体系不尽相同，主要具备以下几个特点。

第一，权力优先性。在紧急状态下，和立法、司法等其他国家权力与法定的公民权利相比，行政紧急权力具有更大的权威性和优先性。

第二，紧急处置性。在紧急状态下，即使没有法律上的具体规定，政府也可针对特殊情况进行紧急处置，以免公共利益与公民权利受到更大的伤害。

第三，程序特殊性。在紧急状态下，行使行政权力不必遵循惯例，可按照一些特殊的法定程序执行。例如，简化程序出台某些紧急政令，之后再根据实际情况设置事中或事后审查机制。

第四，社会配合性。在紧急状态下，社会组织与公民个人有责任和义务配合政府实施紧急法令，并在必要时提供力所能及的帮助。

第五，救济有限性。在紧急状态下，政府依法行使权力可能会使公民合法权益受到损害。尤其是面对普遍而巨大的损害时，政府提供的救济是有限的。

二、我国应急管理法律体系

新中国成立70多年来，党中央、国务院和各级地方政府不断制定和实施应急管理相关的法律、法规，这些法律、法规也在实践中不断被检验，并不断地被修改和完善。目前，我国已基本形成以《宪法》为应急管理根本法，《突发事件应对法》为应急管理基本法，《消防法》等70余部法律为应急管理单行法，其他相关法律法规为应急管理相关法，包括《国家自然灾害救助应急预案》等550余万份应急预案在内的应急管理法律规范体系，应急管理综合性法律正在编制中。

我国应急法制建设发端于20世纪50年代，但是在新中国成立到改革开放之前我国灾害种类相对单一，以地震、洪涝、泥石流等自然灾害事件和以天花疫情为代表的公共卫生事件为主，法制建设则为初创阶段，各项法律、法规和规章不健全。从改革开放到21世纪初，党中央和国务院高度重视防灾减灾救灾工作的法制建设，在结合我国突发事件的特征，总结过去防灾减灾工作经验的基础上，先后颁布和实施了包括《传染病防治法》《动物防疫法》《防沙治沙法》《海上交通安全法》《矿山安全法》《防洪法》《安全生产法》《破坏性地震应急条例》等在内的一大批应急管理单行性法律、法规，应急法制建设在这一时期得到了较快完善。

2003年，非典暴发的负面影响波及社会、经济等多个领域，暴露了我国在公共卫生事件应对中存在的问题，应急管理工作得到政府部门的高度重视。2003年5月，国务院颁布和实施《突发公共卫生事件应急条例》，标志着中国卫生应急工作进入法治化轨道。2003年年底，在党的十六届三中全会的有关决定中，第一次写上了“建立健全各种预警和应急机制，提高政府应对突发事件和风险的能力”。2004年5月，国务院颁布了《国务院有关部门和单位制定和修订突发公共事件应急预案框架指南》，并要求各省、自治区和直辖市编制突发公共事件总体应急预案；同年颁布《全面推进依法行政实施纲要》，明确提出国家要建立健全各种预警和应急机制，将应急管理全面纳入了依法行政领域。2005年，国务院陆续发布《军队参加抢险救灾条例》和《重大动物疫情应急条例》，为突发事件的应急处置及灾后的恢复重建工作提供了重要的救援队伍支撑和法制依据。2006年，国务院成立应急管理办公室，统筹全国各类突发事件的应急处置工作，发布并实施《国家突发公共事件总体应急预案》，与此同时，各级地方政府和企业也逐渐完成了突发公共事件总体应急预案编制工作。

总体来看，2007年以前，我国已具有涉及突发事件应对的法律35部、行政法规37件，全国人大常委会组织修订了《传染病防治法》《动物防疫法》等法律，大多数地方政府也相继出台了地方应急管理法规和规章。但以上法律、行政法规大多数都是针对某一类突发事件的具体环节制定的，具有较强的部门局限。2007年11月1日，《突发事件应对法》的实施标志着我国突发事件的法制建设取得重大进展，拓展了应急管理概念界定和突发事件的处置规范等内容，填补了我国应对各类突发事件的综合性法律的空白，为我国突发事件事前、事发、事中和事后的全流程应急管理工作提供了重要的法律依据和法制保障，使某一类突发事件或相互交叉重叠的突发事件处理都变得真正有法可依。自此我国基本建立了在《宪法》统领下以《突发事件应对法》为主干，以其他相关法律法规为基础的较为完善的应急管理法律体系，应急管理工作不断向制度化和法治化迈进。

我国在2008年经历了汶川大地震，国务院随后发布《汶川地震灾后恢复重建条例》，一年后《中国的减灾行动》发布，它介绍了我国减灾的法制、机制和体制建设。党的十八大提出国家治理体系和治理能力现代化的战略目标，2012年以来，我国应急法制建设进入综合治理的全新局面。2013年10月，国务院办公厅颁布《突发事件应急预案管理办法》，为加强我国应急预案的编制工作，增强应急预案的针对性、实用性和可行性提供了指导依据。2017年，党的十九大提出，要坚决打好防范化解重大风险、精准脱贫、污染防治的攻坚战，使全面建成小康社会得到人民认可、经得起历史检验。

2019年应急管理部出台《生产安全事故应急条例》，重点规范突发事件事前的应急准备和救援的具体程序和措施，大大规范了针对生产安全事故的应急立法工作。2020年4月，我国正式启动了《突发事件应对法》实施以来的首次修订工作，坚持应急措施的明确性原则，重视特殊群体保护，平衡个人信息的获取、利用和保护，追责问责归责原则的合理化，2024年6月28日修订通过，自此我国应急管理法律体系建设进入一个全新的阶段。党的二十大强调，健全国家安全体系。坚持党中央对国家安全工作的集中统一领导，完善高效权威的国家安全领导体制。强化国家安全工作协调机制，完善国家安全法治体系、战略体系、政策体系、风险监测预警体系、国家应急管理体系，完善重点领域安全保障体系和重要专项协调指挥体系，强化经济、重大基础设施、金融、网络、数据、生物、资源、核、太空、海洋等安全保障体系建设。全面提高应急管理领域法治化水平。

三、完善我国应急管理法律体系建设

健全应急管理法律法规，能够提高安全风险防控工作的制度化、规范化、法治化水平，用法治思维和方式有效预防和控制重大安全风险。发达国家应急管理法规标准体系系统性较好，各级政府制定了相应的应急法规标准，基本覆盖了应急管理过程的各个环节和主要功能，具有立法层次高、范围广，法律规范专门化、体系化，执行机构专门化等特点。在推进我国应急管理法制建设工作中，应处理好当前与长远、中央与地方、国家应急权与公民权利等关系。明确社会各方在应急管理中的权利与义务，引导社会救援力量依法有序参与应急救援行动，提高应急管理的社会化参与水平。可以从以下几个方面来进行提升和完善。

（一）加强顶层设计

我国的应急管理法律规范不断健全，相关法律法规的发布实施促使应急管理逐步走向制度化、法治化。随着“十四五”规划编制工作展开，我国应急管理法律法规方面的改革将以加强法律制度顶层设计为主，坚持立改废释并举，谋划和搭建科学的“1+4”应急管理法律体系骨干框架。“1”指的是应急管理总纲性法律，目前以《突发事件应对法》为总纲性法律；“4”指《安全生产法》《自然灾害防治法》《消防法》《应急救援组织法》。《安全生产法》将逐步形成包括相关行业领域安全生产单行法律法规的安全生产小法典，《自然灾害防治法》将逐步形成包括单灾种法律法规的自然灾害小法典。

（二）建立《突发事件应对法》的配套法规及规章

根据我国公共安全管理法制建设的实践和《突发事件应对法》的规定，按照现代应急法制的要求及时修订现行的有关应急法律法规，认真完善各级、各类应急预案，为突发事件应急管理工作提供更充分的法律依据和保障。除中央层面统筹推进外，各地区、各重点行业领域要结合实际，配套制定一系列应急管理的地方性法规和实施办法。积极推进各地区和重点行业领域法规标准建设，使我国应急管理法规体系更加配套，也更具可操作性。

（三）完善重点法律制度

首先，制定统一的应急程序规定，明确不同级别灾害的不同处理程序、紧急处理权的适用程序和适用范围、应急补偿措施、公民权益救济、法律责任承担等。其次，规范紧急处理权法制建设，明确中央与地方之间的应急权限，保障各部门在灾害应对中的协调一致与高效应对。再次，完善巨灾保险制度，结合国外的做法，制定一套适用于我国国情的巨灾保险产品具体方案，提高突发事件的应对能力。最后，健全社会应急资源和应急力量合作制度，鼓励和引导社会力量参与应急管理项目建设，明确社会力量在参与应急任务之后的补偿制度，保障社会参与的合法权益。

（四）强化应急管理法制建设的国际交流与合作

法制体系建设要结合各国国情与地区发展实际，但随着全球化程度加深，许多公共危机需要不同机构、国家之间通力合作与协调，以“人类命运共同体”为核心理念推进全球治理体系的变革，站在全球视角强化应急管理法制体系建设成为重要发展趋势。抓住“一带一路”倡议机遇期，加强与其他国家在应急管理法制人才培训与交流、法制建设等方面的沟通与协作。通过全方位交流与合作，吸取国外先进、成熟的应急管理法制建设经验，提高我国应急管理法制体系建设的国际化、专业化水平。

第三节 应急救援队伍建设

一、我国综合性应急救援队伍

建设综合性应急救援队伍，是应急管理事业改革发展的坚强保证。应急管理部成立之前，我国应急救援主要依靠三支队伍：一是公安消防、防汛抗旱、抗震救灾、森林消防、海上搜救、铁路事故救援、矿山救援、核应急、动物疫情处置等专业队伍，这是我国应急救援的基本力量；二是企事业单位专兼职队伍、应急志愿者等，形成了我国应急救援的辅助力量；三是中国人民解放军、中国人民武装警察部队形成的应急救援突击力量。应急管理部的成立将分散在各部门的应急管理相关职能进行整合，推进形成“统一指挥，专常兼备，反应灵敏，上下联动，平战结合”的中国特色应急管理体制。当前我国应急救援力量主要包括国家综合性消防救援队伍、各级各类专业应急救援队伍和社会应急力量，同时，人民解放军和武警部队是我国应急处置与救援的突击力量，担负着重特大灾害事故的抢险救援任务。多种救援力量之间相互协调，保障人民生命财产安全，推动我国应急管理工作发展进步。

（一）国家综合性消防救援队伍

世界主要发达国家的消防体制绝大多数为职业化体制，职业化既是伴随着国家经济社会不断发展而对应急管理及消防工作产生的客观要求，同时也是消防队伍自身发展的必然趋势。我国在宋代就已经出现了职业化为主、专职队和义务消防队为辅的消防体制，但宋代发达的职业化消防制度并未能为后面的元、明、清所继承。近代以来我国消防体制经过了诸多的探索阶段。1902年，在天津组建的“南段巡警总局消防队”成为我国宋代以后第一个政府管辖的职业化消防机构。1949年，新中国成立之初，人民公安接收、改造旧消防警察并吸纳部分民间力量组建消防民警队伍，此时消防体制采用军事化的运作模式。1982年，我国组建中国人民武装警察部队，公安消防部队成为武警部队的一个警种。进入21世纪后，我国经济、社会发展速度加快，火灾及其他灾害频繁发生，公安消防成为自然灾害、事故灾害、公共卫生事件和社会安全事件应急处置的重要救援力量。2018年，作为武警警种的公安消防部队集体退出现役，由应急管理部管理，成为国家综合性应急救援队伍的重要组成部分。

国家综合性消防救援队伍主要由消防救援队伍和森林消防队伍组成，是我国应急救援的主力军和国家队，承担着防范化解重大安全风险、应对处置各类灾害事故的重要职责。国家综合性消防救援队伍组建以来，围绕“全灾种、大应急”救援需要，全力打造专业救援体系，全国布点组建了8个机动专业支队，各地分类组建了地震、水域、山岳、洞穴等专业救援队2 800余支。建设了南方、北方空中救援基地，广泛开展专业培训、资质认证和实战练兵，努力提升综合救援能力。此外，国家综合性消防救援队伍根据实际需要，不断加大装备投入，目前全国共配备消防车5.3万辆，消防船艇7 400余艘，各类专业救援装备器材1 160万件（套），基本涵盖了城乡和森林草原火灾扑救，以及洪涝、地震、地质、建筑坍塌、危化品泄漏等灾害事故处置的各个领域。

（二）各级各类专业应急救援队伍

各级各类专业应急救援队伍是我国应急救援力量的重要组成部分。经过多年的建设和发展，我国专业应急救援队伍建设取得显著进步。各类专业应急救援队伍主要由地方政府和企业专职消防、地方森林（草原）防灭火、抗洪抢险、地震和地质灾害救援、生产安全事故救援等专业救援队伍构成，是国家综合性消防救援队伍的重要协同力量，担负着区域性灭火救援和安全生产事故、自然灾害等专业救援职责。

地方专职消防主要分为政府专职消防队和企事业专职消防队。2015年，我国专职消防员达18万人，灭火救援力量遍布城乡，全国1 300多个县都设有专职消防队。地方专职消防队伍在火灾扑灭初期发挥着不可替代的作用。地方森林（草原）防灭火包括森林防灭火专业应急救援队伍和航空护林队伍。森林消防局成立了直升机支队，专门从事森林消防工作，全国建有专业森林扑火队伍2 000余支，共计10万余人。抗洪抢险专业应急救援队伍包括骨干队伍和各级地方抗洪抢险队，骨干队伍由中国安能建设集团有限公司和军队武警相关部队组成，我国共建有100多支重点机动抢险队和1 400多支地方抢险队伍。地震和地质灾害救援包括中国国际救援队、中国救援队，还有6个国家陆地搜寻和救护基地，以及各省、市、县级组建的地震灾害紧急救援队。其中省级地震救援队数量较少，约有72支队伍共计1.2万人，市级和县级的地震救援队伍和成员数量较为庞大，人数均超过了10万人。生产安全事故救援队伍方面，包括从国家到地方的多级应急救援力量。近年来，安全生产专业应急救援力量不断加强，队伍规模不断扩大，专业救援能力不断提升，对国家经济建设、社会安全发挥了重要的支撑和保障作用。全国形成了比较完整的安全生产应急救援体系。截至2019年，我国建设了覆盖矿山、危险化学品、油气田开采、隧道施工等行业领域的85支国家级安全生产应急救援队伍，全国已有各类安全生产应急救援专业队伍1 000余支共计7.2万余人，在隐患排查、风险防范、应急处置和事故救援中发挥了专业技术优势和重要作用，为减少人民生命和财产安全损失作出了突出贡献。

另外，交通、铁路、能源、工信、卫生健康等行业部门建立了水上、航空、电力、通信、医疗防疫等应急救援队伍，主要担负行业领域的事故灾害应急抢险救援任务。专业性应急救援队伍因具备专业技能而在特定领域承担着不可替代的角色和作用。以航空应急救援队为例，交通运输部成立了救援飞行队，承担生命拯救、财产救援及海上消防等任务。专业应急救援队伍重点围绕提升专业领域救援能力，优化力量布局、整合各类资源、补齐建设短板、完善保障机制，充分发挥在各类灾害事故处置中的专业作用。

（三）社会应急力量

以社会组织、社会工作者、志愿者等为代表的社会应急力量具有贴近基层、组织灵活、行动迅速、便于展开工作等优势，是应急救援的重要补充和辅助。社会应急力量能够在重大突发事件应急处置过程中重点围绕规范有序发展，发挥辐射带动作用，提高公众防灾避险意识和自救互救水平，形成政府主导、属地管理、配合有力、全社会参与的应急工作格局。

社会组织是参与重大突发事件的主要群体，主要包括各种非政府组织团体、行业协会、利益团体等。这些社会组织往往具有非官方特征，与广大民众接触最为频繁，对危机信息的反应十分敏感，可以有效聚集分散的大众，整合和调动民间资源，更好地应对突发事件，是重大事件应急管理的主要力量。社会工作者是经过专业化培训的专业人士。这部分社会力量有专业方向，在应急处置过程中具有专业性的特点，尤其是在心理辅导、构建支持网络、恢复社会体系、改善生活环境方面有着重要的作用。基层地区的社区组织和广大群众是开展应急处置的“最后一公里”，同时也是应对重大突发事件的系统末端。社区内部通过构建完善的自治组织，能够更好地在应急管理过程中发挥自身的功能角色，同时也能够将该组织向外延伸，更好地辅助政府开展应急管理。企业组织是政府应急管理的重要组成部分，政府在开展突发事件应急管理过程中，需要依托企业所提供的各项资源，更好地满足应急需求。志愿者群体是重大事件应急管理过程中的有效补充和重要力量，在发达国家有着完善的志愿者保障制度和培训体系。志愿者在参与防灾救灾救助、维护灾区社会秩序、提供心理教育和人文关怀方面有着很大的作用，是应急管理不可或缺的重要力量。

（四）我国应急救援军事力量

参与应急管理是我国军队的优良传统，是军队支援地方建设、密切军政军民关系的必然要求。军队通常是应对重大突发事件的最后一道屏障，人民解放军和武警部队作为抢险救灾的突击力量，执行国家赋予的抢险救灾任务是其重要使命。我国是单一制国家，各地方行政区并非独立的政治实体，也不具有主权特征，当遭遇重大突发事件时，中央政府自上而下统一调派人力、物力和财力，协同加以应对。军队与政府在中国共产党统一领导下，以全心全意为人民服务为宗旨积极参与救灾。军队主要担负解救、转移和疏散受困人员，保护重要目标安全，抢救、运送重要物资，参加道路（桥梁、隧道）抢修、海上搜救、核生化救援、疫情控制等专业抢险任务，必要时协助地方人民政府开展灾后重建等工作。

二、加强我国应急救援队伍建设

加强综合应急救援队伍建设是贯彻落实党中央、国务院关于推进国家治理体系和治理能力现代化决策部署的实际举措，对提高防灾减灾救灾能力、维护社会公共安全、保护人民生命财产安全具有重大意义。通过对我国应急救援队伍建设的发展历程与现状进行分析，结合发达国家应急救援队伍建设的经验，主要可以从以下几个方面来加强我国应急救援队伍建设。

（一）重视救援力量的整合应对

设立应急管理部的重要目的之一，就是将分散在不同层级、不同地域、不同领域、不同类别的资源有效整合起来，在一个整体框架下，实现统一领导、综合协调、融合运作。我们需要加快创建和完善制度环境，营造一个有利于社会力量参与的政策环境，从而在短时间内能够对重大突发事件做出有效的反应和处置，发挥社会力量应有的作用。在突发事件救援中，建立健全救援力量有序参与机制，促进政府力量、社会力量、军事力量、专业救援力量之间配合与互动，规范进入灾区的人员和行为，从而最大限度地降低突发事件损失。

（二）明确救援力量的职责范围

社会公共安全有很多类型，如反恐、打击海盗、打击有组织犯罪、打击毒品等，可能部分符合“急”的标准，但通常不在应急管理部职责之内。明确应急管理部的业务、职责范围，有利于发挥各方面的作用，多方统筹。为了更好地应对突发事件，还可以利用专业救援力量组建生物、医学等专业的应急管理专家组。此外，在应对需要多方力量协调的突发事件时，明确界定中央与地方之间的集权与分权关系，有利于实现责任基础上的各级政府之间的良性互动，避免重复建设、资源闲置。

（三）提升应急技术装备能力

现代化的应急技术装备是国家应急管理能力的重要基础和有效保障，空间信息技术、通信技术、数字化技术等在实现有效防灾减灾救灾中发挥着重要作用。许多发达国家重视防灾减灾科技创新，在防灾减灾科技研发上投入了大量的人力、财力、物力资源。一方面，我国应急产业发展时间短，提升应急技术装备能力要优化、整合应急科技资源，坚持规划引领，扩大对应急科技前沿基础问题的研究，优化科技资源配置，推动我国应急产业向科技化转型升级。另一方面，我国应急技术装备的专业化、成套化、智能化设备不足，高精尖技术装备存在进口依赖性，核心部件等受制于人。提升应急技术装备能力要激发应急科技创新动能，抓住新一轮科技革命机遇，加速研发、应用人工智能、量子信息、移动通信、物联网等新技术，以新一代信息技术引领应急科技自主创新改革，建设正规化、专业化、现代化的应急救援队伍。

思考与练习

1. 分阶段简述我国应急管理体系建设的发展历程及每个阶段的特点。
2. 分析我国应急管理体制存在的问题及相应的管理对策。
3. “1+4”应急管理法律体系骨干框架指的是什么?
4. 分析我国应急管理法制建设存在的问题及相应的管理对策。
5. 应急管理部组建前后，我国应急救援队伍建设有何区别?

第九章
应急管理的科技创新

学习目标

通过本章的学习，应能够了解新技术革命的相关内容以及其与应急管理的关系；了解大数据和人工智能的内涵；理解大数据对应急管理的影响；掌握大数据和人工智能在应急管理中的应用及挑战。

导读

以科技创新驱动应急管理现代化

党的二十大提出，坚持安全第一、预防为主，建立大安全大应急框架，完善公共安全体系，推动公共安全治理模式向事前预防转型。这为推进应急管理现代化和发展智慧应急提出了新的要求。

新一轮科技革命的兴起，尤其是云计算、大数据、物联网、人工智能、移动互联、互联网协议第六版（Internet Protocol Version 6，IPv6）、虚拟现实（Virtual Reality，VR）、增强现实（Augmented Reality，AR）等新一代信息技术的深度应用，使科技创新对推进应急管理现代化产生了直接且深远的影响。如何在新一轮科技革命中抢占先机，适应以信息技术、人工智能为代表的新兴科技快速发展的大势，以科技创新驱动应急管理现代化，这既是一个重大的实践问题，也是一个重大的理论命题，是中国应急管理研究亟待且必须回应的时代之问。

为此，我们需要在继续推进应急管理信息化的基础上，发展大安全大应急框架下的智慧应急。这需要统筹相关规划，合力描绘智慧应急新愿景；加强基础研究，超前布局“人机物”融合应急管理新范式；优化治理结构，加快形成协同应急新格局；强化需求牵引，探索建立预测预警预演常态化新机制。

资料来源：根据中国科学院学部重大咨询项目子课题“信息技术支撑应急治理现代化战略研究”课题组. 以科技创新驱动应急管理现代化——形成大安全大应急框架下国家智慧应急的整体合力[J]. 国家治理，2023（7）：29-33整理。

第一节
新技术革命的兴起

一、新技术革命的内涵

18世纪中叶以来，人类历史上先后发生了四次工业革命。第一次工业革命所开创的蒸汽时代，标志着农耕文明向工业文明的过渡，是人类发展史上一个伟大奇迹。第二次工业革命开创了电气时代，电力、钢铁、铁路、化工、汽车等重工业兴起，石油成为新能源，并促使交通迅速发展，世界各国的交流更为频繁，并逐渐形成一个全球化的国际政治、经济体系。两次世界大战之后开始的第三次工业革命，更是开创了信息时代，全球信息和资源交流变得更为迅速，大多数国家和地区都被卷入全球化进程之中，世界政治经济格局进一步确立，人类文明的发达程度也达到空前的高度。20世纪四五十年代是信息技术革命的形成阶段，其主要标志是原子能、电子计算机和空间技术的诞生。它以微电子技术为基础，以信息技术、生物工程、新材料技术和新能源技术为先导，带动电子计算机技术、激光技术、海洋开发和空间技术等一系列新技术的飞跃发展和广泛应用。从20世纪70年代开始，信息技术革命进入全面发展的新阶段。其主要标志是信息高速公路的建设。这次新技术革命同过去历次技术革命相比，具有知识和技术高度密集、新技术和新产业以群体的形式出现、信息技术发挥着突出的作用、发展速度非常迅速等特点。

21世纪以来，人类正进入以信息技术、生物技术、人工智能为代表的第四次工业革命时代。这次全新的技术革命是以互联网、云计算、大数据网络技术等技术为基础，以互联网产业化、工业智能化、工业一体化为代表，以人工智能、新材料技术、分子工程、石墨烯、无人控制技术、量子信息技术、可控核聚变、清洁能源、虚拟现实以及生物技术等为突破口的工业革命，对人类社会带来难以估量的影响，将重构人们的生活、学习和思维方式，颠覆现有很多产业的形态、分工和组织方式，重塑国家竞争力，引发未来世界经济政治格局深刻调整。

二、新技术革命推动下的应急管理

（一）新技术革命推进应急管理信息化建设

物联网、大数据、云计算、人工智能等关键技术能够优化整合各类科技资源，大大增强了人们对世界的信息获取和感知能力，为应对各种突发事件提供了有力武器。新型传感设备、视频识别技术、网络爬虫技术等，为安全生产、食品药品、卫生健康、自然灾害等各领域的应用提供了全新的信息采集能力。除此之外，政府及其他组织还利用云计算技术针对各类数据资源进行自动汇聚、识别、关联、融合，开展大数据分析和应用，以有效找准监测的重点，加强对重点行业领域的安全风险排查，提高实时监测、动态分析、多灾种和灾害链综合监测、风险早期识别和预报预警能力。利用人工智能等智能辅助决策技术，根据灾情类型、规模及时自动地生成人员、装备调配方案及灾情处置方案，实现备战救助人员、储备物资及各类资源的及时派发和调配，加快应急反应及时度，提升应急救援实战能力。在大数据和人工智能的时代下，政府应急部门的信息资源数字化转型是社会发展大势所向。国务院应急管理部出台了《应急管理部关于推进应急管理信息化建设的意见》，要求坚持以信息化推进应急管理现代化，强化实战导向和“智慧应急”牵引，夯实信息化发展基础，推动形成体系完备、层次清晰、技术先进的应急管理信息化体系，全面提升监测预警、监管执法、辅助指挥决策、救援实战和社会动员能力。

（二）新技术革命推进应急产业升级

新技术革命推动下的应急管理信息化必将对应急产业发展产生深远的影响，推动应急产业的变革，形成新的发展趋势。特别是2019年以来，在以新技术为主导的各类论坛、展会上，都有应急产业的论坛和展览，新技术正在加速进入应急产业发展的蓝海，带动应急产业的升级，使应急产业呈现出鲜明的网络化、数字化和智能化的特征。一方面，人工智能、机器人等新一代信息技术与应急产业的融合促进了应急产业依托基础设施核心资源建设应急产业园，驱动应急产业集聚发展，实现规模化生产与经营，最大限度地发挥其规模效应，提高整体运行效率。另一方面，在新技术革命的推动下，应急产业将会出现许多新的产品、新的装备和新的服务等，有无穷的发展潜力。

（三）新技术革命带来应急管理问题

新技术革命在推进应急管理信息化、智能化的同时，也带来了技术应用领域的公共安全问题，如新技术引发的数据泄露、隐私侵犯、黑客攻击以及伦理挑战等。随着物联网、云计算、大数据、人工智能等创新技术的逐步应用，新形式的安全威胁和风险正不断滋生、扩散和叠加，主要表现在云平台、数据安全等新兴领域的安全问题不断凸显，与5G、区块链等新兴技术相关的网络安全挑战也在不断增大。数据已经成为世界各国的重要战略资源，关键信息基础设施和数据安全关系到国家安全。一方面，人工智能等技术的推广与应用，给人类造福的同时，也给社会带来新的安全隐患，引发新的应急管理问题。另一方面，新技术滥用及其演进路径不确定性存在诱发“技术恐怖”的可能，人们面临因技术滥用而导致的外溢风险，因为犯罪分子同样可以利用新技术从事更为便捷、隐蔽的犯罪活动。如一些不法分子利用先进技术非法操作计算机盗窃、诈骗、窃取商业机密以牟利，甚至窃取国家机密，威胁公共安全。

历次新技术革命都是跨行业、跨系统、跨国界科技融合发展的结果，我国应急管理的美好未来，必定是立足于现实应急系统，着眼国际先进技术，双轮（科技与制度）驱动，协调发展。国内外的实践已经证明，以新技术革命推动的新型科技及其相关装备在应急管理领域的应用，起到了减少损失、提高效率和节约成本的作用。我们要借助这波新技术革命带来的契机，加强应急管理学科、专业建设，大力推动对应急管理人才的培养，扶持在应急产业领域拥有自主知识产权和核心技术的重点企业成长壮大，建立并推广以新技术为支撑的应急管理模式，使新型的应急管理科技支撑体系在应急管理中得到广泛应用。

第二节 大数据在应急管理中的应用

一、大数据与应急管理

大数据指无法在一定时间内用常规软件工具进行捕捉、管理和处理的数据集合，是需要新处理模式才能具有更强的决策力、洞察发现力和流程优化能力的海量、高增长率和多样化的信息资产。公认的大数据具有五个特点：数据量大、速度快时效高、来源和类型繁多、价值密度低以及数据的准确性与可信赖程度高。从这五个特点可以看出，大数据已经不是简单的数据量大，更重要的是基于大数据技术的大数据分析和深度学习带来的数据价值。这些特性应用在不同领域都能发挥出巨大作用。比如，在处理突发性事件过程中，将海量的数据通过大数据技术进行分析，其结果能反映出数据集合间的深层含义，让突发事件的处理有所依据，以达到最优的处理效果。

大数据技术指对各种类型的海量数据进行分布式数据挖掘，快速获得有价值信息的能力，一般包括数据采集、大规模并行处理（MPP）数据库、分布式数据库和云存储、数据挖掘电网、分布式文件系统、云计算平台、云计算的分布式处理以及虚拟化技术等。其中，数据采集（又称数据获取），是指通过传感器和其他测量设备对信息进行采集，将模拟量转换为数字量。当代智能终端的应用提供了空前庞大的数据信息量，应急管理者可以通过系统日志采集法、网络数据采集法等方式对互联网数据、传感器数据和商业数据进行采集，同时大数据感知系统还可以通过智能终端设备对活动主体进行实时监控，不断自动产生数据。由此可以看出，大数据技术改变了信息收集、存储、传输、分析的渠道和方法，有助于管理者应对复杂多样、需要综合治理的突发性灾害事件。在处理应急事件时，利用大数据技术对事件中出现的数据进行分析，找出事件发生的时间关系，然后利用计算机系统分析出线性规律，以便预测类似事件，能够给人们留出更多的准备时间，降低突发事件对人民生命财产安全造成的影响。

二、大数据推动应急管理变革

（一）大数据推动应急管理方式智能化

大数据使人类社会转变成一个由现实数据构成的世界，复杂公共管理面对的一切问题、行为、关系、过程和结果都以数据的形式录存起来，然后被处理。以此为基础的智能化取代了部分传统应急管理手工采集分析数据的做法。

1. 海量数据分析提升应急处置效率

当代物联网、传感器、社交网络、移动互联网等智能终端应用的爆炸性增长带来了空前庞大的数据信息量，拓展了信息管理部门数据采集的“量”和“源”。通过对这些数据进行监测、筛选、对比、分析，进而发现亟待解决的社会问题，有利于管理者在应对突发事件时及时锁定关键目标，提升对问题界定的精确度，并用量化的形式将其表述出来。

2. 数据实时监控驱动智慧决策

大数据感知系统通过智能终端设备对活动主体进行实时监控，数据会不断自动产生，这样一来，事件发生的始末都能以数据形式被记录下来。加上数据所具有的可视化功能、空间分析能力、属性数据集成能力，使得事物的特征清晰可见，有利于管理者在应对突发事件时获得有关监管对象的全面图景，进而在最短时间内厘清关系、整合资源，以最快速度形成应急方案。

3. 数据开放共享有利于实现智能监管

大数据技术通过云计算将有效数据转化为适当的图形界面，并借助可视化平台呈现出来，能够取代部分传统应急管理人员现场监管的做法，而且不同数据资源库之间开放共享的范围越大，所能实现的线上监管的可能性、范围也就越大。

（二）大数据推动应急管理目标精细化

大数据作为一种先进的技术方法为应急管理精细化提供了科学的工作方法和技术手段支撑。

1. 大数据有助于应急管理者精准应对民众的诉求

数据与实体精准匹配，所记录个人、家庭、社区的具体需求量化反映社会不同群体多维度、多层次的利益诉求，能够弥补传统技术以少量样本信息代表全体需求偏好的不足，从而推动管理者在执行决策时对不同对象实施不同标准，或为不同对象定制不同服务，精准应对。

2. 大数据能够为应急管理者提供智能分析

大数据通过对实时数据、历史数据进行比对、分析，深度还原隐藏在数据背后的逻辑关系，使管理者深入认识事件发展的规律，预判事件走向，从而细化工作目标，为精细化治理提供支撑。

（三）大数据推动应急管理体系开放化

大数据技术运用改变了我国传统应急决策以政府为绝对主导的模式，使决策主体由单一主体向部门协同转变，决策过程由静态向动态转变。

1. 促进形成多中心协同治理的应急管理模式

传统的突发事件相关的各类信息大多以原始数据的形态零散地分布于各个级别、领域的政府部门中，没有整合成数据池并充分共享，使得应急管理的决策主体多为单一主体。大数据作为一个生态系统，打通了信息纵向统筹和横向联通，使得掌握数据的各级政府、同级部门及市场和社会等相关主体能够参与决策讨论，共同制定政策；有助于在应急管理、灾害救助中，第一时间科学调集资源，确保政府、企业、社会组织以及民众之间实现多维交互、有效合作。另外，借助大数据分析精确建模，可以调动从基层农村、社区、县域政府到市级、省级政府等各级管理部门以及卫生、交通、市政、教育等平行机构的力量，开展协同治理。

2. 有利于使决策的制定与执行在互动中同步进行

开放的数据系统信息透明，加之可以通过在微博、微信上发布信息，民众比以往任何时候都更易于充分参与谈论和表达对政策制定和执行的观点和看法。而对于管理者来说，大数据简化了监督信息反馈的传输渠道，便于研究判断社会舆情和对决策方案的实施进行经常性核实、评估，并吸纳群众智慧，及时调整。在应急治理中，群众不仅关注政府作出的决策，而且更关注政策的产生过程、实施结果，而大数据技术运用为此提供了巨大的便利。

三、大数据在应急管理中的应用

大数据在应急管理中的应用，主要涉及两个方面的内容：一是大数据技术；二是大数据思维。大数据技术和大数据思维是开展应急管理工作的关键点。大数据技术是对数据信息进行收集、分类处理和归纳，用目录、索引的形式展示出来，从数据中发现问题、找出思路，为应急管理工作提供便利；大数据思维则是从海量数据中发现问题，用全样本的思维来思考问题，形成了模糊化、相关化和整体化的思考方式，为决策者提供多样化的解决方案。大数据技术与大数据思维相互融合和作用，共同形成了大数据的应用，可大幅提高应急管理分析与预测的精确性和全面性，同时也能确保应急管理手段的时效性和可行性。按照突发事件发生的时间顺序，整个应急管理大致可以分为事前、事中和事后三个阶段，包括预防准备、监测预警、应急处置和善后恢复等多个环节，因此从以下四个阶段分析大数据在应急管理领域的应用。

（一）常态化的数据库建设与信息采集

事前的预防准备是应急管理全过程的起点，同时也是大数据应用的准备阶段，主要涉及运用大数据的设施进行信息收集。即时信息的收集能够为动态的应急事件处理提供依据，与多源渠道相配合，通过模拟场景为决策分析提供数据源；能够快速反应和应对灾害，大幅减轻灾害后果，减少救灾成本。其中，大数据的设施指的是大数据应用所需的硬件和软件设施。硬件设施主要涉及新技术背景下的数据采集；软件设施不但涉及新数据的采集，还包括对旧数据进行分析和挖掘。与应急管理适应能力相关的数据大致可以分为五大类：环境类数据包括人口特征、地理空间、气象条件等；对象类数据包括地质灾害隐患点分布、危险源分布等；资源类数据包括人员队伍、物资、设施、装备等；行为类数据包括疏散轨迹、信息收集记录等；评价类数据包括情绪、态度、观点等。

不同类型的数据，采集的方式也不同。例如，资源类数据需要GIS技术、遥感技术等；对象类数据需要利用大数据感知系统通过智能终端设备对主体进行实时监控自动产生；行为类数据需要系统日志采集法等信息技术手段来进行监测和获取；评价类数据则需要依托社交媒体等平台采用网络数据采集法等方式才能进行采集。不同类型的数据汇聚在一起，就构成了应急管理大数据。这就需要建立应急管理大数据集成平台，以实现多源异构数据的汇聚，并依赖海量的数据分析总结应急事件的发生规律，在形成、完善风险防范机制的基础上尽可能对应急突发事件进行规避。

（二）事前的监测预警

事前的监测预警包括突发事件的预警和监测监控活动。监测预警即以实时监测数据作为算法输入，利用合理算法提供决策依据，判定紧急情况警情级别，甚至可视化、仿真化场景，提前合理管控突发事件。应急管理的重点在提前防范紧急事故的发生，预防阶段通过监测预警系统持续接收信息，加工处理之后形成简易明了的警情提示信息，在此基础上合理安排应急演练行为，提高应急处置效率。随着大数据与云计算的融合发展，大数据的获取、挖掘、分析和可视化能力将得到进一步提升，通过对海量数据的深度分析和实时数据的迅速处理，可以有效地对未来进行预测，提升风险预警能力。目前，大数据技术已经被广泛应用在灾害预测和实时分析当中，如大数据技术在滑坡灾害监测中的应用、大数据技术在环境监测中的应用等。在城市公共安全领域，在人员信息数据高度联网、城市地理空间高度数字化、城市监控管理高度智能化的推动下，在大数据处理技术的支持下，各类监测平台能够实现应急数据资源的全要素获取、全范围流转、全维度分析、全时段互联互通，将给诸如重大疫情监控、公共安全事件监测预警、城市环境灾害、安全生产事故监测与防治等带来更加精准的预判。

（三）事中的应急救援与物资调度

事中的响应阶段是应对突发事件的关键阶段，主要包括营救生命和防止财产损害，保护紧急情况或灾难发生时的环境等一系列行动。在紧急救援的重要环节中，通过大数据技术获取的各种类型的海量数据经过大数据分析后成为关键救援信息支撑，有利于合理分配救援任务。对于应急管理人员来说，大数据于响应阶段最大的应用价值在于能够帮助管理人员找寻最佳的处理手段，因此，大数据的应用能够使应急突发事件的负面影响降到最低，并通过一系列处置工作以保障应急突发事件的协调有序解决。例如，在重大传染病疫情事件中，大数据技术不仅能更有效地应用于防控部署、资源调配、数据利用、舆情监测、公众心理等疫情防控相关工作，而且能够快速、精准、全面地开展人员流向分析，定位接触人群，及时控制疫情扩散。通过大数据实现在疫情防控的同时保障人们正常的生活方式，推动了地区复工复产，缓解了疫情对经济的冲击。当救援需要进行物资运输调配和人力动员时，大数据将会在合理分配运输资源、绘制交通路线、即时调度物资、人员按需分配上发挥重要作用。例如，建立云应急系统进行应急事件的管理，通过多种渠道获取信息资源，运用情景模拟、信息储存、语义网计算等方法进行分析并提供智能决策，为应急事件的管理提供定制化的服务。

（四）事后的次生突发事件防范

事后的恢复阶段是应急救援结束后才开始的一个新的阶段，多为应急突发事件有关的善后工作，具体包括事后协助社区回到正常生活状态的所有行动。在此过程中，大数据最大的意义在于能够实现对于应急突发事件的实时监测以及对事件中出现的数据进行分析，找出事件发生的时间关系，然后利用计算机系统分析出线性规律，以便预测类似事件的再次发生。特别是在自然灾害的应急管理中，用大数据技术预测可能的次生灾害、反复性灾害及其他未来可能发生的事件，在灾区恢复重建时做出次生灾情预防准备。运用大数据可以平衡地区之间恢复重建规划，特殊情况下重新配置资源，更多时候需要为受灾严重的地区适当调配更多的资源。在事后恢复总结时，依托大数据可以对灾害应对处理的无数细节进行统计，这些细节将拼接出一张完整的应对灾情处理手册，归纳出科学的应灾、救灾方式和流程，加入灾情教育知识体系。

四、大数据给应急管理带来的挑战

大数据技术在各方面的应用日益广泛，社会也随之发生着巨大的改变，利用大数据分析成为当前应急管理工作的新方法，为应急管理者提供了新的分析模式。深入有效地推进应急管理大数据的发展已成为普遍的潮流，然而亟待解决的问题也十分突出。

（一）数据分析模型还十分欠缺

发挥大数据在应急管理中的最大化效用需要从以下三点入手：一是对专业场景的深

入挖掘；二是将多源数据系统相融合；三是把各个业务领域的实际需要结合。这是由于数据的结构、类型、属性、规模、操作以及相互关系存在差异，不同领域数据具有较强的针对性，所以必须充分考虑各领域内的专业特点，不断迭代构建适应各专业特点的数据模型。例如，我国的自然灾害种类多、发生频率高，不同的自然灾害需要设计不同的数据分析模型来应对。如何通过不同的数据建立起关联模型，以便对应急管理进行有效的管控、评价与改进，则显得困难重重。目前能直接应用于应急大数据的分析模型还十分缺乏，一方面由于相关的理论研究无法支撑应用需要，另一方面是应急管理业务和大数据技术之间存在鸿沟，如何融合发展尚存技术难题。

（二）我国应急管理部门大数据专门人才相对匮乏

大数据的快速发展对相关专业的人才产生了井喷式的需求。应急大数据即将迎来爆发式发展，大数据将会给应急管理领域带来前所未有的变化和机会，无论是政府相关管理部门还是社会自发组织，或是参与的公众个人，都希望大数据能创造出更大的价值。政府应急管理工作的专业性很强，建设具备大数据思维的人才队伍是应急管理与大数据结合发展的必要基础与必经之路。但当前最大的困惑还是应急大数据专门人才的匮乏，这个瓶颈在短时间内很难取得突破，需要从多方面入手，找到新的发展之道。

（三）数据隐私保护有待得到重视

大数据应急治理的隐私安全问题主要包括个人隐私泄露以及恶意传播隐私数据等。大数据技术的关键在于数据分析和利用，个人的基本信息与操作痕迹的记录与收集是大数据应用发展的基础，也因此产生了难以回避的数据侵害、信息不当利用问题，势必对用户隐私产生极大威胁。尤其是在危机事件发生以后，当政府将工作重心集中在应急治理时，就有可能忽视对公民个人隐私数据的保护工作，而且由于大数据应急治理必然要求对数据的全面分析和利用，伴随数据使用频率的上升，隐私泄露的风险也会急剧增加。此外，危机事件发生以后，社会敏感度和关注度的迅速提升也加剧了隐私泄露的危害，使隐私泄露的后果更为严重。时常发生的数据安全问题使得相关市场行业发展频频受挫，应急管理信息化推进备受质疑。政府必须充分重视数据隐私保护，制定相应的数据安全策略和隐私保护措施，加大对侵犯数据隐私行为的打击力度，以规则防范人为原因造成的隐私泄露问题，守牢数据安全底线。

（四）政府危机公关能力受到挑战

由于当前数据信息增长较快，公众获取信息的途径也越来越多元化，一旦发生应急事件，公众获取信息的速度可能要快于政府部门，这也考验着政府部门在应对突发性事件时的公关能力，包括对于突发事件的控制、舆论的关注、形象的维护等多个方面，如果处理不当，将会导致更加严重的后果。

第三节
人工智能在应急管理中的应用

一、人工智能与应急管理

在移动互联网、大数据、超级计算、传感网、脑科学等新理论新技术驱动下，人工智能呈现深度学习、跨界融合、人机协同、群智开放、自主操控等新特征。资本的持续投入与国家产业引导政策不断出台，促使计算机视觉、自然语言处理、语音识别等人工智能技术正逐步从实验室走向产业化，对经济发展、社会进步、全球治理等产生重大而深远的影响。人工智能的真正开端可以追溯到1955年8月31日，研究人员John McCarthy、Marvin Minsky、Nathaniel Rochester和Claude Shannon提交了一份提案，提案中第一次提出了“人工智能”的概念。人工智能是研究、开发用于模拟、延伸和扩展人的智能的理论、方法、技术及应用系统的一门新的技术科学，涵盖了训练计算机使其能够完成自主学习、判断和决策等人类行为的范畴。人工智能是计算机科学的一个分支，这个领域的研究包括机器人、语言识别、图像识别、自然语言处理和专家系统等，它试图了解智能的实质，并生产一种新的能以人类智能相似的方式做出反应的智能机器，是对人的思维过程的模拟。

人工智能的相关技术主要包括：第一，计算机视觉，包括人脸识别、人员检测、图像和视频分类、目标对象检测、光学字符识别、定位与跟踪等技术能力；第二，语音识别，包括人员识别、语音转文字、声音检测和识别、语言翻译等技术能力；第三，自然语言处理，包括文本信息挖掘、语言理解、情感分析等技术能力；第四，人工智能支持的机械应用，包括无人机、无人车、智能穿戴设备以及其他自动化机械；第五，人工智能支持的数据分析，包括结构数据深度学习和其他分析技术；第六，内容生成；第七，强化学习。

人工智能的基本原理是运用机器学习、模式识别、大数据、云计算和传感器等技术方法，使机器通过学习训练后模拟人脑神经系统和心智，实现识别、计算、认知、推理、决策、学习等功能。从技术层面讲，人工智能主要包括搜索求解、知识推理和机器学习三类。从发展层面讲，人工智能主要包括计算智能、感知智能和认知智能三类。在以往的应急管理工作中，人工智能技术的应用并不广泛。在应急管理部成立之后，应急管理信息化建设的要求推动了以人工智能为代表的高新技术在应急管理领域的应用与发展。应急管理工作中有一个很重要的需求就是可视化管理，而可视化主要依赖于视频监控系统。传统的视频监控手段主要用于监视、录像和回放，不能充分挖掘视频监控技术在应急管理工作中的应用效果，而人工智能技术可以将非结构化的视频数据进行结构化处理，这样就可以在人员身份管理、车辆速度监控。车辆违停、危险物堆放、潜在危险源发掘等方面发挥作用。随着智能时代的到来，与人工智能的深度结合是未来应急管理领域的发展趋势。

二、人工智能在应急管理中的应用

近年来，突发事件的关注度持续走高，对突发事件进行事前预防、事发应对、事中处置和善后恢复全过程的应急管理系统也迅速发展起来，成为智慧城市、智慧社区等建设中不可或缺的部分。人工智能作为提高突发事件管理效能的智能技术，可以有效整合各种资源，提高应急管理应用水平，促进应急管理的信息化和现代化建设，在自然灾害、事故灾难、公共卫生事件和社会安全事件等突发事件中均有涉及。从应急管理的全过程来看，人工智能在应急管理中的创新应用主要集中在智能监测预警、舆情管理、智能决策和智能救援等方面。

（一）人工智能可应用于突发事件的智能监测预警

通过人工智能技术，基于图像、视频、音频和文本等异构大规模数据内容理解，有利于开展实时和准实时异常监测和预警。国务院印发的《新一代人工智能发展规划》中明确提到，促进人工智能在公共安全领域的深度应用，推动构建公共安全智能化监测预警与控制体系。人工智能在自然灾害、安全事故、公共卫生事件和社会安全事件等领域的监测预警，主要体现在图像识别技术和视频结构化的智能监测预警作用。图像识别技术是利用计算机对图像进行处理、分析和理解，以识别各种不同模式的目标和对象的技术。许多突发事件的发生，可以通过视频里监测地点的图像识别技术进行快速的预警响应。如火灾，图像识别技术可以快速地判断火灾是否发生、火灾的程度及实时监控火灾的趋势。而且，通过对监控图像的处理和识别，可以同时处理大量的视频图像，高效地防控安全事故的整个过程。

视频结构化是指通过时空分割、特征提取、目标识别等处理手段，将视频内容按照语义关系，组织成方便计算机和人理解的文本信息，实现视频数据向可读信息的直接转化，达到提升视频查找速度、降低存储容量、盘活视频数据的目的。视频分析技术对视频信息进行处理、集合、分析，基于内容生成初步研判结果，快速形成预警报告，达到事前预警的目的。例如，东方网力“天眼”结构化一体机能够对同一目标或多个目标，实现多个维度、多种信息类型的综合化、立体化的结构化数据分析和布控检测与预警功能。该一体机通过智能算法对人、机动车、非机动车等目标的特征识别和快速检索，实现了预警、布控、研判等多种应用，有效地提升了公安部门的办案效率。

（二）人工智能可应用于突发事件的舆情管理

据《中国互联网络发展状况统计报告》，截止到2020年6月，我国的网民数量已经超过了9.4亿人，占据了人口总数的67%左右。随着网民数量不断增多，人们运用网络这一便利途径来表达自身对突发公共事件的情绪与态度的频率也日渐提升。这也给政府突发公共事件以及公共危机管理埋下了诸多隐患。正向舆论一般能对应对突发事件起到激励作用，但过激的舆论反而会引起人们的恐慌，继而严重扰乱人们的生活秩序。一方面，人工智能通常以“网络抓手”的身份出现在各大网络平台中，根据相关关键词将造成不良舆论的言语或资讯自动捕捉和删除，避免不良舆论滋生，从而起到控制事态的作用。另一方面，利用得益于数理算法与计算机技术的人机互动分析舆论源，可以实现网络舆论自动分析与分类，根据不同分类赋予相应的权重，重点关注高权重流言，精准定位不实言论，从而预估舆论走向，制定舆论引导策略，主动回应公众质疑，消除舆论对应急管理的偏见，提升应急管理舆论恢复效果。

另外，突发事件总是伴随着虚假信息传播、恶意营销等现象，处理不当将会产生负面的社会影响。人工智能可以用来识别虚假和恶意信息，通过对谣言的机器学习提高鉴别谣言的效率，对其进行妥善的管控。例如，“清博舆情系统”就依托大数据和人工智能技术，通过对海量网络舆情数据的收集和分析研判不同地区的公众情感属性，通过对热门主题词的可视化分析洞悉大众潜在需求，从而为政府有针对性地辟除网络谣言、回应民众诉求、提供公共服务奠定基础。

（三）人工智能可用于应急管理辅助决策

以往的应急管理准备工作，如制定应急预案、组织相关人员、选择应急方案等，难免会出现经验主义错误，如应急方案选择错误、对灾害预估不准等，从而导致更为严重的后果。新时期，人工智能逐渐以细致、全面、精准的决策能力替代人工，尤其是智能化深度学习系统，赋予人工智能自我学习的能力，通过自行学习以往的应急管理数据，比如灾害情形、危险级别、应对策略等，分析得出最佳应急处理办法，结合灾害的实际情况，制定应急管理预案，准确安排岗位及工作人员，确保应急方案处于最佳状态。比如，在四川省上线的5G城市医疗应急救援系统中，利用人工智能技术实现了车辆精准调配和行驶。该系统能根据病人病情的紧急程度、道路拥堵状况和周边医院特色专长等要素自动选择车辆行驶路径，实现车辆精准调配，提高车辆运行效率。

在各类重大突发事件的应急医疗救援中，利用人工智能技术构建的辅助应急诊疗的智能辅助诊断平台可以通过对以往积累的海量医疗救治信息集进行无监督学习，挖掘数据资源中有价值的信息，并进行抽象表示，描述发展规律，建立认识和预估模型，从而能够有效“筛除”大量重复、冗余的信息，并根据现有数据进行特征分析，及时判断伤者的病情，预判未来病情发展，快速传递信息，辅助远程专家作出最佳预判和诊疗方案。另外，具有推理能力的专家系统依据大数据，能做到对突发事件的预测，进行有效快速的处理分析，构建出精确的突发事件辅助决策处理系统。

（四）人工智能可用于应急救援装备

在重大突发事件的应急救援工作中，应急管理需要投入大量的人力、物力、财力，广泛开展救援工作。在人工智能未得到应用之前，应急管理响应主要由指挥部门派遣各机构人员，比如消防人员、医护人员等，深入现场，开展救援活动，这容易造成人员伤亡。而随着人工智能技术的发展，在应急事故救援工作中进行人工智能技术的运用已成为趋势，高危型救援活动不再以人工为主，而是由无人化智能装备替代，比如无人机、智能机器人等，智能硬件与智能机器人辅助完成危险性和重复性工作，从而大大降低救援人员的安全风险。

例如，在重大自然灾害和灾难事故的救援中，飞行机器人利用机器视觉、语音识别、自然语言处理、知识图谱、生物特征识别等人工智能技术，可以到达一些比较危险或环境恶劣的受灾区域，对灾区的温度、有害气体浓度等环境因素进行分析，完成复杂、困难的救援任务，对灾区进行人员感知、灾情评估后，合理地划分重点区域、运输应急物资、分配救援力量，从而规划高效、安全的救援路线，保障救援工作顺利完成。搜救机器人还可以及时搜索生还者，并进行食物、水、氧气等救生物资的运送，为救援人员的施救以及生还者的存活提供了很大帮助。在重大传染病疫情事件应急处理中，智能机器人可用来实现无接触配送、清洁消毒、监督防疫政策执行等功能，减少人与人之间的接触，切断病毒传播途径。在无接触的同时又能使医疗和生活物资得到供应，对于保障隔离期间的生活所需，阻断病毒传播至关重要。

三、人工智能给应急管理带来的挑战

人工智能赋能的风险治理与应急管理，是自然科学和社会科学的有机结合，也是现代化国家治理体系和能力的重要体现。人工智能技术在城市和社会应急管理领域具有很大的应用空间，改变了应急管理的政策制定过程和政策主体的参与模式，增加了公共政策制定的科学性。然而，需要注意的是，人工智能在促进应急管理信息化的同时，也在触发如泄露个人隐私、危害公共安全等风险问题，给社会治理带来全新挑战。

在应急管理的信息化建设过程中，和大数据一样，人工智能技术的应用需要合理划分个人隐私和公共安全之间的边界，减少潜在的风险和不利影响。人工智能的应用还存在诸多不确定性，容易带来非预期事故，这主要是因为虽然人工智能在技术上获得了很大的突破，但技术能力仍很有限，尚处于弱人工智能阶段，所能解决的问题需要从数据、任务难度等各方面来综合考量。而弱人工智能系统的特点在于它们接受了非常专门的任务训练，如下棋和识别图像。而应急管理的复杂性使得系统的应用环境时刻都在发生变化，人工智能系统可能较难适应，容易加大发生事故和出错的概率。此外，人工智能算法目前还是一个“黑箱”，可解释性不足，人类很难预测它的最终结果，也容易带来很多非预期事故。

另外，由于当前的人工智能技术具备一定程度的自主学习与决策能力，并且其某些行为存在不可解释性，人工智能还会引发法治风险，技术自主性等导致责任主体不明，冲击现有法律体系。例如，当智能医疗助理给出错误的医疗建议导致患者病情加重时，需要界定责任主体。同时，还要考虑人工智能带来的伦理问题，关注不同主体的伦理诉求，克服人工智能的应用瓶颈。

思考与练习

1. 人类四次科技革命主要特征是什么？第四次科技革命主要发生在哪些领域？

2. 以信息技术为代表的新技术对应急管理具有哪些促进作用，同时带来了哪些新问题？

3. 大数据思维和技术为应急管理带来了哪些变革？

4. 试列举一些大数据应急管理的应用场景。

5. 我国大数据应急管理面临着哪些挑战？

6. 人工智能的基本原理是什么？其在应急管理中有哪些常见的应用场景？

7. 人工智能给应急管理带来了哪些挑战？

第十章
应急管理文化与培训

学习目标

通过本章的学习，应能够了解应急管理文化建设的重要意义；理解中国传统应急管理文化包含的积极因素，以及需要与时俱进加以改造的因素；掌握新时期我国应急管理文化建设重点任务，以及应急管理培训的目标、应急管理培训体系涵盖的对象、应急管理培训方法。

导读

《三体Ⅱ黑暗森林》小说中人类危机纪年第205年（节选）

刘慈欣在科幻小说《三体Ⅱ黑暗森林》中，描述了人类发现三体人的威胁后，届时由联合国召开特别联大进行改元，标志着危机纪元的开始。黑暗战役等一系列历史事件发生在此时期内。面壁计划、大低谷、末日战役、三体人危机是这一时期人类挥之不去的噩梦，所有的一切社会危机、变革都是由这一危机引发。危机纪元时，人类的传统文化、社会制度、伦理道德都发生了翻天覆地的变化。

危机纪年第205年。

……

“大低谷后大约过了半个世纪的平安日子吧。全世界又想起三体入侵这回事了，觉得还是应该考虑战争的事，况且现在人类的力量与大低谷前不可同日而语。于是又宣布全球进入战争状态，开始建造太空舰队。但这次和以前不一样，各国都在宪法上明确：太空战略计划所消耗的资源应限制在一定的范围内，不应对世界经济和社会生活产生灾难性的影响。太空舰队就是在这一时期成为独立国家的……”

给岁月以文明，给时光以生命。

资料来源：刘慈欣. 三体Ⅱ：黑暗森林[M]. 重庆：重庆出版社，2008.

第一节
我国当代应急管理文化

当前我国安全生产形势依然严峻复杂、自然灾害防控压力较大、应急救援体系尚不健全，亟须从提高人民群众素质能力的应急文化建设和应急培训等更基础的维度，破解制约应急管理事业发展的深层次因素。应急管理文化（广义上称为应急文化）是政府、社会组织和民众等应急管理主体在应急实践中形成的应急意识和价值观，应急行为规范以及外化的行为表现。应急管理文化是应急管理的重要组成部分，对群体中人们的应急行为产生持续的影响，甚至决定性作用。应急管理文化缺失影响应急系统的功能和应急响应的有效性，成为突发事件发生及后果放大的重要原因。因此，应急管理文化建设是提高政府应急管理效能和社会应急能力的核心，也是国家治理体系和治理能力现代化亟待解决的瓶颈问题之一。

应急管理文化包括三个层次的体系结构：① 在器物层面上的应急管理表现文化。它是指人们可以观察到的应急管理系统的组织结构和运行过程、应急标识符号、应急预案文本、应急体验场所、应急设备设施、应急培训演练器材、应急宣教材料，以及应急宣传、传播、纪念、教育、培训、演练活动等。② 在制度或行为层面上的应急管理规范文化。它是指标准化、程序化的应急管理制度和规范，包括应急管理相关法律法规、标准、体制、机制、战略、规划、目标、任务、预案等，规范和约束着个体、群体和组织的应急行为模式，比如“一案三制”和正在加快构建的“1+4”（应急管理法+安全生产法、自然灾害防治法、消防法、应急救援组织法）法律体系就是典型的应急管理规范文化。③ 在精神层面上的应急管理观念文化。它是指应急管理的思想、理念、核心价值观及危机意识，如“以人为本”“生命至上”“预防为主”“综合减灾”“居安思危”“有备无患”等。应急管理观念文化是深层次的精神层面应急管理文化，决定了应急管理干部的应急心理、应急动机和应急行为。

尽管我国古代具有系统化的救荒思想，但是政府救荒措施多为处置惯例，缺乏理论探讨，社会民众更是被动应对，应急管理文化处于缓慢的自在发展状态。我国传统应急管理文化与民族文化心理、政治、经济等社会发展要素交融互动，既有民本、科学和理性等积极因素，又有天谴禳弭、趋吉避凶等消极观念，为当前应急管理文化建设提供了可资借鉴的经验和值得汲取的教训。

新中国成立后，社会主义能够集中力量办大事，具有强大动员能力，彰显中国式救灾的制度优势。但是，计划经济体制及政府职能的全能定位使社会应急力量发展滞后。改革开放后，这一滞后状况逐步改善，但社会应急公共文化服务仍然不足，多元主体间协同的制度建设不够完善，系统性的利益协调机制仍未健全。由此导致社会组织及公众的应急意识和能力处于较低的发展阶段，公众风险防范意识和自救互救能力不足，灾后恐慌心理蔓延和依赖政府等问题仍然比较突出。另外，我国应急文化产业的发展相对滞后，缺乏专业的应急救援队伍和装备。

当代应急管理文化继承了积极预防理念。预防为主、综合减灾，大灾之后对地质、疫病、环境等次生灾害防范的重视，均体现了对应急管理文化完整性的重视。但是，在应急管理实践中存在着重处置轻预防、应对多治理少等理念偏差。具体体现在城市规划、建筑设计、工程施工、技术应用和重大活动组织等经济建设、资源开发和社会活动的诸多领域，仍然未能将防灾减灾和安全优先作为先导理念予以贯彻执行，事后处置效能评估和预防措施改进等未能得到足够重视，应急管理的持续性、发展性以及战略前瞻性有待增强。

当前我国以“一案三制”为核心的应急管理体系日臻完善，重视以科技和管理等手段增强灾害抵御能力和社会系统恢复力，但是对全社会总体性的危机意识和应急素质有所忽视。当代应急管理文化建设以防灾减灾救灾教育与培训为主要内容，主要针对地震、火灾等灾害事故开展宣传教育和培训演练。但是，针对环境污染、暴力恐怖袭击、拥挤踩踏以及其他非常规突发事件，仍需加强风险预警意识，着力培育科学避险、理性应急的文化生态。另外，当代应急管理文化在风险防控中仍然局限于单一灾种，面对传统与非传统安全因素复杂交织、复合型非常规突发事件多发频发的现实形势，缺少全面综合的前馈、预控和治理意识。

党的二十大指出，坚持安全第一、预防为主，建立大安全大应急框架，完善公共安全体系，推动公共安全治理模式向事前预防转型。传承居安思危、未雨绸缪等中华优秀传统应急管理文化，弘扬红色革命文化，培育以民为本、科学避险、理性应急的公民素质和社会文明，建设适应中国式现代化要求的应急管理文化，这是应急管理文化传统的历史启示，也是应急管理文化建设的实践方向。

第二节 新时期我国应急管理文化建设

党的二十大提到，我们必须增强忧患意识，坚持底线思维，做到居安思危、未雨绸缪，准备经受风高浪急甚至惊涛骇浪的重大考验。新时期中国特色社会主义现代化进入加速发展时期。需要逐步在全社会形成安全文化和应急管理文化的氛围和行为理念，汇聚应急力量，构筑精神长城，全力战胜前进道路上各种困难和挑战。

一、应急管理文化建设的基本原则

应急管理文化建设需要坚持以人为本、生命至上；坚持预应并重、平战结合；坚持制度先行、有序推进；坚持服务大局、系统建设；坚持结构优化、工作协同。

（1）制度化。我国应急管理事业、应急指挥救援体系等发展历史并不长，应急管理文化建设更为滞后。因此，制度先行是应急管理文化建设的首要战略任务。应急管理文化建设制度化，不仅包括应急管理文化的规章制度和标准，也包括政府层面应急管理文化建设的行政体制架构（如行政组织等），还包括政府、企业和社会三者之间的分工协同体系，以及应急管理文化的宣传教育和发展保障的体制机制。

（2）专业化。专业化是应急管理文化成熟和现代化的重要标志，主要包括应急管理文化的专业知识体系、专业组织机构、专业人才队伍（如专业师资队伍、理论专家队伍和应用专业人才等），以及专业化产业（应急管理文化产业化）和专业化职业（应急管理文化职业化）等。

（3）信息化。应急管理文化建设要发挥人工智能（AI）和大数据等先进技术植入系统的功能，加快发展应急大数据分析，促进应急管理智慧化建设，不断提升应急管理文化全民普及的效率和效益。

（4）全民化。应急管理文化建设最终都要落实到全民应急自觉行动上，让全民内化先进应急理念和应急行为规范，最终促进安全文明的形成。城市是人口聚居区，应急任务更为繁重。当前，应急管理文化全民化的重点是城市，即城市居民、城市规划和城市整体发展等均要强调应急管理文化建设理念和行动。

（5）国际化。尊重世界文明多样性，以文明交流超越文明隔阂、文明互鉴超越文明冲突、文明共存超越文明优越，共同应对各种全球性挑战。我国应急管理文化建设需要学习、借鉴和引进发达国家应急管理文化的先进做法和经验，也要将自己的先进理念和做法推向全球，在全球文明交流互鉴中不断完善提升，为解决人类面临的共同问题提供中国方案，为推动构建人类命运共同体开辟新的文化路径。

二、新时期我国应急管理文化建设重点任务

（1）完善应急管理体制和法制建设，制定应急管理文化规划方案。加快安全生产法配套法规修订，推进制定修订应急管理、自然灾害防治、应急救援组织、国家消防救援人员、矿山安全和危险化学品安全等方面法律法规，推动构建具有中国特色的应急管理法律法规体系。持续推进“互联网+执法”，加大危险化学品、矿山、工贸、交通运输和建筑施工等重点行业领域安全生产执法力度。将应急管理行政决策全过程纳入法治化轨道，对一般和重大行政决策实行分类管理。完善公众参与、专家论证、风险评估、合法性审查、集体讨论决定等法定程序和配套制度，健全并实施应急管理重大行政决策责任倒查和追究机制。建立结构完整、层次清晰、分类科学的应急管理标准体系，构建完善应急管理和矿山安全等相关专业标准化技术组织。

（2）规范和完善应急教育体系，建设国家安全应急产业示范基地。完善应急管理院校的教学、培训和科研等设施。鼓励各地依托现有资源建设一批应急管理专业院校和应急管理职业学院。加强应急管理学科专业体系建设，鼓励高校开设应急管理相关专业。加强综合型、复合型、创新型、应用型和技能型应急管理人才培养。整合相关高校和科研院所，分别培养专科、本科和研究生（硕士、博士）层次高素质人才。编制完善应急管理培训大纲、考核标准和相关教材，开展各级应急管理工作人员专业知识培训。大力发展安全应急产业，建设国家综合性消防救援队伍康复休整基地，完善训练伤防治、康复医疗、心理疏导、轮训休整等设备及设施。全国统一制定员工、社会参与应急事务及其演练的具体条规。建设教学—科研—培训—服务一体化的基地，夯实安全应急科技文化、安全应急管理文化的理论基础、研究基础和教育基础。

（3）开展应急管理文化“七进”宣传教育活动，打造高质量应急科普教育基地。大力推进应急管理文化宣传教育进企业、进学校、进机关、进社区、进农村、进家庭、进公共场所（简称“七进”活动），促进应急科普事业发展。统一开发必要的幼儿园和大中小学教材、视频、课件和影视作品、纪录片和宣传片、宣传手册等。重点确立相关高校或科研院所开展应急管理文化、教育、培训及教材研发。推动将安全素质教育纳入国民教育体系，把普及应急常识和自救逃生演练作为重要内容。实施应急科普精品工程，利用传统媒体、网站和新媒体平台等载体，面向不同社会群体开发推广应急科普教材、读物、动漫、游戏、影视剧、短视频等系列产品。建设数字防灾减灾教育资源公共服务平台、标准化应急知识科普库、公众科普宣教平台和应急虚拟体验馆。利用废弃矿山、搬迁化工企业旧址和遗留设施等，建设安全生产主题公园、体验基地。依托科技馆、城市森林公园、灾害遗址公园等设施，建设一批集灾害事故科普教育、法规政策宣传、应急体验、自救互救模拟等功能于一体的安全文化教育基地。分级建设一批应急消防科普教育基地。

（4）开展应急管理文化学术交流，加强应急科技的支撑能力。鼓励高校或科研院所开展应急管理、应急救援、应急管理文化的学术研讨活动，促进中外应急管理经验交流。有针对性地支持（资助）一批应急管理文化研究项目和应急管理文化信息化系统等工程技术研发项目。建设重大自然灾害风险综合防范、重特大生产安全事故防控、复合链生灾害事故防治、城市安全与应急、矿山重大灾害治理、防汛抗旱应急技术、应急医学救援等国家级实验室和部级实验室，实施大灾巨灾情景构建工程。建设火灾防治、消防救援装备、防汛抗旱和气象灾害防治、应急救援机器人检测、无人机实战验证、应急通信和应急装备物联网、大型石油储罐火灾抢险救援、城市跨类灾害事故防控、煤矿深部开采与冲击地压防治、高瓦斯及突出煤矿灾害防治等研究基地。

（5）加大财政支持应急管理文化建设力度，引导和应对媒体的应急舆论传播。针对煤矿、化工、交通、森林、消防、地质灾害等重点行业，选取代表性的单位，开展应急管理文化建设试点工作，取得经验，逐步推广。相关地点、相关活动配齐常用应急设备设施和应急装备；应急执法人员统一制作穿戴通用应急服饰；完善公共应急避难所。选取基础较好的地点，投资兴建大中型应急博物馆、应急体验馆。坚持对媒体应急舆论阵地的领导权不放松，开发应用官方应急App、微信公众号等，有针对性地引导和指导各类媒体开展应急舆论传播，传播正确应急舆情、观念、知识和方针政策，抑制和打击应急谣言、恐慌言行、粗制滥造应急知识技能，依法查处一批应急舆情造谣滋事的大案要案。

（6）适度推进应急管理标准建设，推进第三方评价机制和奖惩机制。应急管理文化建设要有一定标准，要分类型、有步骤地开展国家标准、行业标准、地方标准制定和颁布施行。应急标准建设不搞一哄而上，不能太多太滥，要成熟一个颁布一个。结合各类行业标准、国际标准，整合、规范现有公共通用型应急标识、符号、语言和手势姿势。公共通用应急标识逐步落实到具体行业、具体单位、具体场所、媒体传播，确保标识清晰可见、指引功能明显。科学制定应急管理文化建设评价指标体系。建立第三方评价机构，一般由学界专家、公务员代表、企业员工代表、媒体代表、公众代表组成。对于应急管理文化建设先进单位（组织）或个人适度进行鼓励，同时对应急管理文化建设滞后的组织单位适当进行谈话提醒和批评。

第三节 新时期我国应急管理培训建设

应急管理培训是指通过培养和训练，使受训者提升应急意识，掌握安全生产、应急救援、灾害防控等领域知识，增强应急素质和能力。应急管理培训是宣传、弘扬和巩固应急管理文化的主渠道、主阵地。通过强化应急管理培训，贯彻以人民为中心的发展思想，培育并厚植先进应急管理文化，增强安全监管能力、灾害防控能力和应急救援能力，为应急管理体系和能力现代化打造软实力，从根本上补短板、强弱项、解难题、保安全。

（1）纳入各级领导干部培训的通识内容。应急管理文化建设和应急管理培训需要纳入各级领导干部教育与培训的通识内容，在培训策划、大纲拟定、教材编写、课程设置、绩效考评中，进一步加大和突出应急管理培训的比重。丰富各级干部的应急管理知识、提升应急管理素质、增强应急管理能力，进而推动提升全社会的应急管理水平和应急文明程度。

（2）发挥应急管理培训的功能。应急管理培训能够发挥如下功能：① 提升应急意识。培养和提升受训者防患于未然、居安思危、应急处突的应急意识，能够坚持预防与应急相结合、常态与非常态相结合，做好应急管理的思想准备、预案准备、组织准备和物资准备等工作。② 增长应急知识。使受训者掌握生产事故和自然灾害等突发事件机理、“一案三制”核心内涵、风险与应急评价、应急心理与行为、应急设备设施与技术、应急信息平台、应急准备、应急处置、应急指挥协调、应急善后、自救互救、应急与安全文化等各类应急通用知识，以及各行业领域或特殊岗位的应急专业知识。③ 强化应急能力。使受训者在理论掌握、知识融通、实践淬炼和文化熏陶中，增强事前的应急准备与预警能力、事中的应急响应与处置能力、事后的应急善后与恢复能力，能够充分准备、科学研判、合理应对、快速响应、正确决策，达成风险与应急适度、事故和灾害可控、成本和损失合理的目标，最大限度地降低事故和灾害的危害和影响，实现防范化解重大风险、保护人民生命财产安全的目的。

（3）把握应急管理培训体系的结构层次。按照培训对象划分，应急管理培训体系包括：① 应急管理干部培训。对象包括国家、省、市、县、乡（街道）各级政府应急管理部门干部职工，以及各级政府主要领导和分管领导等。② 应急救援专业队伍培训。对象主要包括消防救援和森林消防两支队伍。③ 应急救援社会力量培训。对象主要包括企业应急救援救护队伍、民间应急救援志愿者队伍等。④ 行业企业应急与安全管理人员培训。对象包括企业特别是高危行业企业主要负责人和分管负责人、应急与安全管理和技术人员、一线职工等。⑤ 在校学生应急知识、技能和文化培训。对象不仅包括应急管理相关专业的专科、本科、硕士、博士教育，而且包括其他学科专业在校学生的应急与安全通识教育，包括校园安全、实验室安全、应急技能等。⑥ 社会公众应急知识、技能和文化培训。对象包括城市和农村应急与安全、生产和生活应急与安全、事故和灾害应对、传统安全与非传统安全、“一老一小”应急与安全等。

（4）充分整合多样化的应急管理培训方式。根据应急管理培训课程的内容属性、员工接受水平和群体偏好、培训单位条件是否具备、过去的培训实施经验和教训，选择合适的培训方式，包括讲座式培训、实战演练式培训、虚拟仿真培训和在线培训。① 讲座式培训是最常用的应急管理培训形式，简单易用，对讲师没太高要求，只需能够逻辑条理清晰地讲述给学员即可。这类培训比较适用于规章制度、政策文件、应急产品知识等培训。② 实战演练式培训以实战需求为准则，以提升应急管理实战能力为目标，在近似实战的条件下，组织学员进行针对性训练。该方式培训效果最好，一般适合消防培训、急救培训、应急处理技巧培训等，这种培训适合于标准化的较为熟练成形的应急管理培训项目，一般相对低端。③ 虚拟仿真培训是基于虚拟现实技术，通过模拟真实场景，为学习者提供身临其境的体验。该方式不受时间和地点的限制，提高了学习效率，激发学员的兴趣；减少物资和人力成本的浪费，节约学员的交通和住宿费用；弥补教育资源不足，让学员接触到更多的实践机会。但是，需要大量的技术支持，包括软件开发、硬件设备、网络带宽等，对于一些中小型企业来说可能难以承受。技术更新换代快，需要不断地更新软件和硬件设备，增加了企业的成本。需要专业的教育体系支持，与培训机构和企业合作，共同推进虚拟仿真应急培训教育体系的建设。虚拟仿真应急培训可以提供真实的情境和实践机会，但它并不能完全替代传统的应急培训方式。传统的培训方式可以提供更多的人际交流和互动机会，而虚拟仿真培训往往只能提供单人实践机会。该培训方式已经被广泛应用于医疗、交通、建筑、军事等领域的应急管理培训。

④ 在线培训是把培训课程转到线上进行，包括直播课程和录播课程。适合于应急知识、应急技能、应急理念等课程的教授。直播课程是讲师在线讲授，并能与学员在线实时互动答疑的形式。优点是不需要学员集中于某实地教室上课，可实现跨区域学习，且不受人数限制，按时上线即可听课学习。缺点是学员之间无法相互讨论，需要按时上线听讲，过时不候。录播课程是把讲师录制好的学习的内容都放在线上学习平台，需要靠员工自身的主动学习意识去完成学习任务，可随时随地学习，可重复学习，缺点是没有老师在线指导与答疑，学习效果无法保证。

思考与练习

1. 请简述应急管理文化建设的重要意义。
2. 中国传统应急管理文化包含哪些积极因素，哪些需要与时俱进加以转变？
3. 新时期我国应急管理文化建设重点任务有哪些？
4. 应急管理培训体系涵盖了哪些对象？
5. 各种应急管理培训方式分别适用于哪些特定的场景？

参考文献

[1] 曹杰，朱莉．现代应急管理[M]．北京：科学出版社，2011.

[2] 曹喜望．管理科学中的数学模型[M]．北京：北京大学出版社，2006.

[3] 段华明．应急管理体制机制研究[M]．北京：社会科学文献出版社，2017.

[4] 范维澄，闪淳昌，等．公共安全与应急管理[M]．北京：科学出版社，2017.

[5] 高芙蓉．突发公共事件应急管理[M]．北京：经济科学出版社，2014.

[6] 龚建军．应急管理人员培训教材[M]．北京：机械工业出版社，2019.

[7] 何明珂，赵琨，等．突发公共卫生事件下的新技术应用与应急管理[M]．北京：首都经济贸易大学出版社，2020.

[8] 计雷，池宏，陈安，等．突发事件应急管理[M]．北京：高等教育出版社，2006.

[9] 闪淳昌，薛澜．应急管理概论：理论与实践[M]．2版．北京：高等教育出版社，2020.

[10] 王雷，赵秋红，王欣．应急管理技术与方法[M]．北京：北京航空航天大学出版社，2016.

[11] 王延章，叶鑫，裘江南，等．应急管理信息系统——基本原理、关键技术、案例[M]．北京：科学出版社，2010.

[12] 杨月巧，王慧飞．新应急管理概论[M]．北京：北京大学出版社，2020.